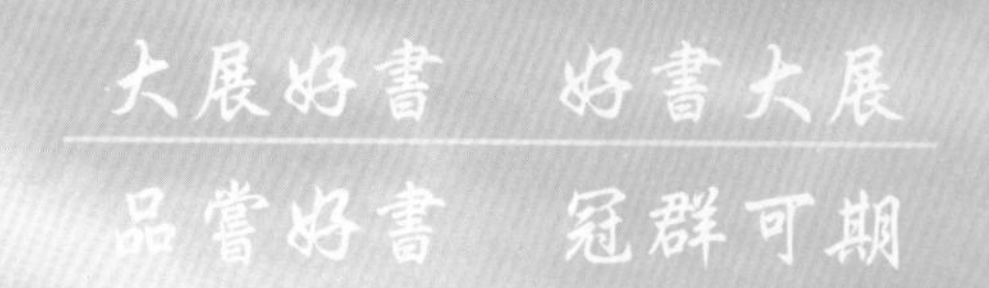
大展好書　好書大展
品嘗好書　冠群可期

武術特輯

129

陰陽相濟太極勁法的科學與應用

附 DVD

林冠澄 主編

林冠澄 張厚忠 編著

大展出版社有限公司

目　錄

序（一）

摯友暨同事張厚忠先生曾任職中山科學研究院，從事科學研究多年，績效優異！他自幼即喜好武術，除身體力行實踐外，並時時參研各類拳經、拳論、太極拳書籍等論著，廣泛地加以用心體驗印證。

最近他經由對太極拳研發及實證心得，有意將他參研之《陰陽相濟的太極拳》、《細說 陰陽相濟的太極拳》、《詳解 陰陽相濟的太極勁法》等書本所涵的科學精神與科學方法加以萃取精華、分析、歸納，融入研發之新創見心得等，而彙編成具科學層面的《陰陽相濟太極勁法的科學與應用》乙書。

本書尤其對於太極拳的「思想體系建立」、「人體運作機制」、「林氏結構的推出」等方面都有著者獨到的見解，相關部份均能與物理學、醫學、解剖學相輝映，殊爲難得。相信有志於太極拳的讀者，經由此書將更能理解太極拳深奧之處，對於太極勁法能知其然，並知其所以然，而樂於習練太極拳。

期望本書的出版，有助於探究太極拳之源、陰陽相濟之理、太極勁法的科學驗證、不可思議妙用的眞理。同時對於全民身心健康，建立和樂社會的目標有莫大的貢獻。

前中正理工學院院長　　楊明放

序（二）

霉雨、一下就是好幾十年……不但衣物長霉，人心——練武術的「人」的「心」，也長滿了霉菌。幾乎已經到了：如不長霉，就不是練武的「人心」的地步。

天可憐見，總算、閃現了久雨將晴的第一道雲隙陽光。信仰密訣心法的武術，開始有了客觀數據的驗證。

那就是、冠澄道兄的第四本書：〈陰陽相濟太極勁法的科學與應用〉。一本現代人，用現代物理，爲武術的現代化，作現代方式之探索的暮鼓晨鐘之大作。

一百年來，武術浸泡在民俗活動，江湖賣藝的半人半仙情境中，載浮載沈……眼見滅頂在即，而卻無力自救。

武術的提倡口號，與推廣方式，若不是故老耆舊的古董癖，就是舊式軍人的懷舊夢。既沒有意願與覺悟，也缺乏能力和知識，去試作革新，跟上時代。

近些年來，變本加厲。武術更從小說、戲曲的浪漫情懷；電影、電視的誇大張狂；進步到了電腦、電玩的荒誕奇幻之魔境，一去不返。

敗於鎗炮火器的那一兩代，經已息勞。往者已矣，可以不談。

自以爲傳承絕技，見過眞神的中繼一兩代，也已經老夫耄矣，何足論哉了。

而時代青年「新新人類」的這一兩代，在技藝上，多已無根無據。在態度上，更多的是宗教迷信——練武成了拜神儀式劇；以及逃避現實——打拳當作無敵俠客夢。

有幸參加了一批批武術教練的培訓工作，才一轉眼，六七個年頭如流水……

招募來的青年武者，背景各異，而學有專精。於是、就在他們混身是汗水，一肚皮猜疑的情狀下，不識時務地向他們提出了不情之請：武術現代化不是標語，不是口號；除了打熬筋骨之外，還請諸位要各依專長，趕快寫書。

記得的有：學物理的，就寫〈中國武術物理學〉、〈中國武術現代物理學〉；學心理的，就寫〈中國武術心理學〉、〈中國武術變態心理學〉；學社會學的，就寫〈中國武術社會學〉；學人類學的，就寫〈中國武術人類學〉；而學中醫，懸壺濟世的呢，就寫〈中國武術醫理學〉，絕對不許寫得跟中醫科系院校教材與期刊那樣的——傳統！

感謝冠澄在每次出書之前，都賜我先讀爲快的榮幸。而在平日練功，凡有心得解悟，也都慷慨分享。

使我在後生可畏，言語不通，束手無策，莫可奈何的境遇中，維持著對武術現代化的希望，和同道尚有人的信心。

去歲，冠澄更上層樓，大踏步邁入以現代物理，解傳統武術的嶄新里程。今春、第四本大作堂堂殺青。以一股勇猛精進的武者心神，爲死氣沈沈，霉味四溢的當代武壇，敲響了振聾發聵的巨響洪鐘！

冠澄出身傳統，卻明辨是非。全不陷溺於僞傳統，眞墮落的淵藪。憑其過人的聰明，敏感的體質。以身試「法」，活體實驗。更且在北中南部「獻」身說法，誨人不倦。

就在這不保守、不藏私、夫子循循善誘，弟子欲罷不能的兩相投合，一心一力之下，高足張厚忠先生以其科學訓練的深厚背景，與對武術的延伸興趣，拔刀而起，爲虎添翼。

師生坐而論道，起而力行，磨擦出來的星星之火，熊熊然燃起的，就是這一本跨時代的新書。不但在傳統武術上，指出了一條新路。而且在國際現代物理學界，以武術切入，參與了，或更可能領先了以現代物理探索宇宙，造福人生的使命軍團。

有人說：物理、是科學的基礎。而、古典物理是牛頓伯伯樹立規範的；我們各級學校的教科書準此。現代物理則是愛因斯坦叔叔領頭開闢的；國際頂尖科學家的新課題，也可以說是大難題在茲。

冠澄新作之中，大膽果決地以現代物理的理論、觀念，來解釋太極勁的——功；以最新科學的計算、符號、來標示太極法的——值。這應該不只是武術一門一類的新方向；恐怕還更是現代物理活化活用，可檢可驗的活證據吧!?

這本書、小；其意義、大。人人可以試讀試作，自求答案。不但學習新技法，而且改變舊想法。如果通過實驗，證明了書中有誤；找到了更好、更快、更高、更強的絕妙新法的話，那麼、最最高興自豪和感謝的人，一定就是冠澄道兄了！科學不是本來就是這樣子的嗎!?

民國一百年，雙十國慶日

徐紀序於　止戈武塾

自　序

武術是我人生中多種嗜好之一，15歲時（1960年）開始接觸外家拳腳功夫，約莫20年光景，舉凡跆拳道、柔道、合氣道、腿術、擒拿、防身術等均有涉獵。到了1980年8月份，因緣轉換，開始接觸內家太極拳，從此對於太極拳的有關心得日益增加，進而爲它著迷、沉醉、著作，樂在其中，原先所涉獵的外家武術則已漸行漸遠。

外家武術漸行漸遠的原因，在於我深深體會，太極拳所賦有之無招、無式、無形、無相，渾身無處不太極，一觸即發的功夫，在動作上較之外家武術更省時、省力、又可相當程度地滿足接戰需求外，更能呈現瀟灑自在、氣定神閒的神韻，而令人嚮往。

在學習過程中除了參考太極圖、拳經、拳論、太極拳書籍及老師所傳授之外，並擷取眼見事物，人間萬象作爲參考資料，邊做、邊思考、邊驗證；思考老祖先爲何用「太極」兩字？動作如何展現太極內涵？

由反面做起，做捨己、克己的工夫，試著涵養無爲的心境。思考陰陽兩字的內涵，兩字的關聯性，以理論推敲陰陽相濟之道理，以萬象檢驗陰陽相濟之事實。

在太極拳的路上一路走來，經由不時湧現的新思維以及不斷驗證的成果，與困頓處、質疑處相激盪，形成「破論」的泉源，透過研發到功法的不斷推陳出新，成為「立論」的基石，於是由第一本到第二本，再由第二本到第三本，內容越加充實，動作越加細緻。在理論的架構上，訓練的方式上，實務的境界上更臻完美。

第一本書《陰陽相濟的太極拳》，2002 年 9 月初版 1 刷 2003 年初版 2 刷—逸文出版有限公司發行。第二本書《細說陰陽相濟的太極拳》，2005 年 4 月初版 1 刷、2009 年初版 2 刷及第三本書《詳解陰陽相濟的太極勁法》，2008 年 9 月初版 1 刷、2009 年 4 月初版 2 刷—大展出版社有限公司發行。

由以上三本書的發行，可看到我所研發的太極拳，有其時間性，有其連續性，也有其成長性。而今回顧，其中有曾被提過的思維或動作有些已過時；為將三本書統合為一本，俾便讀者閱讀學習；再者能以科學方法檢驗陰陽相濟太極勁法，加入有關科學學說的詮釋，於是有了這本書的發行。

「科學」是人類用智慧來處理生命、生活之問題或者解釋物質世界時，所持的一種思考方法、過程及表達方式。或者說，凡事以科學方法之假設、分析、驗證、綜合的流程進行探討的方式，一般而論都稱為科學。

回溯《陰陽相濟的太極拳》、《細說 陰陽相濟的太拳極》、《詳解　陰陽相濟的太極勁法》三本著作，其中都包含科學精神及科學方法的內涵，同時擁有科學學習專長的學生以各種學說闡釋它的合理性，豐富了陰陽相濟太極勁法的科學面，作爲書名的思維順利誕生。

《陰陽相濟太極勁法的科學與應用》其內容分爲兩大篇，第一篇內容，由我將分散於三本書之不同重點統合爲一本之彙整工作。第二篇內容，由我的學生以物理學、醫學、解剖學等科學學說、理論，論述陰陽相濟太極勁法的運作內涵。這種組合方式，對拳學的研究具有拋磚引玉的特色。

回溯………

在歲月的腳步中，透過「太極圖」的參研，靜觀天地人三界的萬象變化，文字奧妙的剖析，觸類旁通及於拳經、拳論的研讀，以求眞的精神，融會於太極拳的學習，從而發現「太極」、「陰陽」的道理，需體現於「陰陽相濟」、「矛盾對立而統一」的運作中始臻效用。悟出了許多有別於自身過去所學太極拳的練習方法，舉如：「太極理論」、「人體結構」、「肢體運作」、「拳架運行」、「接戰思維」等，均有獨到的見解與詮釋；且經無數的測試、檢驗，並在教學中確認其眞實性與價值性。例如：

壹、在思想體系的建立方面：

一、對於「太極」兩字，提出「陰陽比値相等卻又同時反向運作之結構」的創見性文句，讓世人更易於了解「太極」的深層涵義。

二、在「太極陰陽給予我人的啓示」（即『理論架構』）一文中提出：

（一）陰陽的權利地位相等。

（二）上下、前後、左右的同步運行。

（三）矛盾對立而統一。

（四）太極陰陽的形式，可爲圓形，亦可爲其他形式。

（五）S形曲線的特質。

（六）空中生妙有。

（七）陰將盡需出陽，陽將盡需回陰。

以上所參悟、領悟、頓悟的七項啓示，從不同角度詮釋太極陰陽的道理，既具有可觀察性、可實現性，更具有多元、豐富而有創意的見解。

三、「同時間同空間」的接發勁思維，取代「同時間不同空間」的接發勁方式。

四、「用意不用力」、「用意也用力」、「意力不分」三部曲的主張。

五、提出「以強打弱、以快制慢、以多欺少、以大打小」逆向思考的「太極拳特色」。

六、拳經、拳論的研修心得。

七、「動步中戰敵之先」、「不使敵人越雷池一步」、「向自己找空間」、「虛擬空間的開發」別出心裁的接戰思維等……。

貳、在人體運作機制方面：

一、「腳底板」與「腳踝」同時運轉的「雙環轉」，可增強腳底的穩定度。

二、「腳底板」、「腳踝」與「膝膕」同時運轉的「立體三環轉」，可使勁力快速上升，提供夾脊、手部的需求。

三、提出「純加法」的移位法，有別於「減加法」的移位法，移位中傳輸的「能量」不僅不會消失且會遞增，有助於盤架及發勁的效果。

四、以「膝膕」取代「膝蓋」的運作，以及高架的姿勢，除可消除膝蓋負荷帶來膝關節的傷害之外，還可增強腿部的承受力、盤架移位及破樁步的功能。

五、從腳底「由下而上」的「漏沉」運作方式，取代「由上而下」的「鬆沉」運作方式，使重力、來力、勁道等可眞正地沉入大地之下。

六、移位時的 4 動法、8 動法或 12 動法之研究及訓練，可滿足結構的合理性、太極陰陽的組合性、雙腳運行的互補性、能量的增強性，以及應敵的變化性等效果。

七、「腳底運行與反射勁路關係圖」的開發，透過學習，可將「陰陽同在」、「陰陽同出」、「通體透空」等現象很眞實地顯現出來。

八、經由腳腿「S 形基本功法」的訓練，進而推出「S 形拳架」。

九、手臂的 S 形運作法，可使手臂的承受力、防護力及打擊力倍增。

十、以萬物之理剖析，身體各關節部位構成的「空間」問題及勁力傳輸所涉及的「時間」問題。

以上思維及動作舉其代表性之創見，既符合科學方法、科學求眞的精神，且經得起檢驗，突破傳統訓練方法，功效奇佳。在當今太極拳界，不僅獨樹一幟，且爲人體運作機制開創了新的視野。

參、「林氏結構」的推出：

回溯、檢視我自行研發的太極拳及太極勁法，其中均有

「結構」性的內涵，例如：

一、人體之運作：

（一）由足弓起經腳踝、小腿、膝窩、大腿、胯、腰、背、夾脊、後肩、上臂、手肘、前臂、手腕、手指等各關節部位，「由下而上」都有相當的開發內涵與敘述。
（二）體內兩條由下而上類似高速公路的通路開發，便於氣勁的傳輸。
（三）上、下、左、右、前、後的同步運作，形成「整體」的效果。
（四）對於來勁力道「由外而內」的接化，再由體內形成「由內而外」的發放，均有所說明。
（五）全身各處相互之間或各接點，面對來勁力道時如何進行陰陽運作之說明。
（六）生理結構、陰陽結構及S形結構的介紹及敘述。

二、思維部份：

（一）太極之內涵是「陰陽比值相等同時反向運作之結構」。
（二）陰陽的權利地位相等。
（三）所有動作皆需有上下、前後或左右的同步運行。
（四）陰將盡須出陽、陽將盡須回陰。

三、訓練流程：

（一）人體由下盤開始，經中盤而至上盤的訓練流程。
（二）課程由初級，中級，到高級的訓練流程。
（三）功法訓練是「由內而外」的訓練流程。

由上參之簡單整理，可以看出我所研發的整套太極拳及太極勁法，具有無數爲滿足整體運作效能而開展的種種結構布局。爲此，既爲世人、讀者便於認識，也爲學習者容易把握學習中心，更爲能由衆多太極拳門派中脫穎而出俾便區別，而正式推出「林氏結構」一辭！

與物理學、醫學、解剖學等學說相輝映

壹、各種物理學說

一、以傳統力學說明一般運動力的作用。
二、以槓桿原理說明一般運動力的變化。
三、以複數力學說明「陰陽相濟的太極勁法」之能量來源。
四、以量子力學說明「陰陽相濟的太極勁法」之能量變化。
五、以電子繞射說明波粒性動作現象。
六、以信息波說明「陰陽相濟的太極勁法」之超能量。
七、以分子動力學說明「陰陽相濟的太極勁法」之運作。
八、以量子態傳輸說明「陰陽相濟的太極勁法」傳輸原理。

貳、神經生理學、醫學、解剖學等學說

一、以神經生理學、解剖學說明「引進落空」有效距離爲「1公分」之道理。
二、以量子能量場、能量共振腔、負陰抱陽的運作方式等學理，詮釋意、氣、勁之運作。
三、以呼吸系統、循環系統及各項研究報告，對應於健身與養生的價值。

藉由古典物理學、近代物理學、神經生理學、醫學、解剖學等的有關學說，詮釋傳統武學的種種問題（例如：能量之來源；能量之變化；能量之傳輸；意、氣、勁之運作方式等），與時代的學術脈動相聯繫，經得起科學的驗證。

誠如上世紀美國太空人阿姆斯壯，踏上月球表面時所言：「我的一小步，是人類的一大步」。由我潛心鑽研的「陰陽相濟太極勁法」，雖是我個人的一小步，或許能成就太極拳學習的一大步。研發成果，願能帶給有心進入太極拳殿堂的愛好者，成爲另種學習管道。並期望太極武術能在二十一世紀中，繼往開來，更加發光發熱。

中華民國 100 年 2 月 18 日於台北市北投區

前 言

「陰陽相濟」的太極之理，是天地之理，此理不專屬於太極拳的，因爲每天有白天有晚上，動植物世界有雌雄，男女結合可繁衍下一代，陰極與陽極的接通可產生電能，甚至於陰陽的思維也能產生能量。

太極陰陽的道理屬於自然界的、全人類的，它每天都在自然而有序地運行，又都被人類世界所使用，時時爲人類而服務、爲人類綻放光明。

在人體內依太極之理，產生「太極結構」，形成「太極勁」的陰陽運作，可相當程度地解說太極拳接發勁的運作內涵，卻還不足以詮釋「太極勁」運作的全貌，因爲陰陽相濟的陰陽運作，雖是主軸卻還須配屬其他的要素，才能發揮成效。若將主軸視爲電腦的主機，則電腦週邊配備的增添，才能加強電腦功能，例如：沒有「印表機」無法列印，沒有「隨身碟」無法攜帶檔案資料，沒有「伺服器」無法上網等，要豐富其功能，就要增加設備。

所以除了陰陽相濟爲主軸外，還觸及內在功法的訓練、心法、接戰思維、動作檢測以及「科學的驗證」等，其範圍不局限於「拳」的範圍，不僅限於接發勁的「技術層面」，還論及物理學、神經生理學、醫學、解剖學等層面的問題。

第一篇
陰陽相濟之理及運作內涵

第一章　理論探討

理論依賴實證，實證支持理論，兩者相輔相成才能相得益彰。理論的探討是我們不可或缺的入手工夫，如同電視台DISCOVERY節目所標示「探索奧秘，發現真實」的精神，我們可以秉持同樣的精神，從眾多門派太極拳中搜尋線索，從而認識真正的太極拳或者開發出更新更美的太極拳！

在太極拳的領域中部分人們提到很多的說法及理論，然而這些說法及理論，到底是對？是錯？或者還有待斟酌？我覺得我們可從太極圖、人間萬象、拳經、拳論中找訊息以整理思維，再從實作中驗證思維的合理性，使成為更有深度的武功表現方式。

1-1　太極陰陽的認識

太極拳顧名思義與太極、陰陽有關，若與太極、陰陽無關者就不能納入太極拳範疇討論。「太極」為字頭，也是源頭，有如水之源頭，源頭若不清，下游怎能喝到潔淨的水？離開太極二字，怎能入太極之門？太極陰陽是二而為一的哲理，要從太極圖中找竅門，由陰陽二字化為實務，去驗證、去體認。每一舉手投足間蘊含了這兩個字義？如何使陰陽並行而不悖？

從太極圖上觀察，太極圖中陰魚有一隻白眼睛，陽魚有一隻黑眼睛。象徵陰中有陽，陽中有陰，陰陽互為其根，陰陽互孕。陰魚膨大的部位，陽魚則縮小，陽魚膨大的部位，陰魚則縮小。陰陽粘連互補，你消我長，你長我消，陰陽消長。接著太極圖中陰陽魚之間有一個旋渦狀的S曲線，它象徵一種動態，標示著事物的陰陽變化是在螺旋式動態中變化發展的。因此一般人都認為太極圖闡釋的是與圓形有關的事物，而太極拳的動作應該是圓形的，走的是圓形路線，這些都可說是受到外在形象所誘導的思維。

對於太極陰陽的了解，筆者除了部份人們對太極圖較為熟悉的外在形象表徵外，還有一些內在抽象表徵的理解。太極圖看是一個圓，但用圓來解說太極陰陽，卻不見得已觸及太極圖的核心，或者是還未論及太極陰陽的全貌。

以「陰陽相濟」四個字而論，從字面看，看不出有幾何圖形的含意，祇有陰和陽要相濟的表示而已，就像男女結合可以綿延下一代，正極負極相結合可以發電發光發熱，而男女、正負極與圓形結構無關，因此對於太極陰陽之內涵，我們可以走出圓形的框框，從陰陽兩個字上面加以推敲。

太極圖上陰陽存在於一個圓圈的空間內，同一點上進行著陰陽相生、陰陽互動的運作，在陰陽同出、陰陽同在，同一時間又同一空間之「同時同空」狀態。此外陰陽二者係位置對立，但卻統合在一個圓圈之內，具有「矛盾對立而統一」的特質，是二而一，不是一而二的圖示。既是同時又同空，又能矛盾對立而統一狀態下之動作、招式或能量輸送，也是陰陽相濟。因此「同時不同空」之陰陽相濟，並非絕對的、惟一的陰陽相濟。

就陰陽兩個字來看，兩者物理屬性相反，而為反向的含意，且具有矛盾對立而統一的特質。所以我們可以將陰陽看作上下相對的兩個方向，左右相對的兩個方向，以⇆、⇅、← →、→←的路線同時運作，甚至於將陰陽看作是兩個互動的齒輪，祇要一邊動，另一邊必然跟著動之狀態以↻ ↺或↺ ↻的方式運作，都合於太極陰陽之特質。

由於陰陽具有相互流轉的關係，將以上理論化為實務驗證之後可發現，在一接點上的某一邊做陰時，相對應地同一點的另一邊做陽，也就是有陰就有陽，陰陽同時、同空地存在。如此一來，運用於太極拳上不僅大幅縮短了運作空間，更使速度加快、勁道加大。

由人間萬象萬物上看，汽車、機車的發動是透過鎖匙的旋動，將陰陽兩極接通而產生動力。飛彈、火箭、飛機的飛行，皆為尾部的火焰及渦輪引擎產生的噴氣連續進行，否則會失速而墜毀。重型火砲要先架設撐在地上的砲架，當發射時纔能承受強大的後座力。以及重型工程車要吊起笨重機具物料前，先拉下支撐的腳架，使車身穩定。日光燈管的兩頭接上燈座的兩極，纔能發光。壓下開關纔能啟動電腦、電視等家電製品。

當地球的一邊為白天時，另一邊則為黑夜，從地球上看是有著日夜交替，陰消陽長或陽消陰長的現象，但從地球之外的角度來看，其實地球的日夜、陰陽是同時存在於一個球體上的。地球上的雌雄動物或植物也是同時存在的，譬如人類應是男女同時並存，不是先有女人存在於地球上一段歲月後，然後再孕育出男人來互為消長，如果祇是循環交替的陰消陽長或陽消陰長的現象，地球根本無法孕育出這麼多的動植物。

由以上的太極圖、陰陽互動關係、世間萬象中給了我們兩點很重要的啟示，其一陰陽是同時存在的，因此在做陽的作為時要同步有陰的作為，也就是每一個動作中要有陰陽兩者合而為一的特質，是太極拳所以有別於其他武術的最大特色。其二陰陽要同時啟動接觸在一起纔能產生能量，所以太極圖上的陰陽是連在一起，中間沒有間隙、也沒有鴻溝。

還提示著陰陽作為的「時間」要均等，類似於天干、地支中地支陽起於子時，陰起於午時，子午時之間隔各為十二個小時。以及盤架子要講求均匀，動作時要能「沾黏貼隨」及「動急則急應，動緩則緩隨」的說法，都隱含了時間的考量因素在裡面。

太極圖除了具有有以上的特性之外，還有事物的陰陽變化是S形的曲線，此S形曲線介於陰陽之間，S形的曲線變化較之直線的直來直往的路徑，有著不可思議的功能。同時陰陽兩個「空間」區域大小一樣，既提示兩者的地位相等，不可偏廢其一，也不可以偏取其一。

就我個人對太極圖的淺見，太極圖是將宇宙時空的大太極，濃縮為一個小太極，便於世人觀察了解，設計此圖者可說是絕頂聰明。同時此太極圖蘊含的特質，不僅適用於太極拳，也適用於日常生活中，就看我人能從中悟到多少，而悟字本是吾（我）的心，我心能領悟、參悟、頓悟的越多得的就越多，我相信其中應該還有很多神奇奧妙的學問在裡面，願大家一起努力，抽絲剝繭般一絲一絲、一層一層地剝，一點一點地累積智識。

1-2　理論架構

透過以上種種角度的探討之後，可知太極圖有如電學的正極、負極結構，陰陽係同時共生共存的組合，陰陽的運作是比值相等同時反向運作的結構，陰陽相互之間具有互補、轉換、共生的功能，如同當今全世界各家電製品、車輛、工廠機器、飛機的飛行、通訊、照明等電能的啟動，時時刻刻透過正極、負極的持續接通，產生源源不斷的電力，從而提供了人類進步的現代化生活。也為太極拳學注入了無限的泉源活力。

經由太極圖的結構與人間萬象的現象，相互比對的歲月中，發掘到的內涵，至今有七大項，其中前六大項已轉化為2002年9月出版之《陰陽相濟的太極拳》、2005年4月出版之《細說陰陽相濟的太極拳》兩本書的架構內容，第七項內涵則誕生於2005年8月27日夜晚的教學中。現謹就這七大項內涵之理論架構分別加以整理，介紹於下。

壹、陰陽權利地位相等

太極圖上陰陽的形狀面積大小一樣，表示陰陽權利、地位相等，又具有「矛盾對立而統一」的特質。因此舉凡移位時各單腳的權利，須同時反向運作，其運作時之長度、力道、時間等，都須力求均等，例如「4 動法、8 動法及 12 動法之研究」，在均等的情況下，就會產生順暢可用之能量。

又如家電用品、車輛、機器或通訊器材的鑰匙孔或開關內的陰陽極配置，絕對是均等的，啟動時透過鑰匙旋動或壓下開關，就能產生電能。

貳、上下、前後、左右的同步運行

太極圖上有陰有陽，表示同時反向運作之空間有上下、前後、左右的關係存在，而具有縱、橫、豎的三維空間，也就是立體的結構，並非祇是一個平面太極而已。

又由於有前述「……陰陽同時反向運作時之長度、力道、時間等，都須力求均等……」的關係存在，因此進行「上下」、「前後」或「左右」的運作時須呈現同時、反向、均等的內涵，如小腿與大腿的上下旋轉、左後腳與右前腳的公轉、左手與右手的公轉，或腰部的左右自轉時，其弧度、弧線長度、力道、時間等務必均等！

除了呈現「前後」、「左右」、「上下」縱橫豎的立體太極結構之外，甚至於能同時呈現「上、下、前、後、左、右」的六個方向，以此六向運作同步進行的「六向發射法」，其威力驚人。

參、「陰陽比值相等同時反向運作的結構」

由於陰、陽的運作方式，係同時、反向的關係（如毛巾的對擰、螺旋的上下對旋、沖天炮向上飛火燄向下噴等），形成「矛盾對立而統一」的說法，更進一步可解釋為「陰陽比值相等卻又同時反向運作的結構」。

發勁時，發人者將被發者發出去時，有如大砲發射刹那，砲彈向前疾飛，砲身向後震退，是一樣的道理，應成為發人者← → 被發者 的現象。

肆、太極陰陽的形式，可爲圓形，亦可爲其他形式

一、太極陰陽的形式，除了圓形之外可以是無數的形，如：
（一）可為直線（如⇆、⇅、← →、→←）
（二）可為曲線（如↻ ↺、↺ ↻）
（三）可為螺旋線（如、、、）
（四）下為漩渦（、），上為龍捲風（、）
二、是陰陽相生相長，不是陰陽消長。
三、陰陽在同一空間內二者合而為一，同體存在。
四、沒有圓心，陰陽兩條魚，有如互動的齒輪，祇要一邊動必帶動另一邊跟著動。

伍、S 形曲線的特質

老子云：「陰不是道，陽不是道，道在陰陽之間」，將此文句對照太極圖結構來觀察「……在陰陽之間」有一S形曲線，此一S形曲線兼具了「陰」與「陽」的組合特性（陰陽極接通而產生能量之特性）；遵循S形曲線的軌跡運行，即有能量的存在，所產生的能量大小，與S形曲線的弧度、高度、寬度、運動量的均等程度，有正相關的關係。

也告訴我們行進的路線，要儘量採取曲線方式進行，有如地表上河流的河道都是曲線形狀，地球除了繞太陽公轉之外，自身也不斷地自轉一樣。可知曲線的運動方式，是自然的現象，在正常情況下可產生優於直線運動的效果。而S形的基本功法練習及S形拳架，皆植基於此理念架構之下應運而生的。

陸、「陰生陽」或「空中生妙有」

祇作陰不作陽，陽是由陰生的。將自我軀體或對手之來勁力道，仿沙漏的漏沉方式，由足弓洩入大地，並在漏沉的同時，陰、陽是同時在進行著反向等比的作為，如下圖藍線代表「陰沉」，紅色線代表「陽升」所示：

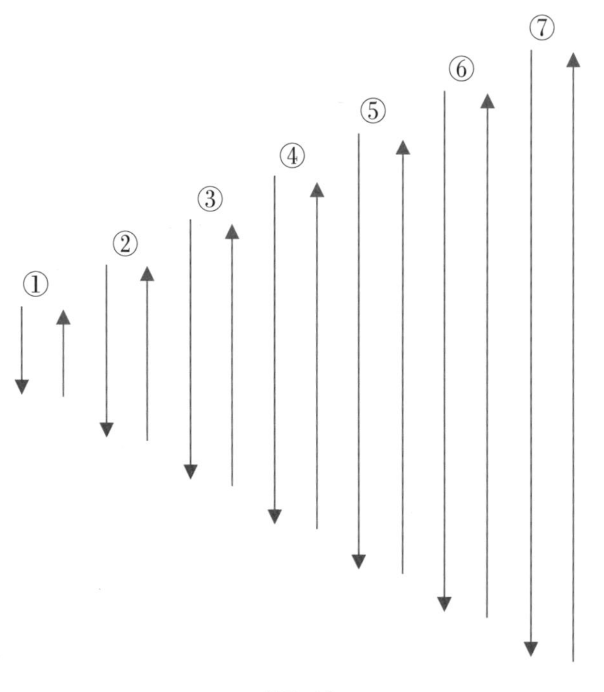

（圖1）

當下已漏沉（使之透空）到的最高點，即陽勁到達的最高點。例如：當下的漏沉已透空到「腰」，則陽勁自然長到「腰」，又若為漏沉已透空到「肩」，則陽勁就會長到「肩」，陽勁所在之剎那空間，即是發放勁力之空間，且有「陰陽同出」、「陰陽同在」、「引進落空」、「通體透空」等現象的顯現。

該理論之思維誕生、練習法及練習時機，在後面 2–11「反射勁路圖」的創見，再詳加說解，此處暫以下圖作為參考比較之用。

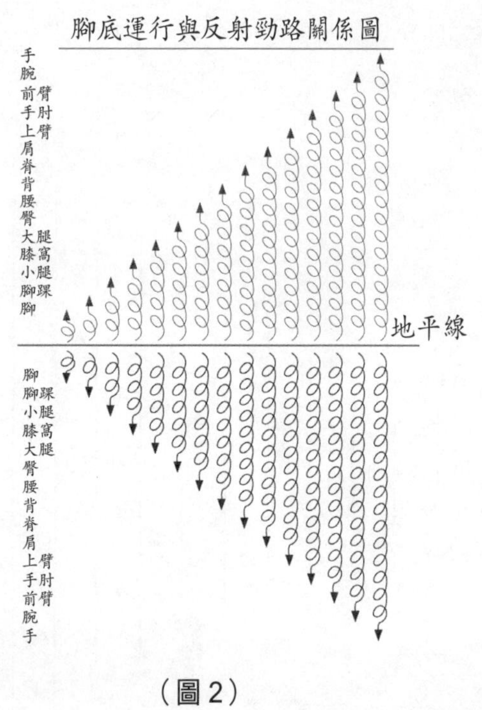

（圖 2）

※ 以上圖 1、圖 2 兩圖猛一看好像不一樣，為此特從兩部分加以補充說明：

一、圖 1 的每個向下的藍色箭線（陰），係表示沙漏的漏沉，①②③④⑤⑥⑦等各代表「公分」的單位，因此假設沙漏若被漏沉透空的高度為③，即有 3 公分高度的（陽–紅色箭線）遞補此透空的空間，或沙漏若被漏沉透空的高度為⑥，即有 6 公分高度的「陽」遞補此透空的空間，餘類推。此圖是呈現「陰沉陽升」的相互關係，屬於理論與現象的認知。

二、圖 2「腳底運行與反射關係勁路圖」則是將理論化為實務的呈現，由於人體是實質的存在，實際運作時需依實體狀況，以及腳底與大地的關係列入考慮，因此以「地平線」作為基礎線。例如由腳底開始旋漏沉入大地，一路被漏沉透空的部位為「縱座標」上的第 3 個部位「小腿」，漏沉到「地平線」以下到達小腿的長度時，「陽」的能量（地力）即反射或反映於「地平線」以上人體小腿的部位；若漏沉到「地平線」以下達「肩」的長度時，「陽」的能量（地力）即反射或反映於「地平線」以上人體肩的部位，其餘類推。

上下兩圖，由於一為抽象推理，一為實務運作，圖示似有不同，其實其內涵是完全相同的，願各位同好都能看得懂。

柒、「陰將盡陽已出，陽將盡陰已出」

在右圖☯中先由右上方的陽魚觀察，當陽魚尚未到達最底點時，右下方的陰魚尾（約在陽的作為達到 80%～90%左右）已開始啟動；再由左下方的陰魚觀察，當陰魚尚未到達最底點時，左上方的陽魚尾（約在陰的作為達到 80%～90% 左右）也一樣地開始啟動。

有如四季氣候的轉變為例，上一季轉入下一季時，上一季並非驟然地結束，下一季也並非驟然地開始，而是上一季漸漸終止前，下一季的現象已漸漸地活絡起來，這是自然界的自然現象。

俗語常說「順其自然」，凡事能順其自然則最自然！將此自然現象轉為太極拳的陰陽運作，表示不可先純陰然後再純陽；若為先純陰然後再純陽，則其弊病，一為陰的極點是落點、也是定點，易為對手勁力所追；二為反應時間遲滯；三為起陽勁時易為對手聽勁。因此陰、陽不可做盡、做絕，應該是**「陰將盡須出陽，陽將盡須回陰」**！

除了上述氣候的變化現象之外，如下圖接力賽時，藍色代表先行者，紅色代表後繼者，①的跑者將要遞棒給②的接棒者之際，②可在接棒區內，先向後移動去接棒，接棒後即可迅速往前衝刺，其餘類推。也類似於前後事項之間總會有

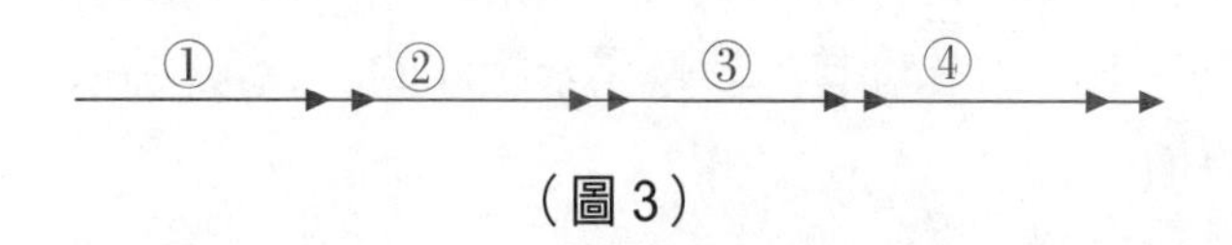

（圖 3）

一個銜接的區段，在後一事項正式開始之前的「前置作業」一樣，有著陰陽的轉換區段與時間。也可以說太極圖所以不會形成◐、◑、◒ 或 ◓，以直線截然對分的深層含意，否則就不符「自然」運行之理。

這個陰陽的轉換區段與時間，是在 2005 年 8 月 27 日夜晚的教學中頓悟出來的。將此理念和道理轉入太極拳的運作中，可展現另一個奇妙而別緻的境界與風貌。

在「理論架構」一文中，我已作了以上七大項的介紹，至於何年何月何日或有第八項、第九項……的發現，我不知道！但我已盡量將我的心得轉化為文字、轉化為理論、也轉化為太極勁法的實務呈現。

1-3　古今人物在「太極」二字見解上的比較

元末明初的張三丰：「有上則有下、有前則有後、有左則有右」，具有「縱、橫、豎」三度空間的「立體太極」思維，但僅為「靜態」的描述。

清朝的陳鑫：「五陰五陽稱妙手」，雖有「比值相等」的提示，卻未指明操作的方法，亦僅是「靜態」的描述。

現代的林冠澄：「陰陽比值相等卻又同時反向運作之結構」，既有「比值相等」的提示，更有「方向」、「時間」、「運作」的內涵，呈現「動態」的描述。

以上所提「陰陽比值相等同時反向運作之結構」中之「比值相等卻又同時反向運作」，可為同時「有上則有下」運作，可為同時「有前則有後」運作，亦可為同時「有左則有右」運作，因此「有上則有下、有前則有後、有左則有右」的結構，含在「陰陽比值相等卻又同時反向運作之結構」的文句中，同時也能適切地面對「五陰五陽稱妙手」的比值問題。

總之「陰陽比值相等同時反向運作之結構」的思維內涵，不僅貫串了古今人物對於「太極」二字的認知，更提供了一盞指引世人學習太極勁法，如何進行陰陽運作的明燈！

1-4 陰陽的動作（太極結構）

由太極圖觀察所得的「陰陽比值相等卻又同時反向運作之結構」的思維內涵，可知，陰陽的關係可用以下的圖示予以說明。

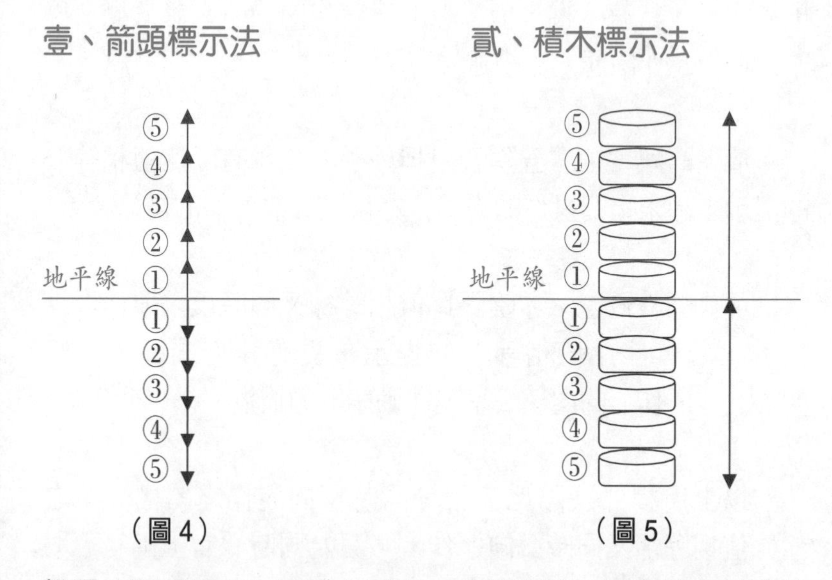

（圖4）　（圖5）

說明：用「積木」標示之用意，是說明前一個已旋動形成的作為狀態及旋動所生之能量，必須持續不使消失，而後一動一動地如疊積木般不斷地向上堆疊，同時一動一動地向下穿旋向下反疊。以上兩圖就是我提出「陰陽比值相等卻又同時反向運作之結構」之內涵。

參、等比運作法

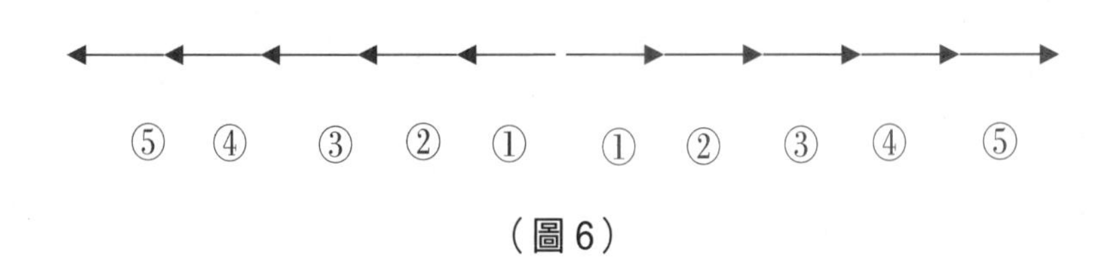

（圖 6）

說明：①①為第一組陰陽等速、等量、反向的組合運作，②②為第二組陰陽等速、等量、反向的組合運作，③③為第三組陰陽等速、等量、反向的組合運作，餘類推。

肆、遞增運作法

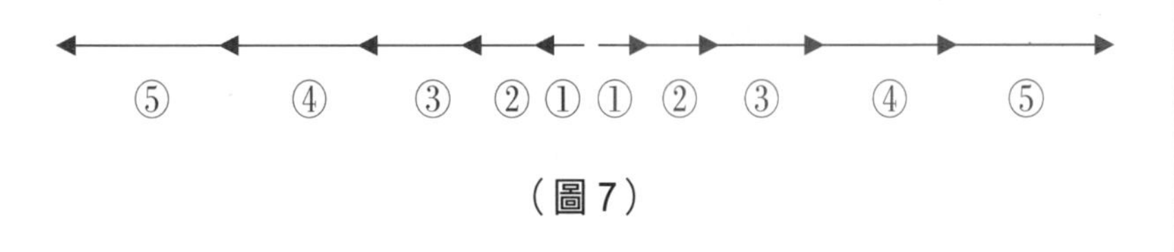

（圖 7）

說明：①①為第一組陰陽等速、等量、反向的組合運作（假設為 1 倍），②②為第二組陰陽等速、等量、反向的組合運作（假設為 2 倍），③③為第三組陰陽等速、等量、反向的組合運作（假設為 3 倍），如火車由靜止狀態啟動後，速度越走越快，能量越來越強一樣，所以以遞增長度的線條表示。

1–5　陰陽相濟太極勁法之內涵

總綱	項目	內　　涵
思想體系	緣起	透過太極圖、萬象的觀察、軍事作戰思想、現代科技的運作道理、拳經拳論文句的辨正，歷經驗證，融合而成。
	實證	**太極圖** 陰陽共生共存，空間相等、時間相等，且為同時反向比值相等的運作。
		萬象的觀察 獨陰不生，孤陽不長；男女結合可繁衍下一代；方向相反的擰毛巾動作，可將水份擰出。
		軍事作戰思想 以洲際飛彈戰敵於千里之外；英國與阿根廷的福克蘭群島戰爭，英軍於赴戰場途中的軍艦上，邊航行邊勤練戰技。
		現代科技 開關內伏特相等的陰陽極組合在一起，可產生能量；電磁波可在虛擬空間傳輸訊息。
	拳經拳論研修	參見本書第七章拳經、拳論的研修。
	境界	學無止境，保持開放的心胸，隨時迎接新的學習以及新的思維激盪，使境界蒸蒸日上。
理論架構	核心思想	① 陰陽權利地位相等。 ② 上下、前後、左右同步運作。 ③ 陰陽比值相等同時反向運作之結構。 ④ 太極運作形式可為圓形，亦可為其他形式。

續表

總綱	項目	內　　涵
		⑤S 形曲線具有陰陽組合之特性。 ⑥空中生妙有。 ⑦陰將盡陽已出，陽將盡陰已出。
操作內涵	步型	雙重為美，雙動是寶。
	膝窩	擅用膝窩（**創見**）。
	螺旋運動	多為雙螺旋或三螺旋運作法。
	公轉自轉	動作運行中重視公轉與自轉。
	腰為主宰	不動腰，腰係由腳帶動；手腿之動，皆由腳起動。
	呼吸	採自然呼吸。
	移位	公轉加自轉法、純加法（**創見**）。
	4 動法	以 4 動法移位（**創見**）。
	漏沉	由下而上漏沉（創見）。
	運作空間	實體空間及虛擬空間。
	三盤運作	由下而上節節貫串，進而形成整體運作的方式。
	上下前後左右	將「有上則有下、有前則有後、有左則有右」的運作方式，展現於一個動作中。
	挺胸抬頭	經由三直發勁法中挺胸抬頭（**創見**）之訓練，形成三才太極拳。

續表

總綱	項目	內　　涵
接戰思維	思維	‧擒賊擒王。 ‧由一成功力打到十成功力（以陰陽連續轉換實現）。 ‧以引「勁」落空處理來勁力道。 ‧ 接點不進不退，不使對手越雷池一步。 ‧ 無招、無式、無形、無相。 ‧ 動步中戰敵之先。 ‧向自己找空間。 ‧「懂勁」由陰陽相濟的基本功法切入。
	時間空間	化、鎖、進、打，集於同一時間、同一空間（同時同空）。
	接勁	內動外不動地由上臂經夾脊接入腳底、漏沉方式接勁，或以「引勁落空」方式接勁。
	發勁	‧由腳底、夾脊、受力點或神意發勁。 ‧滲透式、漸進式發勁（含高階發勁法）。
	表現形態	‧以「回」生「出」之方式發勁，發勁形態為 發勁者←→被發者。 ‧依狀況「可輕可重」接發勁，且能對發勁勁路有掌控效果。
	神意	意透對手背後遠方打點。
	特色	以快打慢、以強打弱、以大打小，以多欺少。
	太極圖	必修的基本課程。
	步行	有步行訓練法（不同於一般的「行功」）。
	垂直軸	由腳底至後肩之體內擰轉訓練（**創見**）。
	腳腿	雙環轉、立體三環轉（**創見**）。

續表

總綱	項目	內　　涵
訓練系統	手部	• 內動變化綿密，不坐腕，不豎掌。 • 牽引手、升揚手、S 形延展手等約 20 種的手部運作法。
	拳架	**動步** 旋胯拎腳，腳底如磁浮列車之磁浮狀態平貼落地，不點腳跟、不翹腳。
		架勢 高架勢（不傷膝）。
		盤架法 每動必含「陰陽比值相等同時反向運作」之結構存在；且有 **S 形的拳架打法（創見）**；無快慢相間、忽快忽慢、忽高忽低之打法。 **※拳架重於功法的檢驗，不在於招式的運用**
	反射勁路圖	由陰的漏沉而生陽能的運作 **（創見）**。
科學方法	物理學說	能以傳統力學說明一般運動力的作用。
		能以槓桿原理說明一般運動力的變化。
		能以複數力學說明「陰陽相濟的太極勁法」之能量來源。
		能以量子力學說明「陰陽相濟的太極勁法」之能量變化。
		能以電子繞射說明波粒性動作現象。
		能以信息波說明「陰陽相濟的太極勁法」之超能量。

續表

總綱	項目	內　　涵
科學方法		能以分子動力學說明「陰陽相濟的太極勁法」之運作。
		能以量子態傳輸說明「陰陽相濟的太極勁法」傳輸原理。
	神經生理學 解剖學 醫學	能以量子能量場、能量共振腔、負陰抱陽的運作方式等學理，詮釋意、氣、勁之運作。
		能以神經生理學、解剖學說明「引進落空」有效距離為「1 公分」之道理。
		以呼吸系統、循環系統及各項研究報告，對應於健身與養生的價值。

第二章　下盤基本功法的訓練
（初級訓練階段）

將「理論架構」，貫串於下中上三盤的功法訓練、盤架練習及接發勁中。這個階段學習過程中學習的態度、用功的程度以及學習的精準度等，關係著太極勁法學習的成果。在起步階段務必用心投入。

2－1　「陰陽相濟的理論與實務」之內涵

初期重視、認識「陰陽相濟」的道理與訓練，中期偏重「陰陽相濟」操作能力的檢視，後期能將「陰陽相濟」的理念，內化為直接反射的慣性作為。一舉手一投足之際，處處、時時都能透出經由陰陽相濟結構所呈現出來的能量、神韻。「陰陽相濟」的理念，自始至終都擺在第一位。

太極陰陽係共生共存，而為陰陽同出、陰陽同在的現象。其運作方式是比值相等、卻又反向地統合在**同一個動作、同一個時間**中（矛盾對立而『**統一**』），且能展現「同時間同空間」的接發勁效果。

太極並不一定是一個圓形，除了圓形之外可以是多元無數的形。是陰陽相生相長，不是陰陽消長。陰陽存在於同一結構體中，陰陽在同一空間下，陰中有陽，陽中有陰。

沒有圓心，陰陽兩條魚有如互動的齒輪，陰魚動陽魚必跟著動，陽魚動陰魚也必跟著動，每一個動作中皆包含陰陽兩動在一起，是二而一，即拳論所謂「一處有一處虛實，處處總此一虛實」之作為，因此，在實務中不須左右手、左右腰對換，動作時間縮短，破敵時間加快，各接點（搭點）可單獨接勁發勁，各接點都是一個太極，同一時刻有無數接點即有無數太極，接戰時是以多數太極面對對手的單陽。

人體是透過各項運作實現以上思維效果的載體，因此無論是「由下而上」或「由內而外」的動作功法、訓練內容，都必須為滿足「陰陽相濟」思維效果，又經得起科學驗證而設計。

人體由下而上計有腳、踝、小腿、膝窩（我以膝窩取代膝蓋）、大腿、胯、臀、腰、背、夾脊、後肩、上臂、手肘、前臂、手等關節部位。每一關節部位之運作內容或方式，都必須細細思量、驗證與取捨，進而形成由下而上節節貫串，既合於陰陽相濟的道理，又能組成強大勁力之通路結構。以下就是為實現此理想而設計安排的豐富內容。

2-2　足　弓

壹、「站」進先機

「站」在後跟，既無承受力，也無接發勁能力；「站」在湧泉，稍有承受力，卻無接發勁能力；「站」在腳心（為腳底板『足弓』位置），重心在足弓，接勁時將來勁力道由足弓下沉，有如擠出「吸盤」中的空氣，使腳底板四方鬆開的同時，腳底板似吸盤「吸」住大地，使穩定度提昇，承受力加大；接著將下沉的足弓向上放開即是發勁能量。

平時常使腳底感覺重心鬆沉於「足弓」，腳底板落地的一剎那有足弓貼地的感覺；與同好對練或接戰時，也必須將「站在腳心」的前置作業作好，屆時戰鬥能力已「占盡先機」。取其諧音亦可稱為「站進先機」！

貳、腳下乾坤

腳底板是行走、移位換形、承載全身重量的部位，就太極拳拳譜中的記載或一般人提到的，腳底板的重點部位可分為「腳趾」、「湧泉」及「腳跟」三個部分。由「腳趾」的運用產生了「五趾抓地」的運作方式。便於行氣的關係產生了「湧泉」的運作方式。為了蹬地以生反作用力產生了「腳跟」的運作方式。這三個部分都有其功能面，在各拳種中也有著不同的提示與詮釋。然而「足弓」的運作，卻幾乎沒被提及，這個重要的部分，個人以為，在太極拳及太極勁法的運作中應該被重視。

依我多年的實作驗證，在動作運行中，若以「五趾抓地」的方式運作，無異以力量向大地相抗衡，大地回以抗力，勁力反而無法沉入大地，縱然感覺很有勁力，其實祇是在地表面的力道而已。若將全身重量落在「湧泉」上，勢必為屈膝狀態，然而在屈膝狀態下容易產生膝關節受傷的機會，以及屈膝關係使勁力難以下沉的缺點（試從流水中的塑膠水管的任何一部位將水管打個折，則出水口的流量隨即縮小，道理是一樣的）。若將全身重量落在「後跟」，既無承受力，也無接勁能力。若以「足弓」運作，其效果則與以上所提的三項運作效果截然不同。

「足弓」近於腳底板中央（腳心），除可平均支撐全身重量，分散壓力外，更具有彈性及吸震的能力。同時重心落在足弓，全腳底板易於四平八穩，身體容易垂直，勁力傳輸的直通性佳。又由於足弓具有彈性空間（壓縮空間），當來勁力道經由接點導入足弓下之際，有如擠出「足弓」吸盤中的空氣，使腳底板向四方鬆開的同時，腳底板似吸盤「吸」住大地，使穩定度提昇，承受力加大，反擊的能量相對增強。

因此平時站立時常使腳底感覺重心鬆沉於「足弓」下，步行走路時腳底板落地的一剎那，全身重力即由足弓沉入大地之下，是我所提「漏沉」之沙漏漏口，也是我的太極拳及太極勁法具體運作的重要結構之一；與同好對練或接戰時，隨時將「站在足弓」的前置作業作好，屆時戰鬥能力可占盡先機，從而知曉腳下乾坤！

參、湧泉、足弓、腳跟位置圖

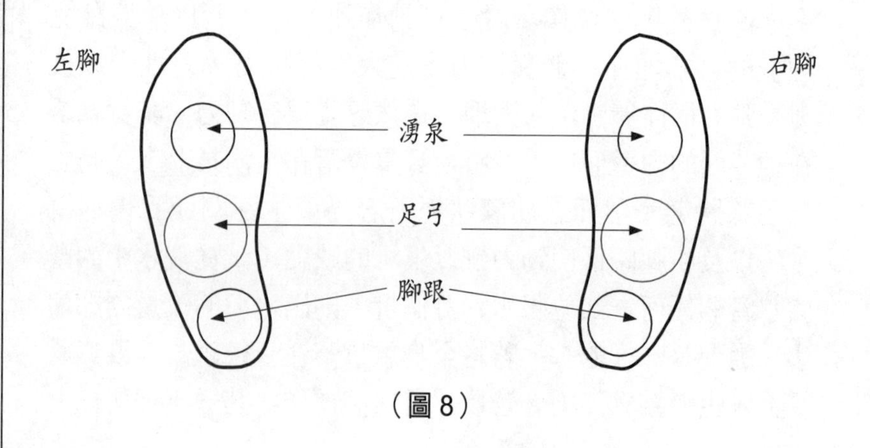

（圖8）

2－3　重力的下沉

重力的下沉方式，可粗分為兩種，第一種方式，重力是由大腿經小腿而沉入腳底，這種運作方式會使重力積壓在大腿面及膝蓋上，實務上絕大部份重力無法有效沉入腳底，易生膝關節疼痛之緣故。第二種方式，重力是由肩頭的中央經胯部垂直地沉入足弓下，重力容易沉入腳底。

2－4　橫向移位應注意的問題

當重力下沉後，開始移位到左腳或右腳時，勁力不可由上盤或中盤送出，應由下盤推移出去，高度在兩腳膝蓋以下，以 ∩ 方式移位到另一腳。且要有先向大地下沉的「陰」之作為，稍耐片刻，由大地漸漸回饋以反作用力（以一根竿子似撐船地逐漸加力，去感受大地逐漸加大的反作用力）後，以此反作用回來的能量，作為移位的動能。除了下旋陰沉的作為之外，還需注意、由實作中瞭解「向左，右腳先移；向右，左腳先送」的道理及價值。

2－5　垂直軸的訓練

壹、「垂直軸」訓練的目的

經長久練習後，「陰」、「陽」同時反向操作的概念及能力，被有效培養。陰陽相濟的道理由實作中獲得，「陰陽同出」、「陰陽同在」的道理，落實在垂直軸訓練中。彷彿槍管的打造，將槍管打通，同時磨出了「來福線」（見圖 9）。槍管既通，來福線也已存在，發勁時除了勁力流動順暢之外，還有來福線旋動的助力，更增加了破壞力。

實務上垂直軸的訓練，是進入我所研發的太極拳及太極勁法殿堂的核心功法。剛開始是單一腳單旋的「垂直軸」練習，接著另一腳的練習，慢慢地進入雙環轉的「垂直軸」練習，再進入立體三環轉的「垂直軸」練習，使雙腳都有垂直軸操作能力。

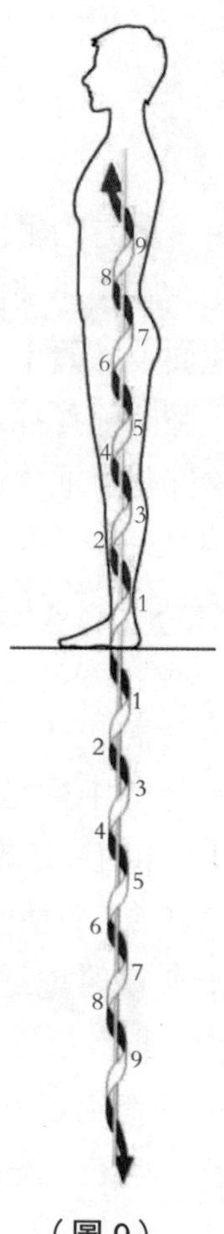

（圖 9）

貳、訓練的方式

一、左右腳橫向移位的垂直軸訓練

未移位之前，身體重量係由肩、胯垂直沉墜入腳底，而不是經由大腿、膝蓋、小腿再到腳底的。移位時身體的推移，絕對迴避上盤肩出或中盤腰出的問題，係由下盤以向左、向右、向前或向後地運行。單腳垂直旋轉時，務必維持原垂直軸心的垂直度，不使軸心有偏移的情況發生。

在「垂直軸」練習中，首先要注意的是在旋動過程中，都要能保持垂直而無偏移或偏斜的狀態。旋動時是取足弓一個圓圈的 1/10 圈，每一次旋動均為 1/10 圈，不需強力，而為微力、自然、順暢、輕快地運作。

由腳底旋動後的持續能量用「意」引導其上升，先旋動小腿，接著旋動大腿，形成腿柱的旋動狀態。旋動時初期為骨骼肌肉一起旋動，經日積月累的練習，由大圈、中圈、小圈或無圈時，逐漸進入軸心旋轉位置。

在腿柱的旋動狀態下，要特別留意垂直軸的穩定度，以及上升的能量，由腳→小腿→大腿的流程。也就是腳底旋動之後纔能旋動到小腿，小腿旋動之後纔能旋動到大腿，以至於→腰→背→夾脊→肩→臂→手→指，未旋動到的關節部位盡量不要動，每一動都要用心感覺、用心檢查。

在「垂直軸」練習中，腳腿的運作方面分為「單環轉」、「雙環轉」及「立體三環轉」三種，逐級而上，以進到「立體三環轉」的層級為最後目標。

二、單環轉（純爲腳底板）方式進行的訓練

第一次腳底板如螺旋般向大地下旋動，腳踝有被反向穿旋而上的感覺。

第二次腳底板如螺旋般向下繼續旋動，小腿有被由腳踝持續旋動穿旋而上到小腿的感覺。

第三次腳底板如螺旋般向下繼續旋動，膝窩有被由小腿持續旋動穿旋而上到膝窩的感覺。

第四次腳底板如螺旋般向下繼續旋動，大腿有被由膝窩持續旋動穿旋而上到大腿的感覺。

第五次腳底板如螺旋般向下繼續旋動，臀部有被由大腿持續旋動穿旋而上到臀部的感覺。

第六次腳底板如螺旋般向下繼續旋動，腰部有被由臀部

持續旋動穿旋而上到腰部的感覺。

第七次腳底板如螺旋般向下繼續旋動，背部有被由腰部持續旋動穿旋而上到背部的感覺。

第八次腳底板如螺旋般向下繼續旋動，夾脊有被由背部持續旋動穿旋而上到夾脊的感覺。

第九次腳底板如螺旋般向下繼續旋動，後肩有被由夾脊持續旋動穿旋而上到後肩的感覺。

每次旋動的深度約為 1 公分，單一腳九次練完，再由下盤移位到另一腳，另一腳也九次練習，如此週而復始地練習。內在感覺越來越好之後，轉為「雙環轉」練習。

三、雙環轉（腳底板加腳踝）方式進行的訓練

（一）雙環轉（太極腳）的認識

1. 右腳雙環轉

腳底板順時針方向①、腳踝內側順時針方向①同時向下旋轉，產生腳底的 S 形②，形成動態下的太極圖，或稱之為「太極腳」，其圖示如（圖 10）。

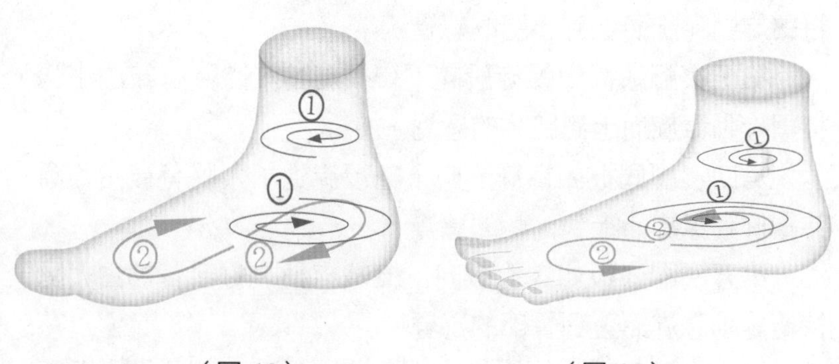

（圖 10）　　（圖 11）

2. 左腳雙環轉

腳底板逆時針方向①、腳踝內側逆時針方向①同時向下旋轉，產生腳底的 S 形②，形成動態的太極圖騰，其圖示如（圖 11）。

雙環轉（或太極腳）的運作方式，全腳板有均勻貼實的明顯感覺，穩定度提昇，旋動中不易翻腳，且有增強勁力的效果。

（二）雙環轉方式進行的訓練

第一次腳底板及腳踝如螺旋般向下反向旋動，小腿有被旋動穿旋而上的感覺。

第二次腳底板及腳踝如螺旋般向下反向旋動，膝窩有被由小腿持續旋動穿旋而上的感覺。

第三次腳底板及腳踝如螺旋般向下反向旋動，大腿有被由膝窩持續旋動穿旋而上的感覺。

第四次腳底板及腳踝如螺旋般向下反向旋動，臀部有被由大腿持續旋動穿旋而上的感覺。

第五次腳底板及腳踝如螺旋般向下反向旋動，腰部有被由臀部持續旋動穿旋而上的感覺。

第六次腳底板及腳踝如螺旋般向下反向旋動，背部有被由腰部持續旋動穿旋而上的感覺。

第七次腳底板及腳踝如螺旋般向下反向旋動，夾脊有被由背部持續旋動穿旋而上的感覺。

第八次腳底板及腳踝如螺旋般向下反向旋動，後肩有被由夾脊持續旋動穿旋而上的感覺。

如由左腳開始，則左腳底板外側向左後下方及腳踝內側向左前下方，同時向下反向旋動約 1 公分，每次相同；如由右腳開始，則為方向相反之旋動。每腳八次練習，再由下盤移位到另一腳，另一腳也作八次練習，如此週而復始地練習。內在感覺越來越好，動作越來越順暢之後，轉為「立體三環轉」練習。

四、立體三環轉方式進行的訓練

（一）立體三環轉的認識

「立體三環轉」是指腳、踝及膝窩（膝膕）三者同時運作下，形成勁力上昇到大腿外側之結構狀態。小腿及大腿有如擰毛巾狀，上下相互擰轉產生能量的效果。能量比「雙環轉」還大。其圖示如下。

1. 左腳之立體三環轉

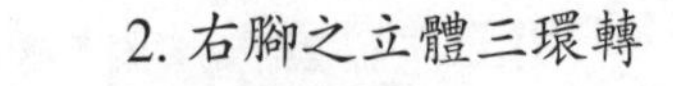
2. 右腳之立體三環轉

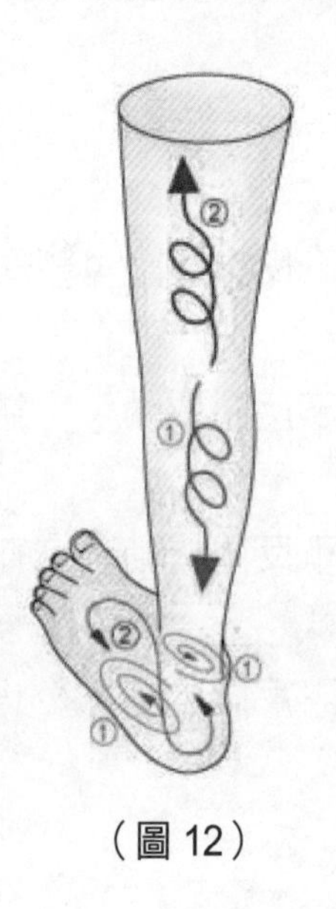

（圖 12）

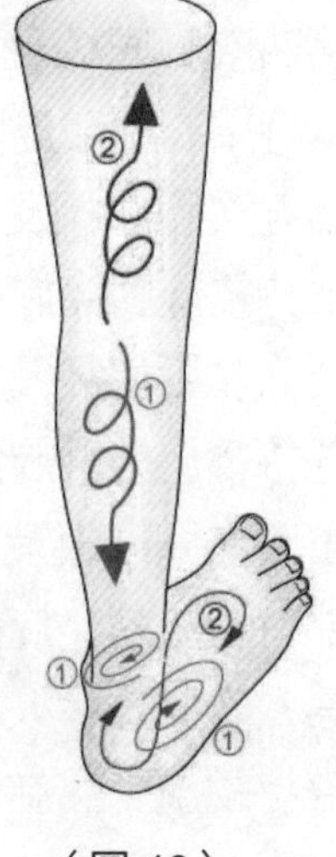

（圖 13）

（二）立體三環轉方式進行

立體雙環轉的操作可形成螺旋的腿柱，其順序為：

第一次「立體三環轉」，旋動勁力到大腿。

第二次「立體三環轉」，旋動勁力到臀部。

第三次「立體三環轉」，旋動勁力到腰部。

第四次「立體三環轉」，旋動勁力到背部。

第五次「立體三環轉」，旋動勁力到夾脊。

第六次「立體三環轉」，旋動勁力到後肩。

假設由右腳開始，則右腳底板外側右下旋、腳踝內側左下旋、膝窩內側左下旋，三個部位同時下旋。左右腳練習時分開練，此法成熟後實務上可雙腳併用，且終生使用。

以上「單環轉」、「雙環轉」、「立體三環轉」之垂直軸訓練，有如在人體內鋪設了兩條高速公路，讓左右邊的來勁力道可以上下往返，接發勁有了順暢的通路。

當以上之三種轉法都已熟悉，或已將「立體三環轉」之垂直軸運作成為慣性後，接著須再加貫通上臂、手肘、前臂、手腕、手指的五個關節部位的垂直軸下上各加五次的訓練，串聯由腳底到手指成為一條順暢通路的效果。

左右手都要練之外，還要能在起心動念之剎那，約 1 秒以內即能將氣勁由腳底傳輸到手指，而由腳底算起傳輸到手指共 15 個關節部位的過程中，每個空間都不可漏失或跳過，必須切實地「節節貫串」，否則效果不是打折扣，就是無效。

深度在日積月累的歲月中，會逐次加深，直到一次下旋的深度可達半尺或一尺（約需 1 年以上），下上對旋的能力，並能連續旋動，則其威力不可思議！

2-6　拳架運行中之移位法

壹、「純加法」的移位法

「純加法」的移位法，在移位中雙腳陰陽連續運作，使能量不斷累加，進而形成強大能量的運作方式，優於太極拳界普遍採行的「減加法」或「加減法」。

一、雙腿互動運作法

（一）一般人之「減加法」或「加減法」

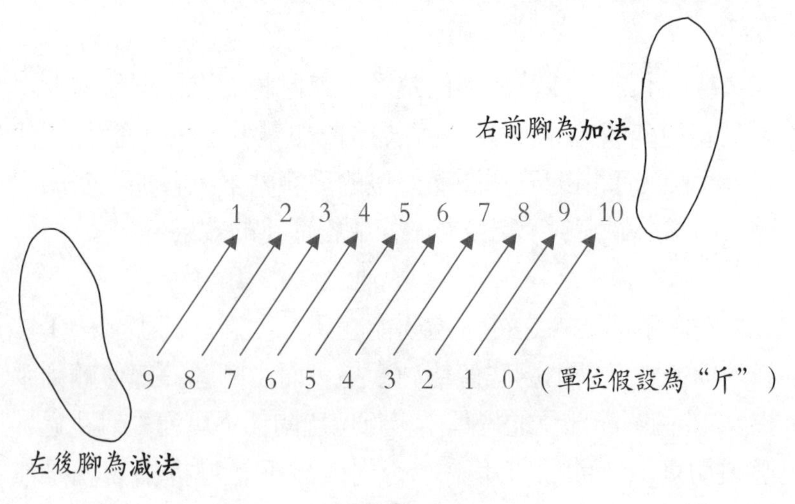

（圖 14）

（二）「陰陽相濟太極勁法」之「純加法」

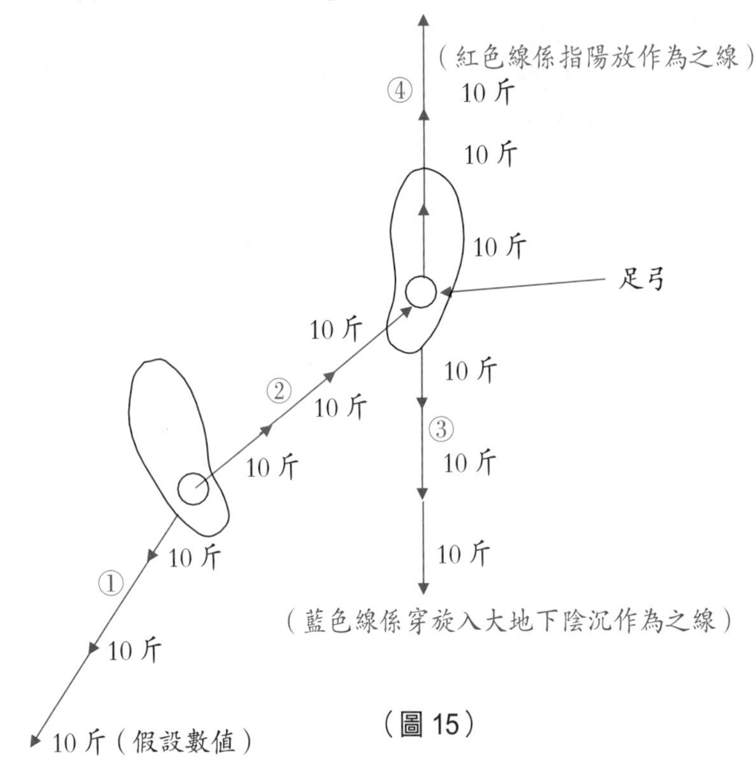

（圖 15）

上圖即「4 動法」之運作法，假設陰下陽上之數值皆為 10 斤，又假設陰下陽上的運作各腳各為三次，則以「純加法」的移位法為例，由①陰之 30 斤+②陽之 30 斤＝60 斤（第一組太極能量）加 ②陽之 30 斤+③陰之 30 斤＝60 斤（第二組太極能量）再加 ③陰之 30 斤+④陽之 30 斤＝60 斤（第三組太極能量），在移位中雙腳能量不斷累加，三組太極的組合能量為 180 斤，要大於「減加法」之 10 斤變化而已。又若非各腳陰下陽上各為三次的運作，則三組太極之總能量為 60 斤（各組為 20 斤），也比「減加法」之 10 斤變化為大，因此「純加法」絕對優於普遍採行的「減加法」。

在4動法的運作下，每個陰下（藍箭線）陽上（紅箭線）之速度、深度（陰）、長度（陽）、運作力道，力求均等（以意運作），同時還要求陰作為（接勁）綿密性、均勻性之運作能力，始有陽作為（發勁）之滲透性、漸進性的實現。

（三）「陰陽相濟太極勁法」之「公轉加自轉移位法」

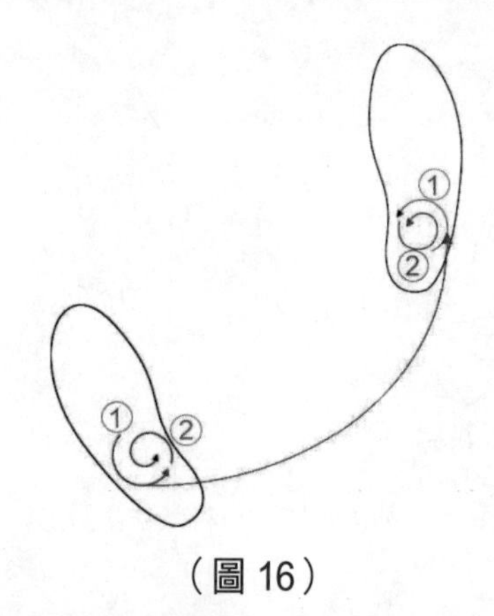

（圖16）

1. 左腳底板先向左後下方旋動。
2. 形成腳底、腳踝之雙環轉或加膝窩之立體三環轉產生①陽出之際，右腳相對且配對（同時為雙環轉或立體三環轉）地同時旋動，並向右前腳旋移。
3. 左腳右轉（紅線），右腳左轉（藍線）；左右腳同時向右前方旋轉，是為公轉。
4. 左腳左側右轉的同時使右側（腳底、腳踝及膝窩內側）順勢向左下方下旋（為第二個陰至第N個陰的動能）；同腳右側同時等速、等量、等弧地旋動、是為自轉。
   （若為由右前腳向左後腳移位，同理反向運作）
5. 公轉與自轉同時持續進行。
6. 此法適於拳架的運行。

貳、拳架移位的陰陽動作

假設以左後腳移到右前腳為例，由左後腳先向腳底穿旋（陰），接著將腳底反作用回來的能量（陽）向右前腳推移，右前腳則將左後腳推移過來的能量接引入腳底（陰），如此狀況下左後腳有陰下陽出的陰陽結構。而雙腳又都有運作，左後腳負責推移（陽），右前腳負責接收（陰）。結果右前腳的鬆沉程度，腳底板的膨脹、墜沉、穩定的感覺，比直接由右前腳先動，拉動身體到垂直定位在右前腳的作為，更有感覺、更為實在。

接著在右前腳陸續向下旋接（陰）的同時，右前腳同步要有向上反陽（陽）的意念，旋出上昇的能量，使成為腿部推移的能量。若為從左腳移到右腳或從右腳移到左腳，其理相同，可自行練習。同時陽出的那腳其勁力的傳遞為 5 斤→10 斤→15 斤→20 斤，陰收的腳其鬆沉作為亦為 5 斤→10 斤→15 斤→20 斤，不可等到蓄滿 20 斤在右腿上之後才開始鬆沉陰收，要比值相等地同步進行（即陰陽同出、陰陽同在）。

參、4 動法、8 動法及 12 動法之研究

一、動機

由「左後腳移位到右前腳」為例，以 1 動方式位移，看似最快，但其中缺乏**結構的合理性、太極陰陽的組合性、雙腳運行的互補性、能量的增強性**，以及**應敵時的變化性**等問題的存在，反而是「欲速則不達」，因此才有 4 動法、8 動法及 12 動法之設計。

二、前後腳移位牽涉到的問題

（一）兩腳權利相等（地位相等）的問題：

從太極圖上陰陽大小相等的關係看，陰陽視同前後腳或左右腳，表示前後腳或左右腳的權利相等（地位相等）之意。以4動法而論，各腳應各做2動；以8動法而論，各腳應各做4動；在運作過程中，各腳的權利不可被侵害，才是權利相等。

（二）接力棒的問題：

推移出去的能量，有如接力棒的傳送。若由左後腳向右前腳推移時，右前腳不可順勢被推走，右前腳若順勢被推移出去。有如徑賽時前手傳送過來的接力棒，後手祇顧自己跑卻不去接接力棒，這樣的跑法是無效的比賽方式。為有效完成比賽，後手必須回過頭來將接力棒接下才行，因此右前腳不僅不可前衝出去，反而須回扣回來與左後腳相呼應，這樣才可能將左後腳傳送過來的能量有效地接到。

（三）陰下陽上之連接性問題：

在太極圖上陰陽之間沒有間隙或鴻溝，因此在陰沉陽升之運行過程中，陰陽之間必須密合的銜接，不能有缺口，若有缺口勢必影響勁力的傳輸。

（四）運行速度的問題：

由於太極圖告示我人時間及空間反向的相等，以時間而論，向下向上的時間必須相等，因此不論4動法、8動法或12動法，各動的運行時間都必須相等。

三、適用範圍

4動法、8動法及12動法之研究，談到在人體移位過程中所產生的四項問題，不僅止於太極拳需要探討，其他拳種一樣值得研究。

四、應敵時的變化性問題

接敵時狀況無一定標準，惟有從多元的考量及訓練中，培養應變需求（文字難以敘述，在實務中體會，自然明白），而有8動、12動以使能量遞增的設計。

五、移位的陰陽動作之圖說

壹、由左後腳移到右前腳

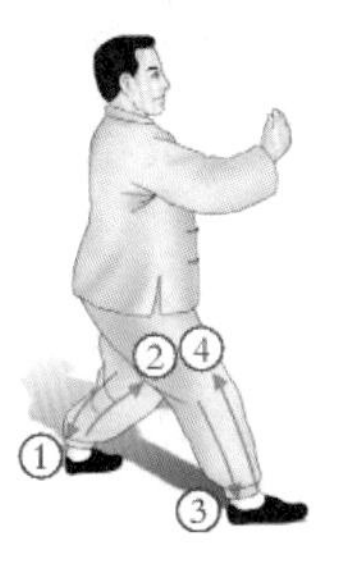

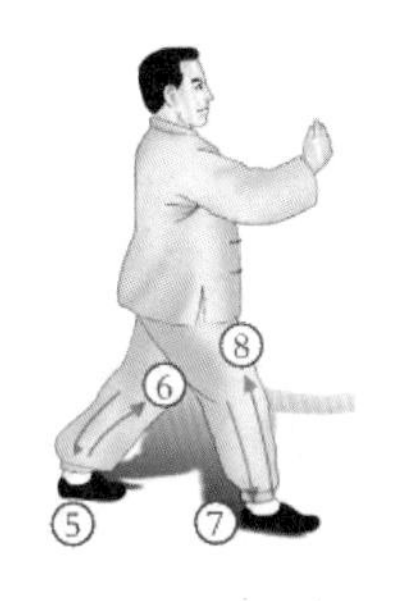

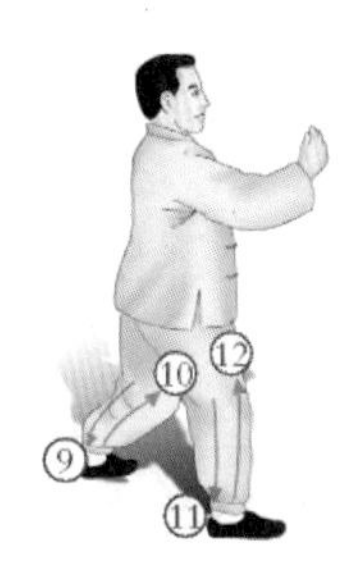

貳、由左前腳移到右後腳

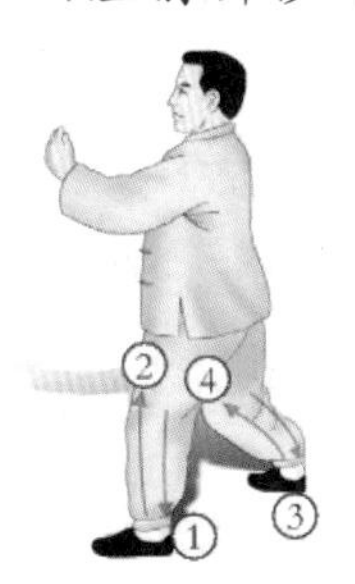

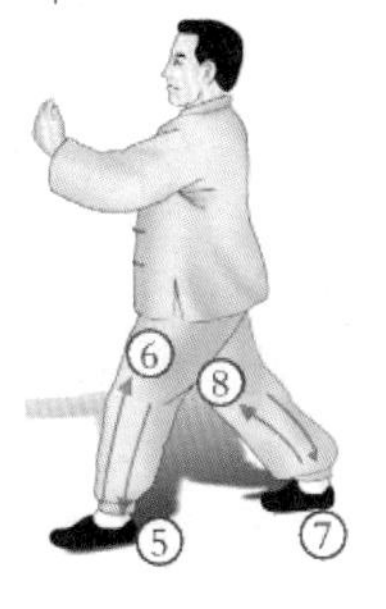

（圖17）

（一）腳底板向下穿旋後，稍耐片刻、細心地感覺由腳底反升上來的能量，此能量為盤架、移位、發勁等的運作能量。

（二）在移位的陰陽動作，每一動的時間力求均勻。先單獨練習，稍有心得後，套入盤架、移位、發勁中。

（三）由動態移位練習的熟練，漸進於不動形、不移位的情況下，用「意」在原空間帶動此運作軌跡，形成發勁能量。

（四）以上由後到前，或由前到後的運作後，4 動可形成 3 組太極，8 動可形成 7 組太極，12 動可形成 11 組太極（見註）；發勁能量會隨著太極的組數越積越大。

（五）接戰時，先啟動第一組的 4 動（①②③④），若第一組的 4 動之能量不足以破敵，則需啟動第二組的 4 動（⑤⑥⑦⑧）或第三組的 4 動（⑨⑩⑪⑫）運作，使產生更大能量用於發勁。千萬不要在無法破敵時，拼命地用手或身體與對手對峙。

註：11 組太極之說明

①陰+②陽＝第 1 組太極
②陽+③陰＝第 2 組太極
③陰+④陽＝第 3 組太極
④陽+⑤陰＝第 4 組太極
⑤陰+⑥陽＝第 5 組太極
⑥陽+⑦陰＝第 6 組太極
⑦陰+⑧陽＝第 7 組太極
⑧陽+⑨陰＝第 8 組太極
⑨陰+⑩陽＝第 9 組太極
⑩陽+⑪陰＝第 10 組太極
⑪陰+⑫陽＝第 11 組太極

2-7 腳腿運作的認識

壹、單環轉橫向之「1動」移位法

一、起動腳陽出，被動腳陰接

從左腳向右腳方向推移（陽），運行的能量不使超過雙腳膝蓋，以∩型態運行到右腳，重心隨之沉落於右腳底。在此過程中，上身隨著左腳的移動而移動，當重心沉落於右腳底之際，上身之重力也沉落於右腳底。起動腳單陽出，被動腳為單陰接的情況下，雙腳均無陰下陽上之太極結構，無能量可言，渾身感覺稀鬆無勁。

二、起動腳陰陽出，被動腳陰接

左腳先向腳底旋動（陰），腳底有漸旋漸滿的反作用能量感覺，將此能量感覺（陽）向右腳方向推移，上身隨著左腳的移動而移動，當重心沉落於右腳底之際，上身之重力也沉落於右腳底。起動腳為陰下陽升之運作，被動腳為單陰接的情況下，至少有一腳的太極結構，能量稍強於上列情況。

貳、單環轉之前後腳「4動」移位法

一、左後腳移到右前腳

左後腳先向腳底旋動（①陰），腳底漸旋漸滿形成反作用（②陽）的能量，向右前腳方向推移。右前腳則隨左後腳推移過來的能量，作同能量的旋接入右腳底板下，並隨左後腳的繼續推移，使重心、重力垂直沉落於右腳底（③陰），

隨即將腳底漸旋漸滿的能量反旋上升（④陽），形成拳架或發勁的能量。

二、右前腳移向左後腳

右前腳先向腳底旋動（陰），腳底漸旋漸滿形成反作用（陽）的能量，向左後腳方向推移。左後腳則隨右前腳推移過來的能量，作同能量的旋接入左腳底板下，並隨右前腳的繼續推移，使重心、重力垂直沉落於左腳底（陰），隨即將腳底漸旋漸滿的能量（陽），反旋上升形成拳架或發勁的能量。雙腳皆有陰下陽升之運作情況下，除了雙腳都得到「陰下陽上」的訓練之外，其太極總數為三個，穩定度及能量，強於上述二者之運作方式；不過其能量偏於腳背，滿足中上盤的需要，還差太遠。

三、腳及腳踝雙環轉之陰陽組合運作

在進行腳底（陰）之作為時，以腳與腳踝的雙環轉方式向下旋轉，使產生上升的（陽）能向另一腳推移，另一腳一樣以腳與腳踝的雙環轉方式接引（陰）入大地，待與大地回饋以可用之（陽）能，也以雙環轉的運作方式，上升為拳架運行之動力或發勁能量，大於前二項運作的量。

四、腳、腳踝及膝窩立體三環轉之陰陽組合運作

在進行腳底（陰）之作為時，以三環轉方式向下旋轉，此時大腿有上撐的能量（陽），小腿與大腿之間有如擰毛巾的逆向纏繞狀，產生勁力的效果；膝窩、小腿、腳踝、腳掌繼續向下旋（立體三環轉）（陰），勁力則由腳掌、腳踝、小腿、膝窩、大腿……有不斷上升的感覺（陽）。在膝窩、

小腿、腳踝、腳掌繼續向下立體三環轉時，腿有如螺旋柱狀的感覺，以此感覺的這一腳腿，向另一腳推移，另一腳一樣也以立體三環轉方式接引入大地，並使另一腳在向下旋動接引之際，跟著產生勁力由下而上不斷上升的感覺。此不斷上升的能量大於前三項運作方式的能量。

五、單環轉、雙環轉、立體三環轉運作勁力大小的比較

在雙腳不移位，近於雙重站姿下，雙腳同時採取以下三種運作，所生勁力大小分別為，「雙腳單環轉」小於「雙腳雙環轉」小於「雙腳立體三環轉」，其勁力強弱由動用的部位及組合情況即可知曉。

單環轉僅運作腳底板一個薄層而已，產生的能量，要支撐腳底板以上九成多的身軀高度的能量需求，顯然太薄弱。

雙環轉，多了腳踝的運作，腳踝位在腳底板與小腿之間，具有「起」、「承」、「轉」、「合」的功能，靈活性又非常高，相互組合所生的能量可上升到小腿，支撐腳底板以上約八成左右身軀高度的能量需求，要比單環轉來的強一些。

立體三環轉又多了膝窩的組合，膝窩位在膝蓋的後方，以膝窩與踝、腳一起下旋的運作方式，可達到下旋輕鬆，下旋深度加深加快，產生下上對穿、對旋，小腿與大腿相互擰轉，勁力加大的效果。勁力由膝窩穿旋，腿部不致前進突出，不易造成身體前衝，使對手易於聽勁、接勁的缺點。

立體三環轉的運作，其能量由大腿逐漸上升，支撐能量至少為身體高度的五成，不僅提供身體中上盤的運作能力增強，也使穩定度增加。同時在單一腳的運作下已具相當能耐，當雙腳練到一樣的火候，又能同時組合使用的話，其能量在相互旋動擠壓之下，其威力益加強大。

腳、踝、膝窩組合運作之「立體三環轉」，三過關節同時向下旋動，再由下旋運作後反旋回到大腿的勁力，快速供應了半個身體的支撐強度與打擊能量（因為地基由薄層的單環轉，漸厚層腳及腳踝的雙環轉，再提昇到腳、腳踝及膝窩之立體三環轉，以高於一尺的厚度之運作空間，所生之勁力當然較大），其道理請見下面的解說及圖 19。

由下面三個長條圖觀察，每個長條圖都代表身體的肩的高度，並以單環轉、雙環轉及立體三環轉運作後的勁力上升程度，比較其效能差異。

①的長條圖祇有腳底板單環轉運作的能量，要支撐腳底板以上九成多的身軀高度的能量需求，顯然太薄弱。

②的長條圖為腳與腳踝的雙環轉，上升到小腿的能量，支撐腳底板以上約八成左右身軀高度的能量需求，要比①來的強一些。

③的長條圖為立體三環轉的運作，其能量可上升到大腿根（或臀）的位置，支撐能量約為身體高度的五成，不僅提供中盤、上盤的運作能力增強，也使穩定度增加，比①、②

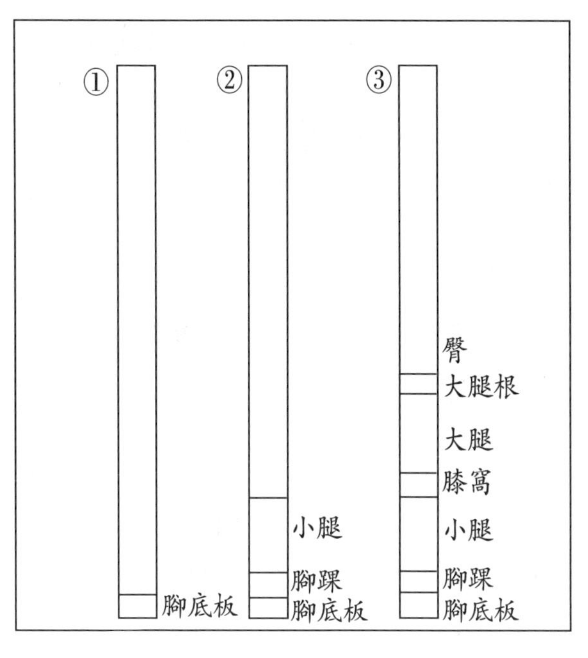

（圖 18）

的效能更優越。

「立體三環轉」在單一腳的運作下已具相當能耐，當雙腳練到一樣的火候，又能同時組合使用的話，其能量就是數學的 1+1＝2，也可能是 1+1＞2。因為雙腳兩股能量相互旋動、連續擠壓之下，還會產生加壓膨脹的威力。

2－8　腳踝、膝窩、胯的訓練

壹、腳踝的訓練

腳踝是腳與小腿之間的旋動樞紐，一般情況下具有「承」上啟下，「轉」動靈活，與他部位「合」而共存等功能。

在「雙環轉」及「立體三環轉」的運作中，則具有「起」的地位，因此在「陰陽相濟的太極拳」裡，與腳底共同處於①的地位，而有了「起」、「承」、「轉」、「合」的功能。

除了「雙環轉」及「立體三環轉」的訓練外，在第一階拳架運行中應以腳踝的連續左右旋轉，作為身體旋動、移位的動力。此旋動的動力亦可作為接勁與發勁（短勁）之用。

以「反者道之動」的道理，體會向前、向後、向左、向右操作之效果，以及在移位的過程中，需多體會「腳踝」旋扭的程度與方向，解除（或放鬆）此旋扭的作為，即是拳架運行的動能來源及拳架招式形成的基礎。

經上列的練習之後，勁力下上對走，由腳底經身體內之關節、部位穿旋到身體上盤，由下而上的結構體清楚呈現。

貳、膝窩（膝膕）的訓練

膝窩是小腿與大腿之間的旋動樞紐，以「意」旋動膝窩，可避開膝關節的傷害之外，且有維持垂直軸穩定，有效進行「立體三環轉」的運作，使小腿與大腿相互擰轉（膝窩不可撐開）產生強大勁力，以及接勁順暢的優點。

向前移位時，當前腳的膝窩感受到後腳的來力，即由膝窩引入前腳底繼續移向前腳的定位點。若向後移位，當後腳的膝窩感受到前腳的來力，即由後腳膝窩以弧形方式引入腳底，繼續移向後腳的定位點，均可產生相當可觀的效果。

雙腳膝窩運作時，由後向前移，在向前移時意念放在膝窩，由膝窩同時向下（陰）向前（陽）運行，其勁力強大。

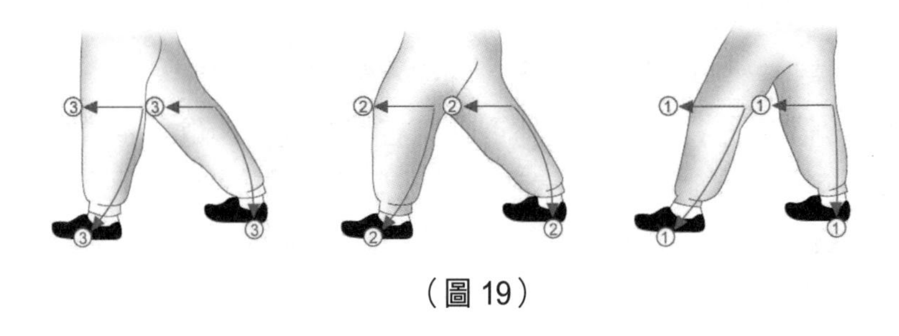

（圖 19）

大部份人的移位，多由膝蓋往前的方式運行（見下圖），以致未能產生陰陽組合力。

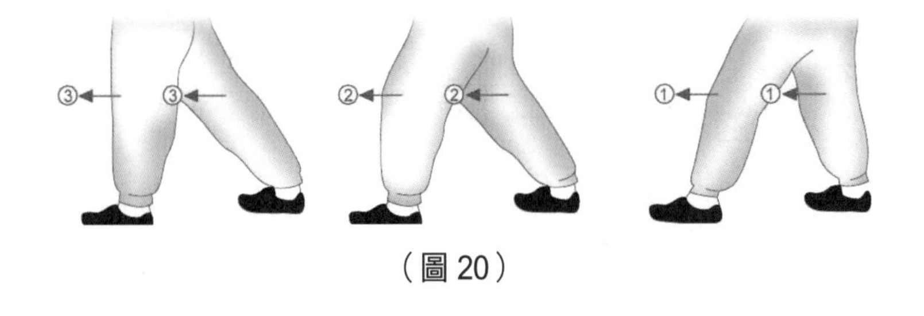

（圖 20）

參、胯的訓練

胯是腿與上半身體間的連結關卡，一般場合常聽到的多是「落胯」、「鬆腰坐胯」、「旋胯」等，我的訓練方法則有不同，計有二項。

一、拎腳：

腳的提起或起腳飛踢，先由胯以內斂方式將腳「拎」起後才開始。放下（如盤架中虛腳之移出、擺放）時係由實腳的胯旋落使另一腳（一般指虛腳）落地的。

二、雙胯穿梭法：

雙腳為雙重的五五站法，近於雙重的站法時，雙胯之間，例如右胯拎起（內動外不動）右腳的重量，隨即通過左胯（向下卸）將右腳的重量丟入左腳，使左腳成為近於實腳，右腳成為近於虛腳。再由左胯拎起左腳的重量，經右胯送入右腳。週而復始地在雙胯間穿梭游走，使其成為習慣。在接發勁的運作上以「雙胯穿梭法」威力最大，可實施雙腿（含腳）機動戰法、使能量加速增大，較能應付猛然的攻擊。

2-9 步 行

壹、步行的方式

凡要起步之際中上盤絕不可先動。以左腳先出為例，先將重心及全身重量旋入右腳的腳底板下（陰），與大地的感應明確後，藉由腳底反升上來的能量（陽）盪出左腳，然後由右腳推移身軀向前邁出，並將前移的右腳及身體重量送入左腳，左腳則順右腳來勁力道接引入左腳底（陰），使重力及垂直軸都落在左腳上。

接著再由左腳底陰接之後反升上來的能量（陽）盪出右腳，並前移左腳將身體重量送入右腳，如此有如度方步般，一步一腳印地練習。

凡邁出的那一腳不可自行落地，需由後腳勁力推送沉落入地。每一未邁出的腳則隨時都在作陰反陽，又能把持重心及身體重量都在該垂直腳上的感覺，練功在平日的步行中。

貳、步行三部曲

一、第一部曲

身軀中盤及上盤不可先出，起步前先將中上盤的重量垂直落入某一腳，然後由此一垂直腳向下旋動，從而由地底旋升而上到腳踝為止的能量，使另一腳邁出、邁出，全腳板落地持續而行。

二、第二部曲

由某一垂直腳向下旋動，從而由地底旋升而上到腳踝為止的能量，使另一腳邁出；邁出的那一腳，有如軍人「踢正步」的出腳（全腿近於打直）但不可自行落地，須由後腳推移重力使前腳落地；落地的前腳係垂直地由足弓下沉。

三、第三部曲

落地的前腳為足弓的軸心下沉落地。落地之際，腳底（或足弓或足弓的軸心）帶有「旋動」的作為，同時有下有上（陰陽）地雙向對旋，上升的能量使其隱藏在手腕的內側，如此才可達到「動步中隨接隨發」的效果，步行訓練始告完成。

參、步行時腳底運作法

一、圖示

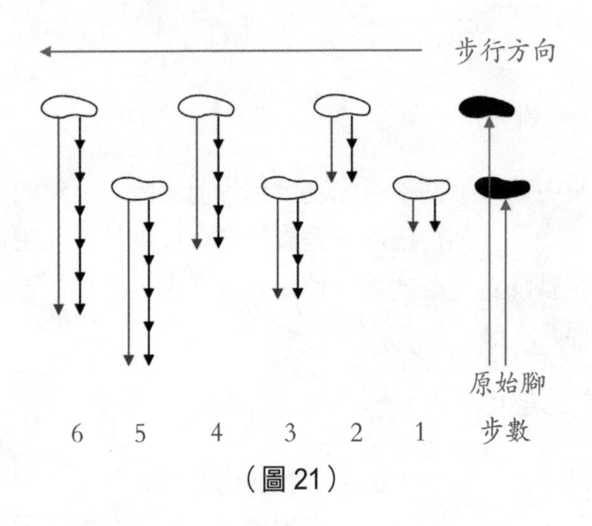

（圖 21）

二、說明

（一）藍色↓：代表每一腳底的運作深度

（二）黑色↓：代表每一藍色線中含有幾個↓之組合

（三）運作區域：↓↓ 皆由足弓下旋

（四）本文腳步係以 6 步舉例，實作時步數依現場距離而定

（五）隨時可以進行 2 倍、3 倍、4 倍 ---- 的操作能力，養成永遠比對手深而強的腳底

※平時多作遞加倍數的自我訓練，除能儲存各種倍數與「意」同步運作的能力（意力不分），也能為可能的高負荷，有了自我能耐的認知與準備（有如備用油、預備金之設置）。

（六）逐日、逐月、逐年的自我磨練下，每一個↓，力求比以前的長度加長、深度更深。

2-10　腳的公轉與自轉

壹、公轉

一、定義：雙腳（含腿）之互補、互旋或互動

二、雙腳公轉：

（一）右腿右側向右後方旋，左腿左側同時向左前方旋。

（二）右腿右側向右前方旋，左腿左側同時向左後方旋。

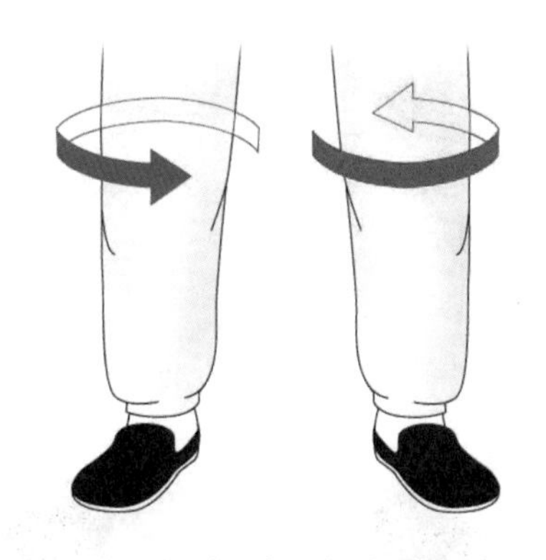

（圖 22）（二）之圖示

以上兩種說明，皆為兩腿同時反向運轉的運作方式。圖示之圓弧箭線空白部份代表大腿背面，實線部份代表大腿正面。

貳、自轉

一、定義：各腳之左右或前後之互旋。

二、左右腳的自轉：

（一）左腳：

1. 左腳之外側向右前方旋時，內側同時向左後方旋。
2. 左腳之外側向左後方旋時，內側同時向右前方旋。

（二）右腳：

1. 右腳之外側向右後方旋時，內側同時向左前方旋。
2. 右腳之外側向右前方旋時，內側同時向左後方旋。

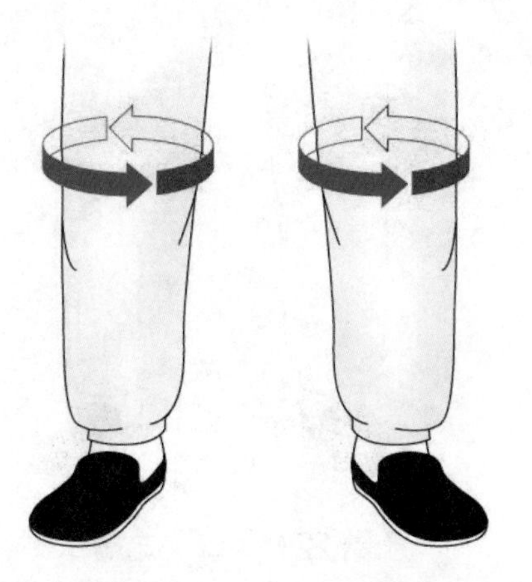

右腳為（一）2.的圖示　　左腳為（二）1.的圖示

（圖23）

以上雙腳之公轉及自轉，其弧度、速度、能量等力求均等；熟稔後，公轉及自轉可合併運作。

2－11 「反射勁路圖」的創見

壹、思維之誕生

在升揚手的自我學習，悟及蹺蹺板運作方式、發人先向自己發，火箭向後噴射火焰而生上昇或前進的動力等，顯現合於「反者道之動」的啟示。以及親身體驗到「由陰生陽」與「陰極生陽」的特質，歷經檢測而確認它的效果，深深以為可成為一套可用的「公理」。此公理用文字表達頗為複雜，但將其轉化為與人體各個部位關節有關的圖示，則便於觀察與瞭解，而有了反射勁路關係圖的誕生。

貳、圖示（參見圖 2）

參、練習法

訓練方式可分為「理念認知練習法」及「全面性練習法」兩種訓練法，分述於下。

一、理念認知練習法

（一）「時間」練習法：

先在地表上檢測自我，由腳底啟動，而使勁力通過腳踝、小腿、膝窩、大腿、臀、腰、背、夾脊、肩、上臂、手肘、前臂、腕、到達手掌上的時間為多少？

原地站立練習之際，自我心頭默念的時間為 1！2！3！4！5！，將勁力速度均勻地，確實地經過上列各部位及關節，並將此速度及數字清楚地記憶在腦海中。

接著將記憶在腦海中的速度及數字，向反方向練習。如「沙漏」般地由腳向下漏沉，接著腳踝向下漏沉，小腿向下漏沉，膝窩向下漏沉，大腿向下漏沉，臀向下漏沉，腰向下漏沉，背向下漏沉，夾脊向下漏沉，肩向下漏沉，上臂向下漏沉，手肘向下漏沉，前臂向下漏沉，腕向下漏沉，手向下漏沉。其速度及數字要與原先記憶在腦海中的速度及數字一致。

習之日久，每當沉漏到某一個部位及關節時，相對應地，勁力即反升到某一個部位及關節，依序1！2！3！4！5！，到5！漏沉到手時，勁力就長到手上。同時要慢慢地要能自我知道，當下勁路在身體內傳導的狀況。

剛開始此種練習法時，身形體相要有逐漸下沉的情形，但那祇是一個過渡期，日積月累，身形體相由較顯著的下沉，轉成「內沉外不沉」或「內動外不動」的不顯著狀態。

繼續練到在接發勁時，能在1秒以內可達成下上對走，勁發人飛的效果，方為成熟。

（二）「腳底旋動」練習法：

先在地表上檢測自我，以腳底旋動方式練習，假設第一個旋動可使勁力由腳、腳踝、小腿、到達膝窩，第二個旋動可使勁力由大腿、臀、腰到背，第三個旋動可使勁力由夾脊、肩、上臂到手肘，第四個旋動可使勁力由前臂、腕到手，最後由手傳送到對方搭點處或身體上。將此旋動圈數與各關節部位的互動性，清楚地記憶在腦海中。

接著在地表上由下而上的路線，改為向地表下穿旋的練習法。腳底板如「沙漏」般向下漏，第一個旋動使腳、腳踝、小腿、膝窩陸續漏沉，第二個旋動使大腿、臀、腰、陸續漏沉，第三個旋動使夾脊、肩、上臂、手肘陸續漏沉，第四個旋動使前臂、腕、手陸續漏沉。

總之在連續的旋動中，由腳到手之間的部位及關節使之節節漏沉（陰），長久練習之後，每漏沉到某一個部位及關節時，相對應地勁力也會反升（陽）到某一個部位及關節。

同時還要能自我了解，當下勁路在身體內傳導的狀況，正漏沉到某一部位或關節時，由大地回饋的反作用勁力是否也升到了同一部位或關節？

若初練需四個向下的旋動，纔能反升為手之勁力。再練！接著三個旋動勁力可反升到手，二個旋動勁力可反升到手，最後！一個旋動即能將來勁力道由腳底漏沉，反升的勁力即刻到手上。

以上「時間」及「腳底旋動」兩種練習法，先個別練習，待相當熟練後，最後合為一個練習法。

二、全面性練習法

（一）單腳：

重心先落在右腳，雙手鬆垂在大腿邊，仿「沙漏」方式，依序以旋動方式漏沉垂直腳的腳底板、腳踝、小腿、膝窩、大腿、臀、腰、背、夾脊、肩（以上漏沉 時間約為1！2！3！4！或到5！的範圍，同時由腳底板到肩之間，有如螺旋線似地，由腳底持續向右下方旋動、洩漏身體重力於大地之下。 重心以∩方式移到左腳，接著依上述說明，以旋動方式漏沉到肩。（由腳底板到肩之間的作為，都有如螺旋線似地，由腳底持續向左下方旋動、洩漏身體重力於大地之下）。

（二）同腳同手：

重心落在右腳，飄起右手（右腳右手），接著依序漏沉旋動垂直腳的腳底板、腳踝、小腿、膝窩、大腿、臀、腰、背、夾脊、肩、上臂、手肘、前臂、腕、手（以上漏沉總時間約為5！的範圍），同時漏沉由腳底板開始，每一次的漏沉約半公分，手即被向後帶回約半公分，有如沙漏逐漸下洩，上層的沙即跟著下降。漏沉到手時，身體高度約下降7～8公分；過程中，手臂向後向上弧線旋翹揚起，由上臂外緣通過後肩，斜插入夾脊，經背、腰、臀、大腿、膝窩、小腿、踝、腳而與大地相連接）。重心以∩方式移到左腳，飄起左手（左腳左手），接著依上述方式練習。

（三）交叉練法（左腳右手、右腳左手）：

左腳在後，右腳在前，飄起右手；由左腳腳底板開始旋動漏沉，接著腳踝、小腿、膝窩、大腿、臀、腰、背、右夾脊、右肩、右手上臂、右手肘、右前臂、右腕、右手。

右腳在後，左腳在前，飄起左手；由右腳腳底板開始旋動漏沉，接著腳踝、小腿、膝窩、大腿、臀、腰、背、左夾脊、左肩、左手上臂、左手肘、左前臂、左腕、左手。

（四）時間縮短的訓練：

在以上二、三、的練習法下，將時間由1！2！3！4！5！，逐漸縮減到1！或0.X秒內；身形逐漸上升到自然站立狀態，達到「內動外不動」下，能將手快速揚起的效果。

（五）雙腳齊練、雙手揚起：

我人在原地或動步接敵時，全身各部位關節的漏沉，經由雙腳同時洩入大地，並隨勢快速（0.X秒內）揚起雙手，由腳下到手上有如掄起兩條鞭子，揚在空中（人不可高起來），與對手搭上即可發勁。

三、功能

習之日久，各部位關節漏沉到那裡，陽勁就長到那裡。

陰陽相生相長。「陰陽同出」，「陰陽同在」、「通體透空」等現象很真實地顯現出來。「鬆腰胯」、「含胸拔背」、「沉肩垂肘」、「虛靈頂勁」等。太極拳學習要點，及接手之際即有「引勁落空」等效能隱含其中。

四、實務運作

實務上有「靜態遠距運作法」、「動態遠距運作法」、「本體漏沉法」三種運作方式，其內容請見「8–6 陸、隨心所欲的漏沉接戰方式」說明。

五、練習時機

腳底運行與反射勁路關係圖，是另一個層級的練習方法，是「由下而上」的練習法，基本上是在各項「從無練到有」的功法練習已熟稔，接發勁已可信手拈來，隨心所欲地有效應敵之後的課題。

培養「放下」、「無爭」的心境，走向「從有練到無」的修為。久練之餘，全身鬆空的感覺益加明顯，雙手又可隨時如雙鞭揚起，擁有隨興可接可發的能力。

第三章　各種理念的認識與建立

這裡所謂的理念，是指有助於太極拳及太極勁法學習的各種理念，有的來自於古人的研究，有的來自於個人對於萬象的觀察，有的來自於實務的心得，形形色色不一而足，大致蒐羅於下，特別提出來與各位分享。

3-1　對於太極拳之「太極」文意與實務的沉思

《周易》是中國最早最重要的典籍之一，儒家尊之為「群經之首」，道家崇之為「三玄之一」。

《周易》分《易經》和《易傳》兩部分。《易經》以卦爻符號和卦辭、爻辭的文字系統，占筮吉凶為語言形式，對天理人理進行探究。

《易傳》則對《易經》思想加以發揮，提出「道」的重要範疇，認為「一陰一陽之謂道」、「形而上者謂之道」。以及《周易‧繫辭上》「易有太極，是生兩儀，兩儀生四象，四象生八卦」，由太極分化出陰陽，陰陽的對立、交感、往來、變化即為「道」。

《易傳》將「陰陽」看作是表述自然界普遍聯繫的基本範疇，陰陽不僅是兩種氣，而且是事物的屬性，以陰陽闡釋卦爻象及事物的根本性質，說明任何事物都具有兩重性。提出「一陰一陽之謂道」的命題，認為天地萬物到人類，都存在著相吸引或相排斥的關係，對立的事物又具有統一性。事物本身對立面（陰陽）的相互作用，是事物變化的普遍規律和萬物化生的源泉。一切事物的複雜性，都受陰陽對立統一規律的制約。

易含三義，「簡易」言《周易》之理簡明易曉；「變易」以「窮則變，變則通，通則久」說明事物變化的過程；「不易」說明事物運動規律的相對靜止狀態和相對穩定性，是指「道」或「太極」，即大自然規律本質。

易兼五義，「變易」表明宇宙萬物的變化運動；「交易」表明宇宙陰陽矛盾的交往、轉化；「反易」指陰陽矛盾的反覆變化；「對易」指陰陽矛盾朝相對立的方向發展；「移易」指陰陽矛盾的上下推移運動。

歷代易學家對於「太極」的說法，具有代表性的人物及卓見，擇要列舉如下：

壹、晉韓康伯：「夫有始於無，故太極生兩儀也。太極者，無之稱，不可得而名，取有之所極，況之太極者也」，太極是「不可為象」的一種內在原因根據，是形而上的虛無實體。

貳、唐孔穎達《周易正義》：「太極謂天地未分之前，元氣混為一。」指宇宙最初為渾然一體的元氣。

參、北宋周敦頤：「無極而太極，太極動而生陽，動極而靜，靜而生陰，靜極復動，一動一靜，互為其根，分陰分陽，兩儀立焉」，以陰陽混合未分為太極，同時太極是由無極而來的。

他提出太極動靜的問題，在易學史上不少易學家就此展開了討論，形成以下各種說法：

一、太極運動是相對的、暫時的，而靜止則是絕對的、永恆的。

二、太極是陰陽二氣的統一體，它兼有虛實、動靜、聚散、清濁兩方面。

三、太極為動靜之理，它本身並無動靜，能動靜者是氣。但有了動靜，方有動靜之事。太極之理為形而上者，動靜之氣則為形而下者。

肆、南宋陸九淵，不承認「太極」之上還有「無極」。

伍、南宋邵雍：「太極一也，不動生二，神也」以數說太極。

陸、南宋朱熹：「極是道理之極至，總天地萬物之理」，以理說太極。認為「無極而太極」即是「無形而有理」，太極」是形而上的道。同時，朱熹認為，太極和陰陽互相包容，「生則俱生」。

柒、北宋張載：「一物而兩體，其太極之謂與？」，認為陰陽一則變化莫測，其對立則相互推移。又謂：「太和所謂道，中涵浮沉、升降、動靜相感之性，是生絪縕、相蕩、勝負、屈伸之始」。

捌、清代王夫之，闡發張載學說，堅持以對立統一觀說太極。認為太極為陰陽二氣合一的實體，此實體自身具有運動的本性和變化規律，且寓於天地萬物之中，一切現象都是此陰陽統一體不同的表現形式，發揮了以「太和之氣」為世界本原的思想。

※ 以上內容於 2006 年 9 月 2 日摘錄自 建安出版社於 1996 年2 月初版一刷 張其成主編的《易學大辭典》。

以上各家在「太極」的說法上，從歷史的演進過程看，由北宋周敦頤開始有了「陰陽動靜」，「靜而生陰、動而生陽」、「太極分陰分陽」的說法，延續到清代王夫之的說法，幾乎都不離北宋周敦頤的中心思維，卻是廣度更拓展（如理、數、象）、深度更細微（如陰沉陽升、相互吸引、相互推蕩），以解說萬事萬物運動變化的形式，使容量更豐富，完美了可以詮釋現代世人所認識以「太極圖」為表徵的太極之理。

由上面摘錄整理的資料可知，太極圖所描述、表達的是陰陽的關係。陰陽的關係，從太極圖來觀察，所顯現的「一陰一陽」關係，除了能夠輕易地詮釋世上家電製品、通訊、機器、車輛等啟動時需陰陽極接通之當然現象。也能夠解讀太極拳經論中，張三手的「有上則有下，有前則有後，有左則有右」，陳鑫的「五陰五陽是妙手」，以及我個人提出「陰陽比值相等同時反向運作之結構」的內涵。

在我未讀《易學大辭典》之前大約 10 年的歲月中，已由太極圖的結構本身、太極圖結構與人事萬象的對照中，發現七大項與「陰陽」有關的問題，其中六大項已先後發表在已發行於世的《陰陽相濟的太極拳》及《細說 陰陽相濟的太極拳》兩本著作中，以及發表於《詳解 陰陽相濟的太極勁法》中的第七項，均敘述著與太極陰陽有關的文意與實務的見解，且於 2006 年 4 月份將著作中有關於「陰陽」的部份彙整為「太極陰陽給予我人的啟示」一文，即本書 1–2 太極陰陽「理論架構」的內容。

如今由太極陰陽「理論架構」的內容，對照上述易兼五義之「變易」表明宇宙萬物的變化運動；「交易」表明宇宙陰陽矛盾的交往、轉化；「反易」指陰陽矛盾的反覆變化；「對易」指陰陽矛盾朝相對立的方向發展；「移易」指陰陽矛盾的上下推移運動。意外地發現，《易學大辭典》內所闡釋的太極陰陽與我研發出來的太極陰陽之理幾乎不謀而合，其五義的內涵，可以逐一比對如下。

一、陰陽權利地位相等——「交易、對易」。
二、上下、前後、左右的同步運行——「對易、移易」。
三、「陰陽比值相等卻又同時反向運作的結構」——「移易、交易」。
四、太極陰陽的形式，可為圓形，亦可為其他形式——「變易、對易、移易」。
五、S 形曲線的特質——「變易」、「交易」。
六、「陰生陽」或「空中生妙有」——「變易、交易」。
七、「陰將盡陽已出，陽將盡陰已出」——「變易、反易」。

「太極」之理應是太極勁法愛好者詮釋的核心，也是太極拳愛好者不可須臾或離的思維。藉由太極陰陽之「理論架構」中提及的七大項，從不同角度詮釋太極陰陽的道理，既具有可觀察性、更具有實現性。以及多元、豐富、有創意、又合於易兼五義的內容，足堪勝任太極拳及太極勁法的神聖使命。

3–2 「體用合一」的教學特色

由於「陰陽比值相等同時反向運作的結構」所蘊涵的特質，以及採行快速獲得成效的「多元合一訓練方法」，使太極勁法的教學具有「體用合一」的特色，每一功法或每一單項操作的項目既是「體」，也是「用」，並不需經站樁、拳架、推手、接發勁的訓練之後，才可言用的流程及時間消耗，可大幅縮短學習時間。

3–3 太極拳的特色

提出「以快打慢、以強打弱、以大打小、以多欺少」新世代的太極拳特色，有別於傳統「以慢打快、以弱打強、以小打大、以少勝多」的太極拳特色。

我的太極拳訓練及能力培養，是基於「理論架構」中七大項太極陰陽的道理，張三丰太極拳拳經的「其根在腳，發於腿，主宰於腰，形於手指」、「有前則有後，有上則有下，有左則有右」、「一處有一處虛實，處處總此一虛實」的說法，以及前述「陰陽的動作」圖示的運作方式上開展的。

一舉手一投足之間，力求陰陽相濟的結構完整呈現，在陰陽同在、陰陽同出，比值相等地運作，如啟動開關即能迅速發光發熱，快速產生無比的能量。

其特色分為「以強打弱」、「以快制慢」、「以多欺少」、「以大打小」四項，分述如下。

壹、以強打弱

可將對手的勁力化為我方能量之際，由化勁而引動地力；能做無數陰陽的連續變化；又可將自身已練就的功力加上去。所產生的總合能量絕對強於對手的能量，否則如何能將幾十公斤的人，由地面飛起？何況要將對手拔根飛起的那一剎那，對手的體重、對手的衝勢、對手的地心引力、對手被拔根飛出數尺或尋丈的距離，這些因素若以物理學的方式，代入數學公式計算的話，那股勁力絕對要高於對手體重的數倍才可能，因此可確認能將對手發出的情況下，「強」是無庸置疑的概念。

貳、以快打慢

經時間的訓練，陰陽對走的訓練、此處與彼處（例如手與腳、手與肩等）都能有陰陽兩極的結合、有如電路兩極的接觸，產生電光石火的激發能力。不在手法、技法上下工夫，透過無招無式的思維、「動作順暢」的訓練，調整不必要、不合理的人體動作習慣，使勁路順暢，出勁快速。以及從大圈到中圈，中圈到小圈，再由小圈到無圈能力的培養，渾身無處不太極，在0.×秒內即能隨接隨發，當然其快無比。

參、以多欺少

由各種功法訓練後，能夠進行陰陽連續而多元的變化，隨時可創造、組合無數的太極。例如本書 第六章 接戰時太極陰陽之處理，提到單手單腳接戰時可生一個小太極、一個中太極、一個大太極；在雙手雙腳同時接戰的情況下，則為二個小太極、二個中太極、二個大太極。因此太極的數量絕對多於對手的少量太極、單一太極或非太極的數量。

肆、以大打小

以上的特質存在之後，太極圖比對手多，又可越滾越大，也就是能量越滾越強大，因此可展現以大打小的效果。「以大打小」中之「大」及「小」不是指身材大小，是指以大的能量打小的能量，與從身材面切入的「以小打大」敘述方式有所區別的。

3-4　「意力不分」的主張

在「用意不用力」之外，主張「用意也用力」及「意力不分」的見解，形成「意、力」訓練的三部曲，與時下太極拳界幾乎多以「用意不用力」為惟一宗旨的思維大異其趣，以下是雙標題的文章。

「意力不分」之我見

「用意不用力」、「用意也用力」、「意力不分」三部曲

在王宗岳的太極拳論中，有兩處與「力」有關的重要文句，一為「……然非用力之久，不能豁然貫通焉！」，二為「……有力打無力，手慢讓手快，是皆先天自然之能」。

由「……然非用力之久，不能豁然貫通焉！」文句看，是說，若非長期用心，則對以上所述的道理，是無法豁然貫通的；由「……有力打無力，手慢讓手快，是皆先天自然之能」文句看，是說人們後天的修為必須是「無力打有力」、「手快讓手慢」之意，後人依此文意，產生了「用意不用力」和「以慢打快」的辭句，且相沿成習。然而這種沿襲成風的說法，到底是對還是錯？

就我個人對「用意不用力」文意的認知，大致可分為三種看法，分別說明如下：

第一種看法：「用意不用力」是對的！

因為「……有力打無力，手慢讓手快，是皆先天自然之能」文意，反向思考，是可以轉換成「無力打有力」、「手快讓手慢」之意的走向。

第二種看法：「用意不用力」是錯的！

因為那些思維是那時的人類想法，想法比今天人類之想法單純，還沒發展到「用意也用力」、「意力不分」的層次。同時僅以「用意不用力」的方式就能解決問題？

從歷史資料來看，當年蘇聯武力與美國武力分庭抗禮之際，蘇聯的第一書記　赫魯雪夫於 1960 年 10 月在聯合國大會的會場上，憤怒發言時，拿起腳下的鞋子在桌面敲擊，但誰能奈他何？因為當時他的拳頭大，連美國都要讓他三分；再以摔跤的擂臺賽看，幾乎沒有一位體重僅為幾十公斤的參賽者，能輕易地將上百公斤的對手制服的；西班牙的奔牛節時，參與狂歡者那一個人能以小力、無力地使奔牛不奔？因此「用意不用力」的想法是不對的。

第三種看法：「用意不用力」是半對半錯的！

太極拳名家中，身材壯碩可使出二、三百斤力量的大有人在，要實現輕鬆自在的克敵效果並不難，對他們來講「無力打有力」當然是對的。但若是小個子，又無神力，那麼「無力打有力」是不可能的，因此是錯的！

由以上多角度的分析，可知「無力打有力」的立足點似嫌單薄，不具全面性的解說效果，說服力不足！那麼應該如何面對「用意不用力」的說法，從而延伸、拓展？在我太極拳的潛心發展、萬象觀察及思維調整的過程中體會到的，除了「用意不用力」之外，還須加上「用意也用力」、「意力不分」的思維與訓練，合成為三個階段。到了「意力不分」階段始臻大用，太極拳不應再限於「用意不用力」的框框內。

以練功的流程而論，「用意不用力」僅是初階，係藉由這個理念使初學者漸漸褪去自小以來的拙力、濁力或僵力等不適於太極拳使用的力；經過了褪除僵力的認識及克制，慢慢地開始使用經由訓練之後，新運作方式下產生的「新生之力」，這個「新生之力」是脫胎換骨之後的力，能與「意」配合一起運行的力，其速度、能量、距離、方向、角度等可受「意」控制的新生之力，於是就進入了「用意也用力」的階段。

但在接敵之際，「意」要在同一時刻，既要知己、也要知彼之外，還要能將外來勁力的速度、能量、距離、方向、角度等數據，快速地透過身體的感應、腦的指揮及身體的快速運作，組合為滿足出擊所需要之勁力。如此情況下，一剎那間，要有效地兼顧內外的需求，非常不容易！但若將速度、能量、距離、方向、角度等數據的運作能力，訓練到可隨「意」到「氣」到而「勁」到的效果，甚至能達到「意」到即「勁力」到的本能反應，即「意力不分」地步，才是最理想的境界。

在太極拳界「用意不用力」是行之已久的觀念，至於「用意也用力」、「意力不分」則是新的觀念。

但在當今軍事科技上是早已在進行，且被重視的重點。讓我們以軍事作戰的角度進行研討分析，並試著與「用意不用力」、「用意也用力」、「意力不分」的文意相互印證。

首先當雷達鎖定目標物後（意），若不發射砲彈或飛彈（力），如何有摧毀目標的機會或可能？所以既要能用意也要能用力，即所謂的「用意也用力」才能作戰。接著是雷達鎖定目標物後，還要能準確命中目標才行。然而這樣的成果，是建立在雷達和火砲的兩個系統上，一方負責監控，一方負責發射，兩者之間會產生時間差的問題，又如果任何一邊的系統出問題或兩者配合不良，就無法達成戰果。

因此近代的巡弋飛彈，是將雷達和彈體設計在一起，或精靈炸彈是將導引方向的電視鏡頭和彈體設計在一起。以自體的動力透過雷達或電視鏡頭導引彈體飛向目標物，只要鼻頭的雷達或電視鏡頭撞上目標物，彈體隨即爆炸摧毀目標物，這就是「意力不分」的高度表現，能「意力不分」才更能滿足戰場的需要。

從以上人人皆知的事理、舉例中，問題跟答案已明明白白地呈現在眼前、腦海中，何者有道理，何者有瑕疵，不言可喻。

「用意不用力」、「用意也用力」、「意力不分」三部曲的字句及思維，首見於意拳之中，此三部曲有其階段性，也有其功能性，內涵至深，令人激賞。然而回想太極拳卻祇有「用意不用力」一項，實難以滿足更高層次的需求，為了振衰起蔽或提昇境界，宜拓展適於太極拳運作的「用意也用力」、「意力不分」兩個層級，這兩個層級是值得太極拳的愛好者深思的課題，其中尤以「意力不分」使勁力與意念能夠處處、時時，都是如影隨形、相伴而行的能力養成，更應是我人努力追求的目標。

3-5　雙虛腳

雙腳皆為虛腳，既不會踩實（踩死），勁接的深，又有靈活性之外，更大的好處是「陰」已先動，此陰的深度或大小，事先由審敵判定。待對方來勁力道加諸我身時，我人即可發「陽」勁。

不必等對方來勁時，才開始作「陰」隨後再作「陽」，若如此總共需 2 動的運作。比起已在陰腳的狀況下，接上即打的 1 動的動作，要省一倍的時間。因此在雙虛腳的狀態下，勁快而脆，破敵效果良好。

切記！不要等到「落實」、「坐實」、「確實」後，以為一切準備好才出擊，面對有經驗或身體壯碩者，等一切準備好反而是大勢已去！因此電光石火般的「以快制慢」、「動步中戰敵之先」、「由一成功力打起」等，讓對手無法從形相上捕捉發勁把柄的「出奇致勝」觀念要建立起來。

3-6　雙重爲美，雙動是寶

隨著歲月的更迭，觀念的更新、功夫的成長、信心的增強，雙腳站姿漸趨於五五對分的「雙重」形態；因為既合於太極圖中陰陽各佔一半，五陰五陽的道理之外，又有雙重的形態優美、雙重的結構均衡，同時雙重的運作省時省力、可生組合力（前後腳或左右手之組合力）、發勁的距離縮短，發勁的勁整力巨等種種好處。

且也已建構了「雙重」情況下的下盤危機處理法，今天已能很有效地進行「雙重」的表演或接戰。因此「雙重為美，雙動是寶」的道理及用語值得好好品味！

3-7　萬物「負陰而抱陽」的內涵

背面作陰，則陽生於正面。因此與對手相向、相搭或動手之際，不要由正面作陰；念茲在茲的是一舉手一投足之間，勁力皆先由「背」面陰下入足弓，會由足弓經身體前方，經腿直、身直（挺胸抬頭、虛靈頂勁）、手直，形成「三直發勁法」的效果，再由「三直發勁法」進入「前後發勁法」的境界。

負陰而抱陽的太極圖運轉方向，為背部陰沉，正面陽升，是由身體後方轉向前方之↻走向（人體正面方向為←方），與挺胸抬頭之太極圖運轉方向完全一樣，也就是說挺胸抬頭之運作方式，與負陰而抱陽的道理相契合。

含胸拔背之太極圖運轉方向，為正面陰沉，背面陽升，是由身體前方轉向後方之↺走向，與負陰而抱陽的道理不吻合。

因此，萬物負陰而抱陽的道理若是對的話，則挺胸抬頭的思維也應該是對的；而含胸拔背的思維則有須探討的問題（正面陰接的作為與『萬物負陰而抱陽』之理不相容）。

3-8　一觸即發

「一觸即發」四個字，在一般太極拳界或太極拳書籍中提到的說法，是修為到高層次後，渾身無處不太極，近於後期的表現。然而在我的太極拳裡卻是由初期直到永遠，都須時時「念念不忘」的指引方針。

「一觸」者，可指搭點，亦可指將來勁力道接引入體內之「勁的落點」，我是偏向後者的思維及練法。接引入身體內之勁的落點為腳底，腳底即為「觸點」，接引入身體內之勁的落點為腰背部，腰背部即為「觸點」，也可以說勁的落點才是觸點（觸擊之點）。

「即發」者，無遲滯等待之意，有如迫擊砲的砲彈由砲筒口放入（彷如來勁力道），砲彈底座的底火被撞針撞擊（底火與撞針撞擊的撞擊點即觸點），砲彈瞬間即被擊發。將此迫擊砲的射擊方式，套入太極勁法的發勁領域中，不就把很多人努力追求如何接？接到那理？何時發？有關接發勁的問題通通解決了。

3-9　溝渠灌溉理論

欲對農作物澆水灌溉，需藉由溝渠中有足夠的水量，才得以進行。由此可知，除需具備「溝渠」（硬體）的存在前提之外、還需足夠的「水量」（軟體），才能進行灌溉。

出自於自然界現象的思維，移入發勁的領域；將人體之腳、身軀及手均可視為溝渠，溝渠內部注入「完整一氣」的氣勁，才足以言用。

其操作方式，以己意或借助他力，先向「下」穿旋，隨即節節向「上」貫串而起的氣勁，經腳、腿、身軀、手遍佈全身，這時才有發勁的本錢，也才有向對手源源不斷地灌溉澆水（發勁）的能力。

3-10　太極圖新思維

由第一章太極陰陽「理論架構」，柒、「陰將盡陽已出，陽將盡陰已出」之內容可知，太極拳的陰陽運作，不可先純陰然後再純陽；若為先純陰然後再純陽，有定點（落點）的出現，則其弊病，一為陰的極點時有落點，易為對手勁力所追，二為反應時間遲滯、三為起陽勁時易為對手聽勁。因此陰、陽不可做盡、做絕，應該是「陰將盡須出陽，陽將盡須回陰」！其圖示如下。

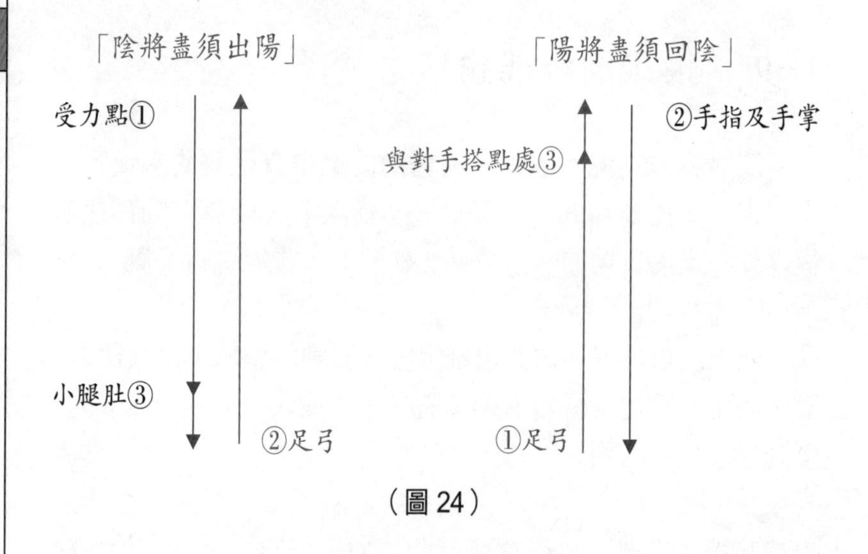

（圖 24）

上圖左②先行的 20%作為，相當於「前置作業」的準備時間，或有如接力賽時，後手跑者須在前手跑者將到達之際，須先起動衝勢的動能，才有接棒即出的效果，若等到前手跑者到達之際，後手跑者才開始起動絕對無法應付比賽的。

上圖右②先行的 20%作為，不致於與對手相衝撞，給予對手連續聽勁的機會之外，且有「引進落空」的效果，使對手感應剎那落空之際，我人勁力更有剎那增壓的功效，破敵則易如反掌！

3－11　三直發勁法

「三直發勁法」係依據動作狀態所衍生的新名詞，此新名詞對於過去的學習內容，有統合的意義外，也有促進功夫整體快速達成的功效。

三直者指腿直、身直、手直之意，在三直的情況下，不僅發勁效果良好，對於身體健康一樣有其功效。

「腿直」者指雙腿隨時保持「立體三環轉」，且能相互運作之能力；「身直」者指由下而上之勁路，節節貫串而上，進而形成挺胸抬頭，以至「虛靈頂勁」之身體「拔」、「撐」伸直狀態；「手直」者指與對手相搭之手，肘眼不下垂之旋肘，並使上臂與前臂形成 S 形之伸展。

在三直狀態下，有如多條小河的匯集，使水量豐沛，沖激力增強，進而形成大河，產生更大的生命活力（勁力）！

3－12　翅膀理論

鳥類的胸肌非常發達，如鴿子胸肌中，其體重的 1/4 至 1/5 胸部隆起一團厚厚的肌肉，附在大片的胸骨上，發達的大片肌骨還可作翅膀的基座。依靠胸肌的收縮、舒張，帶動翅膀上下扇動，通過胸肌的活動，能產生足以支持並超過鳥類體重的動力，胸肌成了鳥兒的天然發動機，鳥類的骨骼系統也可與飛行相適應，骨骼成份內的無機鹽較多，使全身骨骼堅而輕，以減輕體重。

由「依靠胸肌的收縮、舒張，帶動翅膀上下扇動」的事實，可知鳥類拍動翅膀飛行時，係由靠近身體的部份啟動（如人體之胸肌及背肌），並非由下圖的翅尾（如人體的手）去揮動的；而人體的上臂、夾脊、擴背肌、連同虛擬連接上臂與身體的脇下（『脇』音同『協』；此部位，在鳥類稱脇下，在人類稱腋下）所組成如下圖紅色的三角形區域，就如同鳥類翅膀的運動方式，則可產生強大的能量，而利於飛行。

仿此，人體的左右手臂、夾脊、擴背肌、連同虛擬的脇下，以類似於鳥類翅膀的運動方式（簡稱翅膀理論）後向前如拍翅般揮動，則其功效除能量大之外，動作不由手掌、手腕、前臂啟動，可生省力，不動手，隱藏身形體相，在發勁過程中對手難以察覺，又可產生合擊效果。

3－13　戰車履帶理論

本理論是在剖析身體應隨腳步移動的道理，當我們在盤架子的時候候，腳未動身體絕不可先動，更不可用腰帶動身體，一切動能皆由腳腿傳遞，就好比戰車是由履帶滾動，帶著車身、砲塔前進。不可能車身、砲塔先動，接著才有履帶滾動而能前進的。也就是要到那裡作戰，都要由履帶滾動或移步纔能到達，是同一道理。

至於砲塔的旋轉，則與人們用腰的旋轉的結構不一樣，戰車砲塔的旋轉是在一個圓盤的軌道上轉動方向而已，並沒改變車身結構。人們用腰旋動將使勁斷於腰，勁之傳送阻滯於腰際，反而影響了接勁、發勁的效果。

當腳底的訓練有了效果，具備了有如戰車履帶可以承載、可以移動的能力，腳以上的身體部分隨腳動，隨腳發（身隨步換），其能耐勝於以腰為主的作為方式。

在移位的時候，不直接往前或往後出去，先由腳底向地下穿旋，產生了向上的回饋能量後纔開始移動，還須有前後腳相互對抗擠壓互動的運作方式在裡面，這樣纔有功效。

3－14　「攻守一體」與「距離爲零」之我見

在《陰陽相濟的太極拳》的 P.179，日本亞洲拳學研究會領導人 川村伸 先生與筆者接觸後的感想「與理想的邂逅」的文章中，開宗明義地提到，追求武術的理想境界，就是要達到「攻守一體」與「距離為零」的兩個目標。這兩個目標可說是相當高的武術境界，要實現它不簡單。

「攻守一體」與「距離為零」是武術的理想境界，我不曾想過。同時以「攻守一體」而論，「攻守一體」是否就是理想的武術境界？也值得我人進一步探討。

「攻守一體」的意念為「攻」字開頭，轉為動作的呈現，容易露形露相，給予對手有觀察的機會，同時「攻」字相近於太極陰陽的「陽」字，陽盛易生「盛極而衰」的現象。

「攻」對於防備能力差者有其功效，對於能力相當或能力更高者，祇是徒然浪費卡路里而已。雖然「攻」字後面跟著「守」字，其實這個「守」字起不了多大作用的。

若為「守攻一體」就合於太極陰陽之「陰」、「陽」排列，以及「陰陽相濟」的說法。同時「陰」的運作會蓄為「陽」的能量，此能量可化為打擊對手的能量。

再談「距離為零」是否也是理想的武術境界？若距離為零，幾乎就失去了能量傳輸的機會。能量傳輸需要管道、需要空間。外家拳需要體外的空間，以便在空間中施展技術或產生加速度以便攻敵。外家拳為了施展動作招式，需要體外的空間距離，因此，外家拳要達到「距離為零」的理想，幾乎不可能。

內家拳一樣需要能量傳輸的管道與空間，祇是較不「形之於外」罷了。試想人體從腳底到達手上約有兩公尺的距離，因此從承受攻擊時，先將來勁力道接入腳底，然後再由腳底傳送勁力回給對手，至少要有兩公尺甚至於兩公尺以上的距離才能破敵。在我的《陰陽相濟的太極拳》第五章『勁路的圖示』中就可清楚地看到勁路在人體內的傳輸情形。內家拳與對手的接觸的距離可以為零，但是勁力的傳輸距離卻不是零。

內家拳是用體內距離運作，外家拳是用體外距離運作，兩者都需要距離，一者為體內，一者為體外，運作空間不同而已。

從上述「守攻一體」不同於「攻守一體」的理念，以及「體內距離」有別於「體外距離」的鍛鍊，當然練出來的功夫就有了差異。

3－15　心知與身知

太極拳或太極勁法的學習，有「心知」和「身知」的說法，通常是先有「心知」然後「身知」，或「心知」勝於「身知」。

「心知」是指對於老師的動作示範、講解以及太極拳的拳理拳法，拳經拳論的理解，「身知」是指拳理拳法、拳經拳論等在演練者身體上，通過拳架及形體運作的具體體現，將太極拳的精神內涵予以呈現出來。

「心知」是每一位練太極拳的人努力的方向與必經的途徑。「身知」的程度是評定其太極拳學習水準及拳技水準的標準。

「心知」和「身知」的關係，剛開始時「心知」是「身知」的基礎與前提，「身知」是對「心知」具體化的驗證，通過「身知」才能達到「心知」的效果，但多數人多是「心知身不知」，要經老師重複的叮囑指正，自我不斷的練習體會，「心知」才能漸漸地使逐步變為「身知」。接著隨著歲月的增加，對自我身體氣勁運行、肢體操作的情況日趨明白後的「身知」，反而回饋為新的「心知」，我的很多動作都是在身知之後，提煉為「心知」層次的。

因為有些作為是從來都不知，也不曾在典籍中出現過的，根本無「心知」的空間，惟有「身知」之後，才可轉為「心知」的（如：由『升揚手』的練習中，感覺到『漏沉』的現象，循此現象開發出『腳底運行與反射勁路關係圖』）。因此「心知」和「身知」是可以相互交流的。

太極拳或太極勁法的學習，多數人是以主觀代替客觀，如最核心的「太極陰陽」之文義，就有如盲人摸象一般，有的認為「先陰後陽」是為「太極陰陽」的內涵；有的認為「陰的終點是陽的起點，陽的終點是陰的起點，循環無間」是為「太極陰陽」的內涵；有的認為「先由剛練柔，然後由柔練剛，最後為陰陽相濟」是為「太極陰陽」的內涵；有的認為「太極即開合，開合即太極」是為「太極陰陽」的內涵；有的認為「陰陽同在、陰陽同出、五陰五陽」是為「太極陰陽」的內涵，以為已「心知」，卻是各家各執一詞，所以才會發展出那麼多的門派。

那麼前述五種說法，到底何者為真？何者與太極陰陽的本意相吻合？由太極圖剖析是最清楚的答案！

同時已將拳理體現在拳架中的，究竟是多少？是部分體現、還是全部體現？因為自己看不到自已，無法瞭解自己，所以多數人可能是長期停留在「心知身不知」的階段，每天在重複著錯誤的作為而不自知。因此祇有正確的「心知」，才能實現正確的「身知」，而敏銳的「身知」也為新的「心知」提供了新的窗口、新的視野。

再者老拳譜之拳理拳法，多是先輩們個人的見解、用字及當時功夫層次的表達，並不見得適用於所有的人，因為其中是否合於物理之理（例如：萬物的成長是『由下而上』的，但在實務上多為『由上而下』的運作）？是否合於拳理拳法之理（以『陰陽相濟』與『以柔克剛』為例，兩者的理念及運作方式是截然不同的，如何能相容於太極拳中！）？且經過科學的驗證（因很多動作招式既不合物理之理，又不合力學結構）？所以老拳譜可作為「參考」，不宜囫圇吞棗當「圭臬」，須輔以對照、思考、驗證的過程，始可定位。此外拳譜亦可由我人的新思維、新體認、新開發、新理論以開創新局！

太極拳或太極勁法，雖然歷經了幾代人的潛心研究、探索與發展，已經達到了相當高的境界，但不能說已經達到顛峰了，不能再發展了。隨著科學技術的不斷發展，人類思維的不斷創新，對古典物理學及近代物理學等認識的不斷加深，思維、理論、動作也必將在實踐中得到進一步的激盪與發展，進而向世人展示其更高的內涵與價值。

3－16　最樸實的道理具有最驚豔的效果

萬物皆有萬物之理，其中某些萬物之理幾乎都為人們所常見且熟知的道理。例如由台北市開汽車到高雄，必須經過台北、桃園、新竹、苗栗、台中、南投（經 3 號高速公路）、彰化（經 1 號高速公路）、雲林、嘉義、台南、高雄等地區（空間），且須經約 5 小時的時間始能到達，不可能坐上車油門一踩就到達；或者飛機由台北松山機場起飛後，要飛約 1 小時的空中路線始能到達高雄小港機場。這是非常明確的道理及事實，這就是萬物之理！

但是，在人體運作上（尤其是武術上）幾乎找不到這樣的思維及設計，以致無法產生應有的漂亮效果。因為一般作為多是 ①肩頭、上臂、手肘、前臂、手腕、手掌①，將肩頭至手掌之空間壓縮為零，並非是 ①肩頭→②上臂→③手肘→④前臂→⑤手腕→⑥手掌，經過近兩尺的傳輸空間後，始將勁力送到對手身上。

以 ①肩頭、上臂、手肘、前臂、手腕、手掌① 的方式傳輸，由於將肩頭至手掌之空間距離壓縮為零，有如由台北市坐上車，油門一踩就要到達高雄的不合理，祇會形成相衝撞而無效果！如採行 ①肩頭→②上臂→③手肘→④前臂→⑤手腕→⑥ 手掌的方式運作，經一定的時間後，勁力有如江水後浪推前浪的堆疊擠壓，必生滲透破敵的效果。

由以上的認知與測試後可知，在人體運作的過程中，尤其是在發勁時，要時時提醒自己，凡有空間就必須走過（雷同於『溝渠灌溉理論』提到身軀內先佈滿可灌溉之水氣勁，始有可用之能量的意思一樣）。運作時依狀況雖有實體空間或虛擬空間之別，但絕不可漠視，由身體各關節部位構成的「空間」問題及勁力傳輸所涉及的「時間」問題。

3－17　「發勁如放箭」的「箭」如何放？

在很多有關太極拳的書中常看到「發勁如放箭」這句話，然而如何放箭？幾乎沒有一本書有詳細的提示或說明，所呈現的是「雷發不及掩耳」地快速出擊罷了，與我這篇文章的切入點並不相同，本篇文章重點在敘述節節貫串的流程。針對這個部分，特別提出一些我個人的實務心得。

首先先談「弓」及「箭」的部分。弓是射箭的器具，結構為弓背及弓弦。箭者是搭於弓弦上可以發射殺敵的長程武器，其結構為箭簇、箭身及羽翼部分（箭尾）。

我們知道要能將箭射出去，絕對離不開弓，拉弓纔能射箭。當箭搭於弓弦上，將弦放開後箭即急速飛出，可看到或想像到的是箭頭帶著箭身、箭尾快速前進，這是很自然又很習慣的看法，而有了「發勁如放箭，擊敵如迅雷不及掩耳」的拳論。

不過，箭所以會被射出去，其起動源頭並不在箭簇（箭頭），而是在羽翼部分（箭尾）。整枝箭是由弓弦的彈性力放射出去的，其力道的傳遞最先透過箭尾羽翼部分，接著傳到箭身，最後再傳到箭頭。因此以流程看，應該是如下圖的表示①　②　③→，箭尾先動的。如同砲彈底座下的底火被撞針撞擊後而擊出彈頭，砲彈在砲管內「內動外不動」地奔馳，是一樣的道理。而不是 ①　①→ 或③　②　①→的走法。

在以上的事理分析中，很清楚地知道「先透過箭尾羽翼部分，接著傳到箭身，最後再傳到箭頭」合乎自然現象的思維。起動點遠離對手接搭點處，對手想要「聽」到的時機延後，當強大勁力傳輸到對手能聽到的時候再想反應，幾乎已來不及，而克敵致勝！

此外，拉弓瞄向靶心之後，在放箭之前，通常都有一個再向後拉，使弓及絃再度繃緊而後放的作為，是一個非常重要的必須而自然的作為，有如拳經拳論所謂的「引進落空」的「引進」，從陰陽的立場看，這一「再向後拉」，就是「陰陽」作為之前的「陰」，使對手再落空一下，隨即「陽」出，這關係著發勁效果，願讀者多思考、多驗證。

3-18　由天然災難看太極拳——地震

初想天地間最強、最險的是「風」與「水」，「風」者如龍捲風、颱風等，「水」者如漩渦、洪水等。當風、水形成巨大能量後都具有摧毀人、畜，造成屋毀人亡的威力。

形成那樣災害後的情景，而將風、水看作天地間最強、最險的不是沒有道理。但是！風是在大地表面上空吹動（如颱風）、旋動（如龍捲風），事先可以透過「雷達」予以相當程度的監控，並將災害減到最低；水是貼在大地表面流動的，在形成破壞力之前，人類幾乎可以預測、觀察，也可以預作撤離的防範。

至於由地表下產生的「地震」，不僅人類至今還無法事先掌控，同時發生強力規模震撼後形成的破壞力，對人類帶來的傷害往往超過風和水的可怕程度。

例如過去的義大利龐貝城，被火山爆發連同地震全部摧毀；1976 年 7 月 28 日中國大陸唐山地區的 7.8 級強烈地震，造成 24 萬餘人死亡，16 萬餘人重傷；1999 年 9 月 21 日台灣集集的 7.3 級大地震，造成約 2 千 5 百人死亡，7 百餘人重傷；2003 年 12 月的伊朗強震，千年古城巴姆，百分之九十被震毀，傷亡人數超過古城 8 萬多人的半數。

2004 年 10 月 15 日中午，發生於台灣宜蘭蘇澳地震站東方外海 110 公里，規模 7 的強震，「先上下震動，再左右搖晃」時間雖僅約一分鐘，震幅卻遍及於台灣全島及澎湖，速度之快遠快於颱風的時速及洪水的流速，震撼力之大也遠遠超過颱風及洪水的威力。

至於 2004 年 12 月 26 日，發生於印尼蘇門答臘島西岸外海規模 9.3 級的強震，釋放的能量約為 1 萬 6 千顆原子彈的威力，連同隨後造成的大海嘯，波及到的國家計有印度洋周邊的印尼、斯里蘭卡、印度、泰國、緬甸、馬來西亞、孟加拉、馬爾地夫及非洲東岸的索馬利亞、坦尚尼亞、肯亞、毛里求斯等，死亡人數達 16 萬人以上，經濟損失高達數百億美金以上。

較近的 2008 年 5 月 12 日，發生於四川汶川 8.0 的大地震，死亡 6 萬 8 千多人，受傷達 36 萬人以上。

最近 2011 年 3 月 11 日，發生於日本 9.0 的超級強震，先是毀縣滅村的海嘯，重創日本東北地區。後是福島核子反應爐的連續爆炸，造成輻射外洩的核災，帶給日本及全世界的恐慌。海嘯的破壞力、輻射的外洩污染，場景令人鼻酸。（在此祈禱，祈願日本能早日渡過難關，再現活力！）

總而言之，由天然災難的史實中可見證，由地表下產生的地震，使地表及地表上之人、畜、建築物等無不被震撼、或被摧毀，其強度遠大於地表上的風及地表面的水之破壞力，因此最強、最險的除了風及水之外，由地下來的地震是更可怕的殺手！

將此自然界的災難現象與太極拳的學習內容相對照，張三丰的太極拳經「其根在腳，發於腿，主宰於腰，形於手指」中，「其根在腳」有如地表下的地震，也最合於人間萬象「由下而上」的道理。

至於推手、八法連環運用或步隨身動等的練法，僅類似於地表上的風而已。而類似於風的推手、八法連環運用或步隨身動等，易被對手眼睛觀察、體膚感應，而採相對反應。因此重視下盤，照顧「根」的養成，是修練太極拳功夫不可偏離的、基本的、重要的途徑。有了堅實又有威力的下盤，其能耐絕對強於中盤及上盤的作為。

3－19　「虛」字辨正

人們對虛實之「虛」字，多以「虛空」、「虛無」、「空虛」看待，這是相對於「實」的文義而產生的概念。因此太極拳傳授者多要求學習者，打拳時虛腳要能虛空，移位是由實腳移向虛腳，而不是由虛腳移向實腳。發勁時實腳可以發勁，虛腳無法發勁。

人們將「陰陽」二字演譯為「虛實」、「剛柔」、「動靜」等字句，陰陽即虛實、剛柔、動靜之意，且沿習已久。其實陰陽二字祇是屬性相反，但均為事實存在之物理特性，都有運作的功能，「虛」並非空、無之意。但人們將陰陽演譯為虛實而套入太極拳中之後，卻被「虛」字概念所矇蔽，忘了它的原來特性，而產生了上述虛空、虛無的實務現象，離陰陽而去，太極拳整個變了質。無法展現真正的功夫效能，未能看到整個太極拳面貌，無法體會太極拳的真、善、美。所以人們祇好說是當作運動，為了健康而已。

說實在那一個人不想一次投入而能獲得既有「健康」又有「武功」的多元回饋？經推理及實證，回歸太極本義後，很明顯地發現前腳可發勁，後腳也可發勁，甚至於前後腳更可同時發勁。由此辨別後，太極拳可走出新的道路，開拓新的領域。

3-20 陰陽、虛實、剛柔文字之比較

人們幾乎都把陰陽、虛實、剛柔等文字以同義看待，也就是陰陽與虛實同義，虛實與剛柔同義，剛柔與陰陽同義，在過去筆者也一直接受這樣的概念，幾乎沒有任何懷疑。而今在太極陰陽的字義及功能越加瞭解之後，恍然發現，陰陽既不等於虛實，也不等於剛柔。理由何在？因陰陽之物理屬性雖不相同，卻是事實地存在，並能相互互補、相互調和而產生能量。

虛實、剛柔則無法發揮互補、調和之功效。虛字之意思為「空」，實之意思為「滿」，剛之意思為「硬」，柔之意思為「軟」。空及滿組合在一起沒有互補功能，硬及軟組合在一起也沒有互補功能。也就是說虛實、剛柔的本質或本性，並不等於陰陽。所以陰陽的特質與虛實、剛柔無關。陰陽就是陰陽，陰陽無法用其他字眼等量代換的。所以自古以來祇有「太極陰陽」的說法，而沒有「太極剛柔」、「太極虛實」的說法。

3-21 反及無

老子道德經之道經中有謂「反者道之動，柔者道之用；天地萬物生於有，有生於無」，此句話中頭尾兩個字，道出了天地間的玄機。

以「反」字論，舉如物極必反、樂極生悲、否極泰來、

要得須先捨、要發勁必須先能接勁，在在說明自然之道理，是從反面著手而得正面的效果。

在「無」字方面，係由無生萬有，由無為而達到無所不為的境界。無為可放下心中之雜念、拙勁、動作招式；不露形相，對方無法測度我人之實力，找不到發勁的把柄。在無為（不形於外的功夫訓練與學習）的歲月中，涵養了深藏不露的內在修為，造詣日增。因此太極拳不必在派別上強調，招式上著墨。

第四章　中盤及上盤的訓練（初級訓練階段）

4-1　中盤腰的訓練

腰部處於身體的中段，關係著上下的連接效果，關於腰部的運轉，從文章資料來看，約分為「腰要先動以帶動四肢」及「腰不可先動，腰要隨腳腿的傳動而旋動，並與上半身形成由下而上的整體螺旋柱」兩種認知方向，我係經驗證之後而採後者之看法。

壹、腰部的自轉訓練

腰部的旋轉牽涉兩個問題，第一不應由腰開始旋動（見下面『腰為主宰』之說明），第二是旋動的方式要如自轉的說明，即有左↶也要有右↷或有前右↷即要有後↶左的相互旋動，有如旋轉太極圖時，圖騰上的陰向前轉的同時陽即向後轉，陽向右轉的同時陰即向左轉。因此維持軸心位置不變的情況下，前後或左右的同時旋轉，才是合理的運轉方式，並非右腰向前或左腰向前的方式運作。

貳、腰爲主宰

「腰為主宰」這句話，予人顧名思義的見解，以腰帶動手、腳是正當的。因此幾乎各本有關太極拳的書籍，幾乎都是腰需先動以帶動四肢的說法，然而以腰動帶動四肢的操作概念，有其缺點存在。因為若用腰、動腰將使勁斷於腰，勁之傳送阻滯於腰際，反而影響了接勁、發勁的效果。所以腰不可亂用、亂動，否則失去「主宰」的含義。也就是不動到腰，才可主宰上下、主宰整體！

以上這段分析內容絕非憑空杜撰，是有根據的。例如：舉重選手腰綁寬皮帶；汽車有前輪帶動或後輪帶動，而沒有中輪帶動的；船在航行時縱然船頭、船尾上下顛簸，龍骨部位則絕不能離位或亂動的；由實務的動作中可發現，當我們動到腰時所產生的能量及傳輸能量的速度，比起不動腰時所產生的能量小，傳輸能量的速度慢，也就是說在不動腰的情況下產生的能量比動腰產生的能量大，傳輸能量的速度也比動腰的速度快。

由拳經「由腳，而腿，而腰，而形乎手指」的文義看，「腰」居身體中間位置，關係著上下連繫效果，若動腰會使勁力僵滯於腰際，勁力的傳輸反而受制，因此腰不可以隨意亂動，動要隨腳底的傳動而動，隨腿的傳動而動，若以腳、腿、腰三者而論，腰是第三動。

又在「由下而上」的勁力旋升過程中，勁力是由腳→腳踝→小腿→膝窩→大腿→臀→腰逐次上升的話，腰為第七動，而不是第一動！拳論中「由腳、而腿、而腰……」文句中「由腳」才是重點，若不是重點，前輩們何不直接用「腰為主宰，帶動四肢」的詞句？看問題要從整體下手，細密思考、小心求證。

4－2　上盤 手部的訓練

壹、手部運作法

手是身體的重要部位，無論是與對手對練，或是應敵接戰，最先接觸到的部位就是手，甚至於在盤架時也需要用到手。

當腳、腿的下盤工程奠基之後，在中盤部位使用最多的手（我對上臂、手肘、前臂、手腕及手掌之統稱），也要有相當的訓練。

腳手都經過合適的訓練之後，拳經拳論所謂「有上則有下」或「上下相隨」的效果，才得以發揮。

一、細部說明的手部運作法

（一）公轉及自轉

1. 雙手公轉：雙手的互動、互補。

（1）右手向右⤵旋，左手同時向左⤴旋。

（2）右手向左⤴旋，左手同時向右⤵旋。

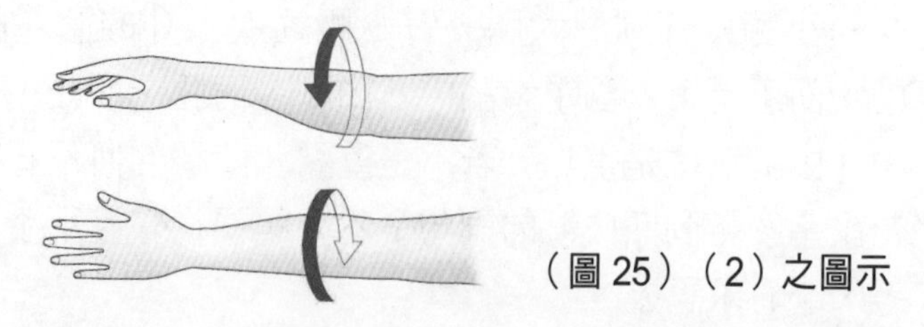

（圖 25）（2）之圖示

以上兩種皆為公轉，圖示之圓弧箭線之空白部份代表手臂背面，實線部份代表手臂正面。

2. 右手自轉：單手之左右互旋

（1）右手外側向內側時，內側同時向右側旋。

（2）右手外側向內側時，內側同時向右側旋。

3. 左手自轉：單手之左右互旋

（1）左手外側向內側旋時，內側同時向左側旋。

（2）左手外側向內側旋時，內側同時向左側旋。

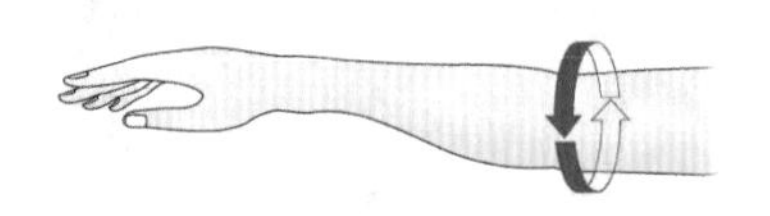

右手為2之（2）的圖示

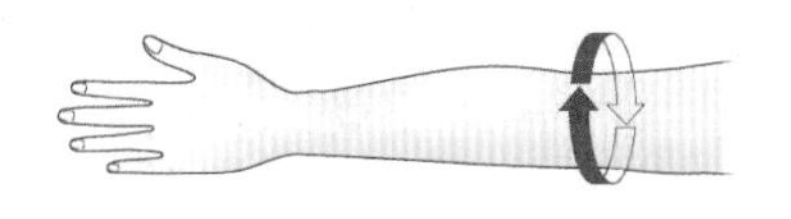

左手為3之（1）的圖示

（圖 26）

以上雙手之公轉及自轉，其弧度、速度、能量等力求均等；熟稔後，公轉及自轉可合併運作。

（二）升揚手上手法：

1. 思維：

為了便於氣勁傳輸的順暢，避免對手觀察我人手部作為的機會。起勢時，依當時鬆垂於身體兩旁的雙手自然形態飄揚起來是最佳狀態，此最佳狀態惟有全手臂飄揚起來才有可能。

手臂所以會飄揚起來的原因，是因為腳底向下抽旋後形成的上升能量，有如升旗時，升旗手向下拉繩子而使旗子升起，並不是旗子自己向上升的，同時繩子下拉多少，旗子就上升多少，一下一上地同步進行的。也就是腳底抽旋多少深度，手就飄揚起多少高度。

此種全手臂的運作方式，因有「升旗」的前提思維在其中，又隨著升旗的作為使手臂「飄揚」而起，簡單地說：「因升旗而揚起的手」，所以我稱它為「升揚手」。

如此飄揚而起的手與腳底連成一氣，可產生上下相隨、上下協調的功能，勁路暢通，若需接勁即能快速接引來勁力道於腳底。以及無坐腕、豎掌或彎肘的外相，對手難有觀察的機會。

又因勁力的傳遞是「由下而上」、「由後而前」，既有後續補給力，還有合於放箭之流程，上手之際想要發勁的話，即可快速發勁。

在發勁的剎那無坐腕、豎掌或彎肘的勁路阻滯現象存在，因此勁力的傳輸快而整，且無勁路阻滯現象的關係，在發勁的同時，可進行手肘開展加強勁力的效果。

由於手肘開展的關係，使手臂有極佳的延展度及流暢度，勁道脆而長，在勁力發放完成之際，使對手有不得不順勢繼續後退，被勁道追著打的「追勁」感覺。

升揚手的概念除了可用於拳術的運作之外，更可融於平日的生活中，有如前面所述之走路步行融於平日的生活中一樣。久練之餘，可培養出與常人不一樣的身體內涵，還可培養腳手協同作戰的能力和威力。

2. 運作流程：

腳底板←腳踝←小腿←膝窩←大腿←臀←腰←背←夾脊←後肩←上臂←手肘←前臂←手腕←手掌。

3. 功效：

是漏沉的基礎，也是面對對手採直拳攻擊時的接發手法之一。

（三）牽引手：

1. 命名由來：

在前後腳站立，雙手鬆垂於身體兩旁，由左後腳向下旋動後產生的動能，向前推移重心到右前腳，右手隨腳腿前移之勢被「牽動」而出（動作一）。接著再由右前腳向後推移重心到左後腳時，利用右前腳向後回收重心到左後腳的過程中產生的勁力，使右手被「引領」而起（動作二）。因此稱為「牽引手」。

2. 動作一之問題：

勁力由後腳推到前腳，前腳以前 1/3 腳掌，點、踏大地（不宜全腳板落地）之際，雙手順勢向前盪出（接勁）。

3. 動作二之問題：

前腳掌以「鏟向大地」的方式，使勁力由右前腳的前腳掌傳向後腳（後腳以立體三環轉旋接），並使向後腳回鏟之勁力，成為後腳發射勁力的勁源，且使雙手順勢旋翹而起（發勁）。

在前後腳站立（以左腳在後、右腳在前為例），雙手鬆垂於身體兩旁的狀態下，由左後腳向下旋動後產生的動能，向前推移重心到右前腳，此時右手隨腳腿前移之勢被**「牽動」**而出。

接著再由右前腳向後推移重心到左後腳，此時利用右前腳，向後回收重心到左後腳的過程中產生的勁力，使右手被**「引領」**而起。

在前進、後退的過程中，手是被動作為，是隨腳動、隨身動的，不賦予自主性。使「不動手」的要求清楚地呈現，養成習慣。

4. 功效：

牽引手看似一前一後的練習，不過兩動而已，在實務上，關係著搭手及接發勁的效果。可在靜止、不受力情況下，進行接發勁作為。

（四）左右迴旋手：

雙腳站立，假設重心落在右垂直腳下，提起左手在自然的高度，右腳以「垂直軸」訓練方式順時鐘方向下旋，使勁力節節貫串而上傳輸到手之前，手都不准動。腳底繼續旋動並開始帶動左手成⤼平面方向旋動。轉到不能再轉時，腳成逆時鐘⤺方向下旋，並帶動左手成⤻平面方向旋動。轉到不能再轉時，腳再反向⤼方向下旋，左手跟著平面⤼方向旋動，如此週而復始地重複練習。

接著左腳右手，右腳右手，左腳左手的練習，使手在既定的高度下，隨腳動的習慣被培養出來，此操作法較適用於中盤之運作。

（五）節節貫串上手法：

1. 單臂之勁力在全手臂的傳輸過程中，要使①上臂內旋→②手肘外旋→③前臂內旋→④手腕外旋→⑤手掌內旋，往復折疊地向上旋昇而起。

2. 雙手臂同時練，上盤練法稍為熟稔之後，轉為下盤練法。如：右腳帶右手練，左腳帶左手練，左腳帶右手練，右腳帶左手練。再接著由雙腳帶雙手練。

3. 最後雙手可隨時如揚鞭般、如鰻魚般由「中門」旋昇而起，取向對手「中門」，則有既可保護自我「中門」，又可破對手「中門」的效能。亦是面對對手採直拳攻擊時的接發手法之一。

二、簡略說明的手部運作法

（一）「動作順暢」運作法

將發勁時，須維持手勢的原狀態、原方向、原角度，不可讓肘或肩稍有下沉、旋動、夾緊的突變動作。

（二）手臂「放箭」法

由受力點向前催放勁力（參見上 3–17 之說明）。

（三）以腳搭手法：

搭手時，不是以手搭對手，係以腳帶手與對手相搭。

（四）S 形手法：

1. 大 S 形延展法：以手肘為中心，同時向後旋、向前旋的∽形運作法，適用於上手過程及接戰中。

2. 中 S 形延展法：以手肘為中心同時向前向後的∽形運作（小於大 S 形的長度）。

3. 小 S 形運作法：即束狀勁路（螺旋勁）訓練法，適於短兵相接用。

（五）點之陰陽處理法：接搭「點」處之陰收陽放處理。

（六）曲中求直法：勁力由虛擬空間直線通過。

（七）虎口脫離法：由虎口（部位）脫離，以逃離虎口（狀態現象）。

（八）手肘開展法：發勁時對手被拔根離手的剎那，手肘前後開展以生發射及追擊效果。

（九）引進落空法：以後退空間進行陰收的作為。

（十）引勁落空法：不以空間的進退進行接化的作為。

（十一）似接未接法：與對手接觸點維持「若及若離」的狀態（稍大於對手來勁力道之陰的作為）。

（十二）斷手接發法：突然快速地切斷對手的來勁力道，使接點剎那劇烈落空，並快速出擊。

※斷手：指截斷對方來手之同時發力進擊之謂也。從形跡上來講是截擊對方所來之手，從勁力上來講是斷對方所發之力。

（十三）浮木飄起法：以意使「全手臂」彷彿浮力相等地，由下飄浮而起。

（十四）勁力節節貫穿法：由接點起動之等距加量延展法。

（十五）陽陰往還進逼法：腳底陰動形成的陽勁，先微微推向手部搭點，遇阻力即由搭點陰收於夾脊或腳底，對搭點而言陽↑陰↓陽↑陰↓，快速往還 4 至 5 次，鎖住對手夾脊即發勁。

（十六）提刀上陣法：在身前空間，假想雙手彷彿提把刀，邊上前邊呈現向上的弧形線，使劍尖對向對手的上手法。

（十七）無形手上手法：以「意」指引，上手之際延伸於手指前方約 N 尺的氣勁，鎖住「對手背後遠方打點」的練習。

（十八）化鎖進打：接點「化」加打點「鎖」加「進、打」，力求一氣呵成的接發手法。

（十九）陽將盡須回陰，陰將盡須出陽：上手時含有「陽將盡須回陰」及發勁時含有「陰將盡須出陽」之運作。

以上介紹手臂所能運作的種種手法，有的僅能單獨用，有的可以多項組合用，有的是在特殊情況下之特別手法，同時各手法之能量又各有差異，須經學習熟稔後依情況擇用。

4−3　手部的S形運作法

太極圖中間的S形，具有陰陽的組合特性，其特性有如電之陰陽極接通就會產生能量的物理現象一樣，因此S形運作的效果，如同與S形等長度的太極圖陰、陽區塊同時運作的效果（能量相等），也就是進行S形的運作，與S形等長度的陰、陽同時運作，其性質相同。即單獨進行S形的運作或單獨進行陰陽區塊組合的運作，都等同於陰陽的運作，且為「陰陽比值相等同時反向運作之結構」蘊藏其中。

依此道理，移入手部的S形運作為中，將歷年來對於手部S形的開發、修正，確認有成效的三種運作法，依被開發的時間序列，分別介紹於下。

壹、大S形：

在研究「接勁由上臂接引入夾脊」的動作中開發出來的（約在2004年7月），隨後提列為單獨功法的訓練項目。大S形運作法（係對下列的中S形及小S形而論），求其陰（上臂）陽（前臂）同時、反向的比例相等地運作。此法熟稔之後，可將此運作方式隱藏在上手的過程中，從而形成一道防護網（有能量的關係），且與「牽引手」、「升揚手」併行，更顯其功效。

圖示：

（圖27）

貳、小S形：

在拳架起式的第二動過程中開發出來的S形運作法（約在2006年12月），此法也已提列為單獨功法的訓練項目，經1！2！3！4！5！6！7！8！→1！2！3！4！5！6！→1！2！3！4！→1！2！→1！，前進中的正反向訓練，熟稔到S形能在勁路線中以1！完成時，具有強大的攻擊力，勁脆而速，適用於短兵相接時。

圖示：

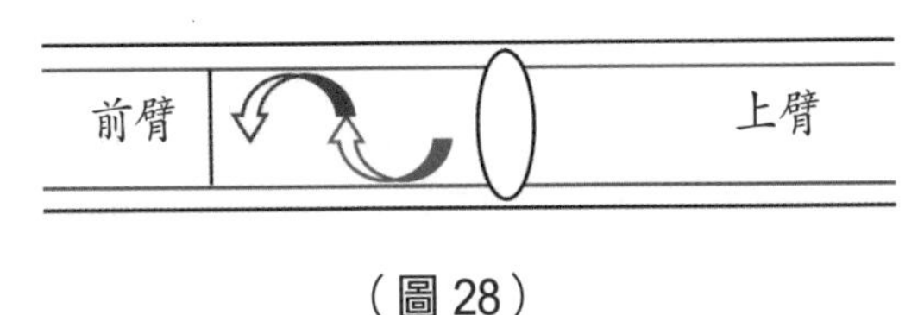

（圖28）

參、中S形：

於2007年9月最近開發出來的S形運作法，在上手過程中未形成大S形的準備，上手後又忘了小S形的運作準備（或尚未完成小S形的訓練），而對手之兵力已兵臨城下，再作種種變化都不可能時，可採此法。以手肘為中心，同時向前向後的∽形運作（小於大S形的長度，前後各約兩英吋），即形成承受力與攻擊力，可化被動為主動，進而克敵致勝。

圖示：

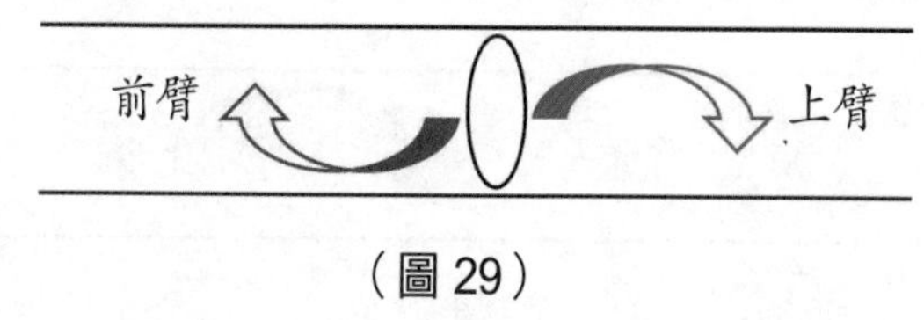

（圖29）

肆、前臂軸心小S形練習法

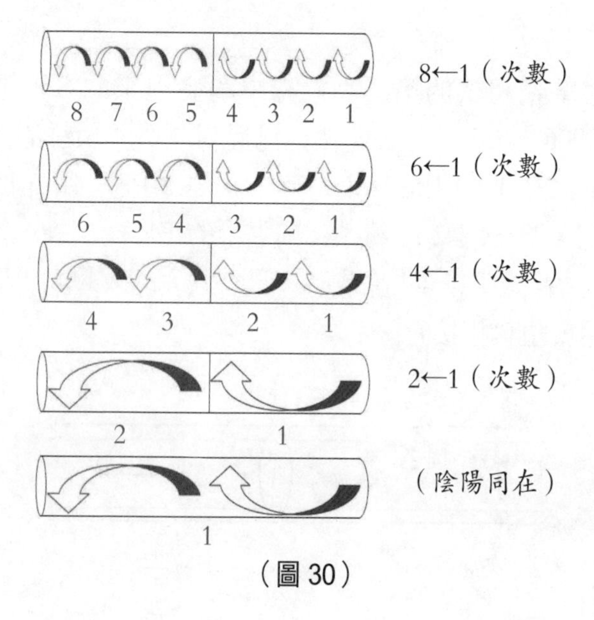

（圖30）

前臂軸心小S形練習法，係在前手臂的肘眼到中指間的軸心線（約手指的粗細）上，進行開發訓練的一種功法。

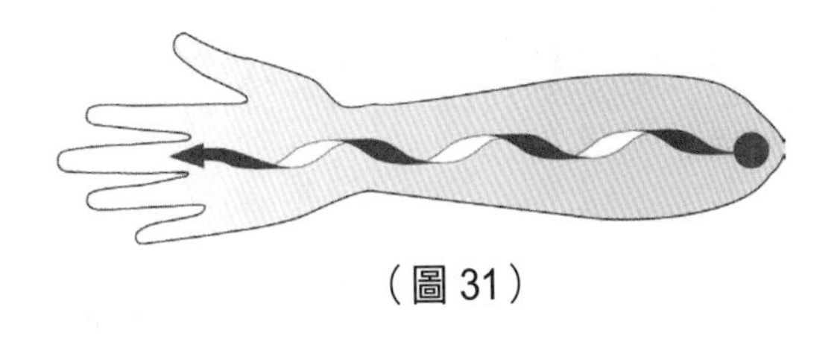

（圖31）

4-4　夾脊的訓練

夾脊是身軀與手臂的連結關卡，凡為手臂主動升平或揚起時，勁力先由夾脊通過，然後由上臂下緣將全手臂抽回，斜插入夾脊，使成為由手到腳連成一條完整的勁路線，則有利於接發勁的發揮。

若為被動接手，先將來勁力道接引入夾脊入榫，再由背、腰、臀、大腿、膝窩、小腿、腳踝、足弓之順序引入大地之下，產生化勁效果。這條路線就是負陰抱陽的「負陰」通路。這條通路之順暢與否，夾脊居於關鍵地位。我的心得，在養成武術技擊能力的肢體動作中，不要忽視了夾脊的存在及其運作能力，如能確實操作則有如虎添翼之功效。

4-5　手肘的訓練

手肘是上臂與前臂的連結關卡，上臂先向後抽旋斜插入夾脊（此時正好給予手肘開展的空間，即手肘必須開展之原因），勁力會由夾脊循已開展的手肘空間回送給前臂。

手肘（含肘眼）的運作法約可分為以下 9 種：

(1) 水漂擲石法（肘眼）。
(2) 肘眼、腳踝、腳底板之三環轉。
(3) 旋肘（肘眼）運作法。
(4) 前臂小 S 形運作法（肘眼起動）。
(5) 大 S 形運作法（肘窩或肘彎起動）。
(6) 中 S 形運作法（肘窩或肘彎起動）。
(7) 手肘（肘窩或肘彎）開展法。
(8) 盤架中，留意 S 形及肘眼的運轉問題。
(9) 雙方接手後，我方欲向前移位或發勁時，必需面對，在短暫而連續的前進中，由原接點處將與對方連續衝擊擠壓的勁力，引到肘窩的運作問題。

4-6　手腕的訓練

若為手腕處被對手抓握，除了沾連粘隨方式可用之外，亦可比照放箭方式以等距方式運行之發勁法。

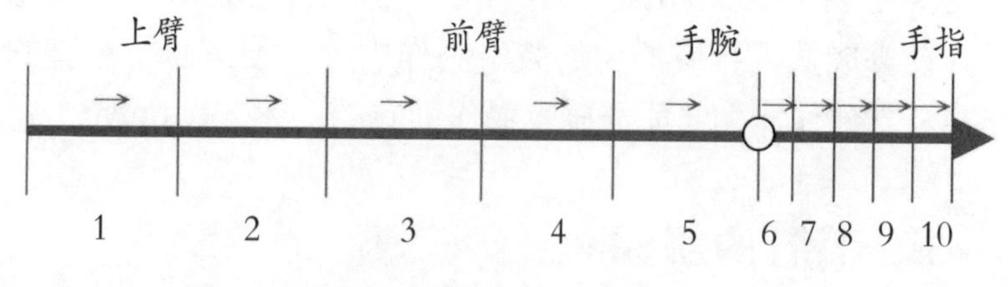

（圖 32）手臂勁力節節貫串法

4-7　形乎手指

張三手太極拳拳經提出「其根在腳，發於腿，主宰於腰，形乎手指」的經典文句，其中「其根在腳，發於腿，主宰於腰⋯⋯」的部份，在我的《陰陽相濟的太極拳》及《細說　陰陽相濟的太極拳》兩本著作中，已有相當程度的闡釋，未呈現的是「⋯⋯形乎手指」的部分。如今「形乎手指」已有突破，其運作方式在以下的敘述中逐一說明。

首先由「無形手」的上手方式中，培養意透手指帶引前方數尺無形手飄揚而起，而成五指微張似的自然手勢，且在手勢到達定位高度之際，有「意透對手背後遠方打點」的意念及「陽將盡須回陰」的操作在其間。

接著是「肘眼」與「手腕」的互旋訓練，以右手為例，使肘眼向前向左上微旋到垂肘（非墜肘，係肘眼與地面成垂直線之意）的位置，同步，腕部內側順勢形成向左向下旋轉（肘眼與手腕之間如 S 形的旋動），初為手帶動，繼為夾脊帶動，再繼為腳底帶動。再接著，在肘眼向前向左上微旋到垂肘位置的過程中，旋動的路線係在前臂骨骼間似有一束旋動軸，節節貫串地向腕部左下方旋出之瞬間，勁力在腕部稍作歇息（約 0.1 秒），隨即將勁力通過手掌、勞宮送到四指指腹（拇指除外），由四指指腹勁射而出。

通常在對手以勁力侵入我人前臂部位的情況下，以肘眼與夾脊相聯繫，將勁力先接入夾脊，接著由夾脊之力推送肘眼及腕部後，將勁力由手掌下潛行至四指指腹的方式運作。接勁能力提升到可以肘眼與腳底相聯繫之日，則將對手之勁力接入腳底，然後由腳底之勁力推送肘眼及腕部後，將勁力由手掌下潛行至四指指腹的方式發勁。

經相當時日的訓練，手臂能與腳底相聯繫，或各接點都能與腳底相聯繫，上下勁路線有效接通，「形乎手指」的勁力來源明確，接勁時「指」向對手背後遠方打點，發勁時以「指」領軍，並配以陰陽對走的運作方式在其中，勁射對手背後遠方打點，更顯威力。

第五章　拳架的運行

每一個門派的太極拳幾乎都有拳架（套路）的運行，我的太極拳一樣有拳架的運行，然而並非用其招、用其式，而是透過拳架的運行將所有拳理、功法、結構等融入其中，藉由拳架運行之一舉手一投足或招式轉換連結之間，檢測其陰陽的結構、生理的結構或S形的結構，是否都能到位？都有勁力的存在？

在測試者進行測試時能將已具太極之體的結構，在任何形態之下都能對測試者形成「不打自打」的現象，也就是勁力發射能力。拳架僅是檢測學習成果的測量儀、檢測工具，所以將訓練進度留在已具初級能力時傳授的原因。

5-1　拳架運行時應注意的事項

壹、腳底向下穿旋開始，也就是說，有陽出的同時一定要有陰收之作為。每一動作，力求「陰」、「陽」結構的呈現（陰陽比值相等卻又同時反向運作之結構）。

貳、用反向腳推移（反者道之動），即向前推移用後腳啟動，向後推從前腳推回來。

參、移位時，身體和步動之關係，要「身隨步動」，不可「步隨身動」。

肆、移位時兩腿之間，宜用下述一或二之運動方式。

一、若為由左後腳向右前腳移位時，右前腳不可隨左後腳的推移同時向前，而是需向後回扣（4 動法的第二動）；向後移位時，則為後腳向前回扣。

二、向前移位時，當前腳的膝窩感受到後腳的來力，即由膝窩引入前腳底繼續移向前腳的定位點。若向後移位，當後腳的膝窩感受到前腳的來力，即由後腳膝窩以弧形方式一路引入腳底，並繼續移向後腳的定位點。

伍、移位到定位腳時，重心務必確實落在垂直軸上。

陸、若左腳為軸心向左旋動時，被動腳（右腳）不可使力，其旋動係由左腳的旋動力帶動，旋動中右腳全腳底板不可離地，腳底與地面要有強大的磨擦、阻滯的感覺。

柒、任何一個橫跨、前伸、側點等的單一腳個別作為時，均不可牽動或破壞另一腳原垂直軸的原空間位置。

捌、除了「起式」近於豎掌的手型及「白鶴亮翅」之外，所有招式定式時之腕部都不超過肩膀。

玖、盤架的速度要均勻。

拾、腳底之勁力未傳到手臂時（經由實體空間或虛擬空間均可），手臂不可有作為。

5-2 拳架之結構分析

從「結構分析」上來看，結構分析是很多學術研究中非常重要的課題，舉如建築物的建構涉及到力學、承受力的問題。軍「艦」火砲口徑的大小與艦身大小的比例問題，像五吋砲、八吋砲、十六吋巨砲，就無法出現在小「艇」或小「艦」上的。同理，拳架一樣有結構的問題存在，若為合理的、精密的結構，會使動作順暢，承受力加大，從而放射出來的能量自然也跟著加大。

拳架的結構分析在此單元以掤、捋、擠、按四式為代表，暫以體內運作方式來敘述：

壹、掤

以右掤為例，重心落於後腳底，後腳成45度角，腳尖斜向左前方。右腳與肩寬，腳尖正向前方，放在右前方。前後腳間距約為一個拳頭到兩個拳頭的距離。

開始啟動時，自身勁力先向左腳底以逆時鐘方向向右旋，走S形的路線，將己勁沉化於腳底，待腳底能量越蓄越多，陰極生陽產生反作用力，節節貫串而上時，由左腳底推動左腿使向兩腳中間移位，同時右腿順左腳的旋轉而旋轉，趨向兩腳中間旋轉，此時左腳為主動、右腿為被動，身體則隨雙腳的旋動而動（身隨步動），形成面向左斜方的方位。使成為互動旋轉狀態。

接著右腿為主動將右腿及身體旋移至右腳，左腳也跟著右腳的旋動而旋動，重力被右腳帶到右腳，身體跟著移位（身體此時不轉向）到右腳上，全身重心垂直落於右腳底。

右腳底順此旋勢繼續旋動，與身體轉為正向的同時，由腳底的旋轉節節貫串而上的勁力使雙手旋起，左手臂與右手臂同步旋轉，手臂成為掤手，左手臂成為似擠手的左手，雙手手心呼應。

貳、捋

承上式，以 S 形的路線，由右腳底先向左後方推移旋轉，左腳順勢由左向右旋出去，雙腳成的對應旋轉狀態，使尾閭到達兩腳的中間位置，身體面向為右斜方的方位。

接著左腳為主動，右腳為被動，向左後腳旋動，身體順勢移位到左腳的垂直線上，並放鬆右前腳，使身體重力及右前腳的力量蓄積在左腳底。

再接著以左腳為軸心，以逆時針方向將勁力旋向腳底，引地力或反作用力透過腳底節節貫串而上，即「由腳、而腿、而腰、而形乎手指」之意。在引地力或反作用力回應回來之際，身體順勢左旋，雙手則隨身體的左旋旋向左斜方，雙手的位置以腳旋停止的時刻為其走勢停止的時間與空間，且帶有一點餘勢，而成為捋式。

參、擠

承上式，以左腳為軸心，將己勁沉化於腳底，向左腳底以順時鐘方向右旋走 S 形的路線，待腳底能量越蓄越多，陰極生陽產生反作用力，節節貫串而上時，由左腳底繼續旋轉推動左腿使向兩腳中間移位，同時右腿順左腳的旋轉而旋轉，趨向兩腳中間旋轉，左腳為主動、右腿為被動，身體隨雙腳的旋動而動，形成面向左斜方的方位。

接著右腿主動將右腿旋移至右腳，左腳也跟著右腳的旋動而旋動，重力被帶到右腳，身體跟著移位到右腳定位點，全身重力垂直落於右腳底，右腳底順此旋勢繼續向腳底動。

與身體轉向右方的同時，由腳底旋轉節節貫串而上的勁道，使雙手臂同步旋轉旋向右方，並由夾脊旋動而來的勁力力，使左手臂手肘旋轉形成手掌上仰（手背朝自己）姿勢，右手臂也由夾脊旋動而來的勁力，使右手臂手肘旋轉下沉形成手掌上仰（手心朝自己）姿勢，雙手手心相貼，右手臂在前左手臂在後，雙手於胸前微抱圓形，左手掌心（勞宮）貼在右手掌拇指下端肌肉（魚際）部位，成為擠式。

肆、按

承上式，以 S 形的路線，由右腳底先向左下方旋轉，形成能量向右後方推移，左腳順勢由左向右旋上去，雙腳成對應狀態，使尾閭到達兩腳的中間位置，身體面向為右斜方的方位。

接著左腳為主動，右腳為被動，向左後腳旋動，身體順勢移位到左腳的垂直線上，並放鬆右前腳，使身體重力及右前腳的力量蓄積在左腳底。

再以左腳為軸心垂直旋轉，由下而上形成的能量，使雙手向兩邊分開，雙手手肘下沉、手掌微揚、手心朝外，雙手與肩寬似平行線地懸於胸前。

再接著以左腳為軸心，以逆時針方向將勁力旋入腳底，引地力節節貫串而上，右腿為主動將右腿及身體旋移至右腳上，左腳也跟著右腳的旋動而旋動，重力被右腳帶到右腳，身體跟著移位到右腳上，全身重心垂直落於右腳底。

待全身重心垂直落於右腳底後，右腳底以順時鐘方向右旋動。並將已沉化於腳底的勁力，由腳底節節貫串而上的能量，透過夾脊的旋動，勁向前方透出，是為按式。

拳架僅以掤、捋、擠、按之運行為例做以上的介紹，其他的拳架運行其理相同，不再以拳架贅述。

其次，勁道要講求整體勁，有了整體勁則勁整而強。所以在拳架運行的過程中，盡量不要出現局部的作為，要養成由腳底經由腿、腰、夾脊、手肘、到手掌之間形成一條可以接勁發勁的線，甚至於同一時間多處搭點時，腳底與多處搭點處就形成多條線，這一條線或多條線從外表不容易看得見，惟從接手的那一剎那就可以檢測的出來。

在拳架的運行中牽涉到的問題非常多，舉如①移形換位無停頓、困死之情形，如行雲流水般源源不斷。②式與式之間，永遠是往復摺疊，不使有停頓之剎那。③式式交代清楚，每式將成定式之際，都須有內在的滾動、鬆化之作為。

④每式起動之間都先將意念放在腳底，啟動腳底，待與大地相感應，借回旋上升之勢繼續向下旋化。而漸次形成腿部、腰部、手部之旋動，以使內部節節貫串上旋之能量，使腿、腰、手不得不動時，才順勢成為拳架。⑤手部作為皆由新的實腳腳底、內動旋起形成手勢、架式。手部不可隨原來的實腳帶動。⑥每一動作不可純陰，也不可純陽，要進退同時、陰陽相互呼應、陰陽相磨相盪地運行。

在上面③中提到「……借回旋上升之勢繼續向下旋化……」，即拳經中「……有上則有下，有前則有後，有左則有右……」，陰陽兩種自身的力量相摩相盪之意，有如火箭飛彈的飛行靠著後方持續噴射的火焰，纔有能量供應彈身向前推進的需要，即「陰陽同出、陰陽同在」的道理。因此拳架的運行、接戰中為「先陰後陽」的情況，有如⑥中提到若為純陰，純陽的運作方式，都還不能稱為真正的太極拳。就像外家拳也有純陰純陽，有進有退的動作，卻不屬於太極拳的範圍。太極拳的特色在於它是否合於「太極」之理，而不在於拳架的招式名稱、外形及門派。

在拳架的運行中若為原實腳推移手部後，成為虛腳的話，則手部無後續的勁力以為支撐，難以承受外力；若在原實腳推移身體及手部到新實腳後，再由新實腳由腳底旋出向上升起的勁力，此時的手部與腳底連成一氣，則勁力強而足。

向腳底旋動時要內動外不動地求內在的感覺，使腿、身成為槍管似地讓子彈在槍管內旋轉前進。或使腿、身成為水管似地讓水在水管內流動一樣。

在以腳底向下旋動之際，以全腳板旋動其功效大於以腳底湧泉區域旋動的方式。以全腳板運作優點為底面積大，可加大旋轉空間，可增強來勁承受力，可增大拳架運行的穩定度，可加寬腳底與手部之間的傳輸管道，可使反向旋回來的能量加大。

初練腳底旋動時要慢慢旋動，有如大樹先由種子初發時細細的根鬚，慢慢地隨著歲月的累積，根鬚越長越粗、越長越深，以致盤根錯節地長成枝葉茂密的大樹，能承受強風大雨，所以拳經中「其根在腳」有其道理。

透過腳底旋動的運作產生腳底按摩效果有促進「健康」的價值，透過腳底旋動的運作習得「功夫」，透過腳底旋動的運作可觀察「自然界的現象」，而將自然界現象的大太極與太極拳的小太極組合在一起。集健身、防身、陰陽相濟之理、觀察人間萬象、文句把玩等能力，調整既有的太極拳學習，一舉數得。誠如平常時間常看到的一句話「萬物靜觀皆自得」，用「眼」看用「心」悟，見微能知著，太極拳的學習要用心靈智慧去悟，不純粹靠苦練得來的。

5-3 「S 形基本功法」的介紹

S 形的基本功法，根基於「立體三環轉」的基礎上，以雙腿螺旋腿柱相互運作，不僅不傷膝關節，還可遂行大小腿相互擰轉，產生強大勁力的功效。

S 形的基本功法計有平行腳站立之「左腳移到右腳」、

「右腳移到左腳」及前後腳站立之「左後腳移到右前腳」、「右前腳移到左後腳」四種。以下簡單介紹「右腳移到左腳」及「左後腳移到右前腳」兩種。

壹、左腳移到右腳

第一動：左腳（垂直腳）腳底板向左後方逆時鐘方向下旋，左腳的內側腳腳踝，同步向右前方逆時鐘方向下旋，左腿膝窩亦為逆時鐘方向下旋，腳底板、腳踝及膝窩同時以「立體三環轉」方式旋動。勁力逐漸上升到大腿成為螺旋腿柱，以此勁力向右腳方向準備移出。

（見 S 形腳底運行圖 33 之①，身體運行圖 34）

第二動：左腳螺旋腿柱向雙腳中間斜向移出，此時，右腳的腳底板以逆時鐘方向，右腳踝內側以逆時鐘方向、右腿膝窩以逆時鐘方向，同時以「立體三環轉」回應，跟著成為螺旋腿柱，右腿以向雙腳中間等量、等速度地旋動，雙腳成對旋狀態，右腳與腳對應擠壓能量於雙腳中間，並將擠壓的能量穿入雙腳底板下，由陰生「陽」的能量會上升於背、脊。

（見 S 形腳底運行圖 33 之②，身體運行圖 35）

第三動：右腳螺旋腿柱向右以方式旋移向右腳，身體重心隨之移到右腳使成為垂直腳，勁力送入右腳底。身體保持微向↖ 的左斜面，雖未全部轉正，但左腳已可輕鬆提起為正確。

（見 S 形腳底運行圖 33 之③，身體運行圖 36）

第四動： 由前送入右腳底旋動後反旋上升的能量，以類似關門的方式，右腳軸心有如固定在牆與門之間的鉸鏈，軸心垂直旋轉，肩與胯不偏離原軸心的情況下，使身體向⤼平面旋正。同時上升到臀、腰的能量橫移向左邊身體，順勢使左肩、左腰、左腿，如關門狀⤹向右腳關旋，並將左肩、左腰、左腿關旋過來的能量，旋落入右腳底，成為下一個 S 形由右腳移向左腳的第一動動能。

（見 S 形腳底運行圖 34 之④，身體運行圖 37）

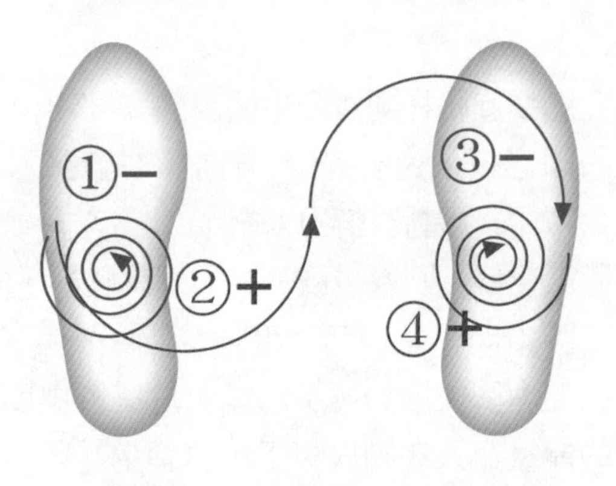

（圖 33——S 形腳底運行圖）

①代表左腳向下的旋動（陰沉）

②代表向右的旋移（陽放）

③代表右腳陰收

④代表右腳由腳底向腿部旋升陽勁，使成為盤架、移位或發勁之能量。

左腳移到右腳之身體運行圖：

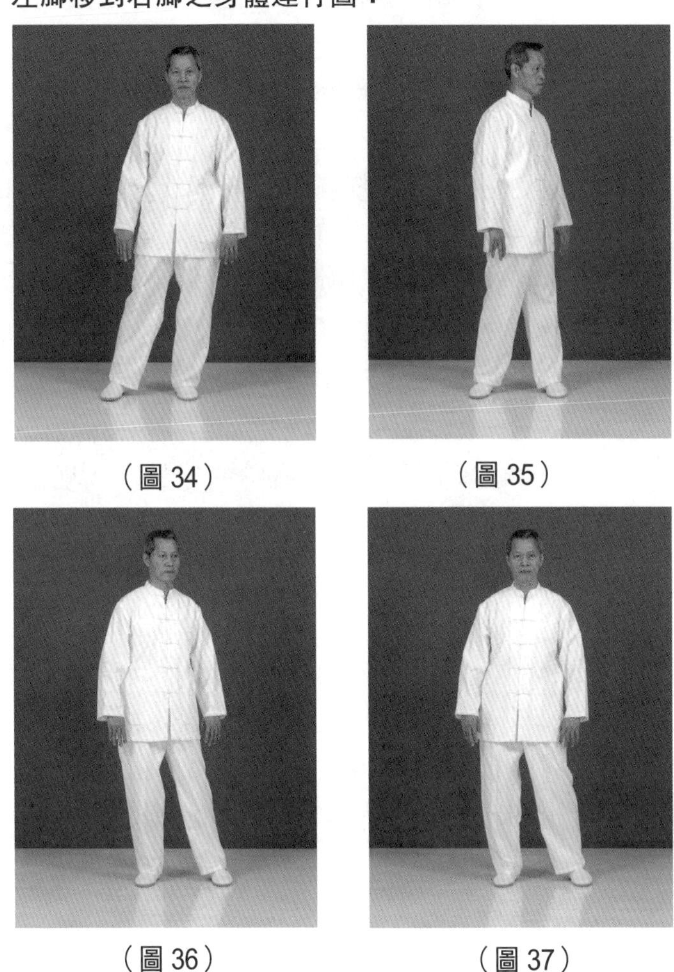

（圖 34）　（圖 35）

（圖 36）　（圖 37）

貳、左後腳移到右前腳

第一動：左後腳（垂直腳）腳底板以逆時鐘方向下旋，左腳的內側腳踝同步向右前方逆時鐘方向下旋，左腿的膝窩亦為逆時鐘方向下旋。腳底板、腳踝及膝窩同時以「立體三環轉」方式旋動。勁力逐漸上升到大腿成為螺旋腿柱，以此勁力向右前腳方向準備移出。

（見S形腳底運行圖38之①，身體運行圖39）

第二動：左後腳螺旋腿柱向雙腳中間斜向⤻移出（S形的前半個⤻）；此時右前腳的腳底板以逆時鐘↶方向，右前腳踝內側以逆時鐘⤻方向、右前腿膝窩以逆時鐘方向，同時以「立體三環轉」回應，跟著成為螺旋腿柱，以↶向雙腳中間等量、等速度地旋動，雙腳成S對旋狀態，右前腳與左後腳對應擠壓能量於雙腳中間，並將擠壓的能量穿入雙腳底板下。

（見S形腳底運行圖89之②，身體運行圖40）

第三動：右前腳螺旋腿柱向右以↷方式旋移向右腳（S形的後半個↷），身體重心隨之移到右前腳使成為垂直腳，勁力旋入右前腳底。身體保持微向↖的左斜面，雖未全部轉正，但左腳已可輕鬆提起為正確。

（見S形腳底運行圖38之③，身體運行圖41）

第四動：右前腳底旋動後反旋上升的能量，以類似關門的方式，右腳軸心有如固定在牆與門之間的鉸鏈，軸心垂直旋轉，肩與胯不偏離原軸心的情況下，使身體向↷旋正。同時上升到臀、腰的能量橫移向左邊身體，順勢使左肩、左腰、左腿，如關門狀↶向右前腳關旋，並將左肩、左腰、左腿關旋過來的能量，旋落入右前腳底，成為下一個S形由右前腳移向左後腳的第一動動能。
（見 S 形腳底運行圖 38 之④，身體運行圖 42）

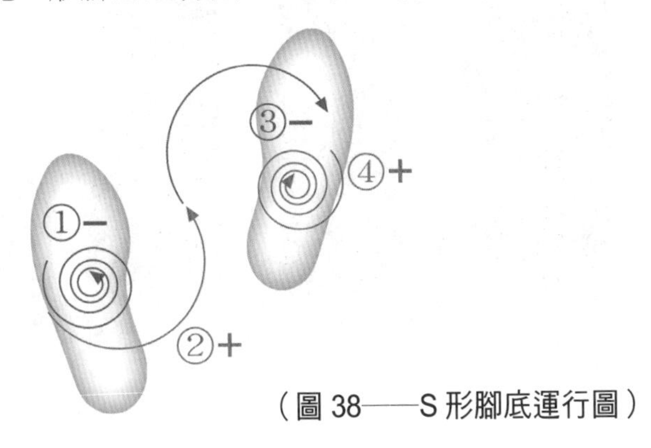

（圖 38——S 形腳底運行圖）

①代表左腳向下的旋動（陰沉）
②代表向右的旋移（陽放）
③代表右腳陰收
④代表右腳由腳底向腿部陽勁的旋升。

左後腳移到右前腳之身體運行圖：

（圖 39）

（圖 40）

（圖 42）

依上述流程，由「左後腳移到右前腳」接著由「右前腳移到左後腳」，或是由「左後腳移到右前腳」接著由「右前腳移到左後腳」週而復始地練習，兩腳間正好形成「∞」字形循環旋動，腳、腿齊動而帶動身動地等速、均匀、流暢運行。整套拳架的運行在此從簡，欲見詳細拳架說明者，請參見《細說　陰陽相濟的太極拳》第四章。

5-4　拳架的進階

當各招各式的拳架學完，僅類似於產品的「粗胚」而已，要能精美還要琢磨加工才行。拳架的進階以我個人的成長歷程來分，可分別兩種劃分法的五個不同階段。

壹、依「單環轉」、「雙環轉」、「立體三環轉」及「S 形基本功法」的功法層次分：

第一階段：以「單環轉」進行拳架純外形的學習，腳應如何出，手應如何擺，式與式之間應如何連接等的架勢記憶與熟悉極可。

第二階段： 起動由「雙環轉」開始，向前由後腳推出，向後由前腳推回（膝蓋微屈即可）。以腳踝圓動的方式運行，並求招式的了解與熟稔；速度要均勻，勁由腳起。練到行雲流水似的運行效果。

第三階段： 以「立體三環轉」為基礎，運行中，向前由後腳全腿柱旋出（前腳相對地也有旋動），向後由前腳全腿柱旋出（後腳會有對應的旋動），一腳旋出（旋起勁力），另一腳則被推移產生下旋的勁力。進而由下昇起形成拳架的勁力。除了可以行雲流水似的運行之外，拳架運行中還可隨時、隨處接勁與發勁。

第四階段： 手上招式不變，將「S 形基本運行法」套入拳架中運行。雙腳以 S 形的運行方式帶動身軀，勁力由下旋升而上，帶手形成手勢。除了可以行雲流水似的運行之外，拳架運行中還可隨時、隨處地接勁、發勁。

第五階段： 經以上途徑，日積月累的磨練，涵養出內在完美的結構、有了接勁的承受力與發勁的能量後，漸漸放下所有的形架，走向無招、無式、無形、無相，由無練到有，再由有練到無的思維路線，雙腳可在原地不作位移，即能快速地（約 0.5 秒鐘以內）以單腳陰陽上下對走，雙腳陰陽同出或將S形的雙腳四動運行完成，達到接發勁的效果。

貳、依「形的學習」、「鬆沉與垂直軸旋轉」、「陰陽互補的訓練」、「處處、隨時可以接勁發勁」、「從心所欲而不逾矩」的功夫層次分：

第一階段：形的學習

學習拳架熟悉招式名稱，熟悉招式的連接，能在自我練習時不會忘記，這是「形」的階段。能力在形的階段，祇適宜運動健身當作「體操」看待。

第二階段：鬆沉與垂直軸旋轉

太極拳顧名思義是拳術也是一種武術，要想進一步學到功夫，則須注意每到一個定式定位時，形成重心的垂直軸是否垂直的很準，重力是落在大腿面上？落在膝蓋上？落在小腿上？落在腳底板上？或是落在腳底板下？這些身體部分的感覺，要逐次地練習調整以能下降到腳底板下為理想。

除了鬆沉的練習之外，還須注意在每一個旋轉的作為時，腿、腰、身體等部分是否歪斜、偏離了原垂直軸的中心線？若有歪斜、偏離現象就會影響接勁及發勁的效果。

第三階段：陰陽互補的訓練

以上兩個階段的拳架運行，其動作還在純陰接、純陰退或純陽發、純陽進的個別運作範圍，離陰陽相濟的境界還有一段距離。

要達到陰陽相濟、陰陽互補的效能，拳架每到一個定式定位，垂直軸上的實腳勁貫腳底時，同時以意念導引，將下旋後產生的反作用回旋上升的勁力，由實腳底彈射給另一腳，使雙腳腳底板產生相互呼應能力。同時也要將下旋後產生的反作用回旋上升的勁力，反應在每一個招式的手部動作中。慢慢地脫離「平面」的太極，進入「立體」的太極，達到「整體勁」的呈現。雙腳腳底板能前後相互呼應，手腳能上下相隨，則陰陽相濟、陰陽互補的效力開始萌芽。

雙腳都能運作，使向來為「虛」的那一腳不再空虛以待，成為具有戰鬥力的腳，至少可增加一倍的生力軍。原來單腳發勁的能量，現在成為雙腳互補的組合能量，有如壓下開關時陰陽極同步接觸產生了能量。雙腳彷如太極圖的陰陽，陰動時陽跟著動，陽動時陰跟著動，陰陽相生相長、共生共存。

第四階段：處處、隨時可以接勁發勁

當第三階段的練習有了相當基礎後，從預備式開始直到最後一式的動作及過程中，由同好餵勁，試著接受外來來勁力道的測試，處處可以接勁發勁、隨時可以接勁發勁的能力。如果處處或隨時的接勁發勁效果不佳，就要再從第二、第三階段所敘述的問題中找答案，如此交互演練而漸入佳境。

譬如①在「挪」式中的挪手是用「手」挪的？還是由腳底旋上來經過腿、腰、夾脊、手肘的勁力使手挪出去的？②在捋式中的捋手是用腰背、手捋的？或是用腳底旋動來的？③ 在「擠」式中的擠手，是用夾脊、手肘去擠？還是雙手將成擠手定式之際，由腳底旋動反旋回來龍捲風的勁力擠出去？或有如蹺蹺板的運作方式，施力於實腳底而使手部旋蹺擠出的？④在「按」式中的按手是重心在後腳時手先回收，當重心推移到前腳時雙手推出？或是重心在後腳時，雙手由後腳底旋轉而上的勁力旋開雙手，當重心推移到前腳時雙手才由前腳底旋轉而上的勁力，經由夾脊延展手部勁透而出？多作比較以求精進。

第五階段：從心所欲而不逾矩

走過以上四個從「無到有」的階段後，漸漸地成為人體的本能反應，可隨時接隨時發，到了「有到無」的修為，無所為而後無所不為地從心所欲而不逾矩，進入無招、無式、無形、無相的境界，就有了「內」家拳意境。

以上兩種劃分法，初看像是兩回事，在實務上，兩者其實是相互融合在一起同時並行，又能相互滲透、相互輔佐的。

第六章　綜合性訓練
（中級訓練階段）

中級訓練是腳、手上下相隨的綜合性訓練，接發勁的練習，在符合「陰陽比值相等同時反向運作之結構」下，融會貫通的整體性訓練。

6-1　腳、身、手上下相隨的綜合訓練

壹、腳帶手、腳接手、腳發手的訓練

凡有動手皆由腳先向大地下旋，形成勁力帶起全手臂，當手臂感應到對手勁力時，即由腳底抽接手臂接點上之勁力於腳底，隨即由腳底將勁力向手臂上之接點發勁。多做練習，以求熟稔。

貳、原空位的訓練

身體位置和方向移動時，手掌或肘頭仍保持在身體移動前原來空間的位置不變，這種保持手勢在原空間位置不變的動作，簡稱為原空位。原空位的操作能力，關係者發勁，及邁入高級境界的效果。

參、「化、鎖、進、打」的訓練

由「接發化打」這四個字來看，可知「化」與接勁、發勁之間有很大的關聯性，化解來勁力道的能力是接發勁前提，但若祇會「化」卻沒「鎖」敵的運作能力（是用勁鎖、意鎖，不是擒拿之鎖，也不是用力鎖），對手有脫逃的機

會，因此既要有「化」的能力，還要有「鎖」的能力。

接著同步還要對打點有「進」與「打」的作為，前述的「化」、「鎖」才有其價值，進而將「化、鎖、進、打」訓練到能一氣呵成的地步，始可言用。

肆、關節部位的鬆開訓練（對拉拔長）

手臂、腿部及身軀的各關節、部位，能使之伸張鬆開，不但使練拳的外形舒展、漂亮，而且自身的感覺也會舒服。透過各個關節部位的對拉拔長訓練，有助於血脈經絡的通順，氣血的流暢。不僅練拳時會有舒服感，更可形成勁力。

由對拉拔長所形成的勁力不容小覷，武術中有這麼一句話：「不怕力大一石，祇怕筋長一分」，可見拔長有其重要性，而我的「前後發射法」也與「對拉拔長」有直接的關係。對拉拔長的運作方式可分為兩種，一種是徒手體操運動員、田徑選手等拉筋撇腿、伸展筋骨的訓練方式，另一種是指以意識帶引，由後向前（手臂），由下而上（腿、身），以流暢的勁力，逐級延展各關節部位的對拉拔長訓練方式。本書所提的對拔拉長，指的是後一種。

6-2　鬆沉的認識

「鬆沉」者是「由上而下」的下沉，惟此法的前提需腳下要有出水口才行，但事實上，以「鬆沉」方式進行的訓練，不論屈膝程度與否，最多祇能將勁力落在地表面而已，無法達到沉入大地的效果。

6-3　漏沉的認識、訓練與功能

「漏沉」者是「由下而上」的下沉入大地之下，依序漏沉垂直腳的腳底板、腳踝、小腿、膝窩、大腿、臀、腰、背、夾脊、肩、上臂、手肘、前臂、腕、手的訓練，其訓練方式與前面的反射勁路圖訓練方式相同。習之日久，各部位關節漏沉到那裡，陽勁就長到那裡。陰陽相生相長、「陰陽同出」、「陰陽同在」、「通體透空」等現象很真實地顯現出來，接手之際即有「引勁落空」效能隱含其中。

6-4　「往復須有折疊，進退須有轉換」的認識與訓練

壹、往復須有折疊

「往復須有折疊」是指勁力方向的轉化，例如：欲前先後，欲左先右，欲上先下。當我們在完成一個動作後，要開始下一個動作時，往往出現方向的改變，此時我們在前一個動作到達盡頭時，利用餘勢再循原路轉一個圓轉接下一動作，就產生了不同的效果，不僅能欺敵，還能克敵！

「折疊」的運作空間及機會非常多，如：左腳在後，右腳在前之下盤 4 動法訓練時，右前腳之第 3 動，腳底及腳踝為右旋入大地，接著第 4 動時，腳底及腳踝轉為向左旋出之運作方式（由右旋轉為左旋），或拳架運行時，右掤手轉為捋手時，由右前腳以順時針方式旋向左後腳，同時引動左後腳成順時針方式旋轉，當左後腳到達定位之際，左後腳即以逆時針方式向左旋出捋手（左腳由順時針方向轉為逆時針方

向），即為「折疊」。

貳、進退須有轉換

「進退須有轉換」是說，進退之間須有陰陽或虛實的轉換之意。一般情況下之「進退須有轉換」，多為一腳漸實、一腳漸虛的加減法，或一腳由陰轉陽、一腳由陽轉陰的運作方式。至於我的「進退須有轉換」，兩腳是以純加法運作（參見本書 2–6 拳架運行中之移位法 的介紹），各單腳都有陰陽之操作，雙腳之間又有陰下陽上及陽上陰下的運作，形成無數太極結構的轉換。

6–5 「一動無有不動」的內涵及訓練

「一動無有不動」者既不是祇有一動，卻又要無所不動之意，不簡單！我的訓練方式是先由腳的系統練起，接著手臂系統的練習，接著腳、手的合併練習，接著腳、手、身軀的綜合練習，再接著全身與心意的合併練習，逐漸擴充不同系統的連接性，最後成為周身一體的整體性運作。

以上文句明者自明，不明者彷如天書，因此借助近乎實例的方式再加一些補充。例如：垂直軸訓練，達到 1！可帶動 10 個關節部位；六次的立體三環轉，可帶動膝窩、小腿、腳踝、腳底板六次的運作；手的大 S 形，可帶動前臂、上臂、夾脊的組合；手臂的「節節貫串法」，可帶動上臂、手肘、前臂、手腕、手掌的訓練；右手接發勁時，左手的互動互補；一處接點視同全身都是接點；下、上、左、右、後、前的六向組合法；雙腳底、雙手、雙夾脊、意透打點的心意，七點對向打點的發勁法等等，都是走向「一動無有不動」的道路，有朝一日就在「1！」念之間，勁發人飛矣！

6-6　「動作順暢」之研究

各家武術幾乎都在用心發展自認為最好的手法、身法、腳法或招法等之神妙功夫上下工夫。然而多少人注意到人體各項細微動作的背後，所牽涉到勁力傳輸的路線、勁力傳輸的順暢度、時間快慢、能量聚集、勁力爆發的時點、陰陽勁力行進的方式等的問題？

有了手法、身法、腳法、招法等的運作，伴隨而生了形相，有了形相就容易露形露相，予人觀察、感覺的機會。因此在接發勁的剎那，應該是既要有與對手相對應的動作，又要令對手無法觀察或感覺勁力運作變化的順暢動作，以達到克敵致勝的效果。這種說法初看似不盡合理，因為既有與對手相對應的動作，對手怎可能無法觀察或感覺勁力運作的變化？然而在實務上其中微妙卻是很真實地呈現，而又無法迴避的事實。

張三丰太極拳經提到「其根在腳，發於腿，主宰於腰，形於手指，由腳而腿，而腰，總須完整一氣」的內容。這段文句除了敘述勁路的流程之外，更告訴我們要注意「由腳而腿，而腰，而形於手指，總須完整一氣」的問題，也就是講求「下上協調」的重要性、整體性與功能性。

試想一根武術用的棍子從頭到尾粗細一樣，中間沒有任何接縫，也沒有任何缺口，在舞動之際不僅便於握持，更有承受拍擊的耐力。若是上下粗細不一樣，或有接縫、缺口，舞動之後會是怎樣的情況？

「完整一氣」含意至深，要能上下節節貫串，還要使傳輸中的束狀勁力，在運行的那一剎那上下粗細相等，沒有斷續也沒有突變地一氣呵成。若是初為粗束狀，末為細束狀，最後有如強弩之末，不具破壞力。或是初為細束狀，末為粗束狀地猛然強力出擊，這種出勁方式祇是局部勁，遇到能夠「動緩則緩隨，動急則急應」的高手，有被牽引帶出或被相對反應強力發出的危險。總之先大後小或先小後大的運行方式，都不合於「完整一氣」的定義。

要「完整」必須「順暢」，能「順暢」才能實現「完整」。動作祇要有斷續、突變就不可能順暢，不順暢當然也不可能完整，這是很明白的道理。那麼在實務中如何練就順暢的動作？或者說怎樣的動作才是順暢？

人體由下而上的部位及關節分為腳、腳踝、小腿、膝窩、大腿、臀、腰、背、脊、肩、上臂、手肘、前臂、腕、手等計十五項，大致可分為下盤的腳、腳踝、腿，中盤的腰、臀及上盤的肩、手。我人可以逐項進行分析。

下盤「腳」的部分，在靜止狀態時，養成經常讓全身重量鬆墜入腳底板下，且可由腳底板升起勁力的能力；步行走路時，重力經由落腳貼地的那一腳沉墜而下，行之日久彷彿一步一腳印的感覺；接戰時，在與對手相對動步的剎那，能依對手的意圖、作為（由審敵判定），於落腳之際，有即刻向下可輕可重的穿旋能力（如圖 21），又能將可輕可重的回饋勁力，上升到欲發勁的體位空間上。每一動步都要有深度、有學問、有內涵。

下盤「腳踝」的部分，腳踝在腳與腿之間，腳踝是否運轉靈活、運轉順暢，關係著上腿下腳的勁力傳輸效果。祇動腳或祇動腿都不是理想的運轉方式，漏沉由腳底開始，勁力由下升起的途徑上，腳踝與腳底的關係最密切。

同時腳踝也是腳與小腿之間的旋動樞紐，一般情況下具有「承」上啟下，「轉」動靈活，與他部位「合」而共存等功能。在「雙環轉」及「立體三環轉」的運作中，則具有「起」的地位，因此在「陰陽相濟的太極拳」裡，與腳底共同處於①的地位，而有了「起」、「承」、「轉」、「合」的功能。

以「反者道之動」的道理，體會向前、向後、向左、向右操作之效果，以及在移位的過程中，多體會「腳踝」旋扭的程度與方向，解除（或放鬆）此旋扭的作為，即是拳架運行的動能來源及拳架招式形成的基礎。

下盤「腿」的第一部分，是「鬆沉」的問題，部分人在鬆沉時，多以屈膝開始，也就是上身的重量通過大腿、膝蓋、小腿再落於腳底，以此流程看，由大腿、膝蓋、小腿再落於腳底，到達腳底為第四動。當重量達於腳底後接著才再向上發勁的作為，總時間嫌長了些。同時因為有屈膝的關係，身體重量實際上無法完全鬆沉入腳底。惟有體態近於直立，由下而上直通的管道，傳輸效果才是最好的，有如唱高音的演唱家，那一位不是「站」著引吭高歌？

下盤「腿」的第二部分，是「前腿膝蓋」的問題，接發勁時前腳膝蓋不可凸向前彎，凸向前彎會使身體以及胸部送向前方，身形前傾，形相清楚暴露，腳的根或重心會因前傾的關係而被瓦解，以致腳底虛空，接下來祇好用手或身體與對手「頂牛」。

下盤「腿」的第三部分，是「膝窩」的運作問題，膝窩（膝膕）是小腿與大腿之間的旋動樞紐，以「意」旋動膝窩，可避開膝關節的傷害之外，且有維持垂直軸穩定，有效進行「立體三環轉」的運作，使小腿與大腿相互擰轉，可產生勁力強大、接勁順暢的優點。

向前移位時，當前腳的膝窩感受到後腳的來力，即由膝窩引入前腳底繼續移向前腳的定位點。若向後移位，當後腳的膝窩感受到前腳的來力，即由後腳膝窩以弧形方式一路引入腳底，並繼續移向後腳的定位點，或與腳踝、腳底板同時進行「立體三環轉」的運作，均能產生相當可觀的效果。

雙腳膝窩運作法（圖 19），方向由後向前移，在向前移時意念放在膝窩，由膝窩同時向下（陰）向前（陽）運行，其勁力強大。總而言之，若您願意將久處陰暗面的膝窩，提到光明面的第一位階，且以膝窩取代膝蓋的運作，不僅是膝窩的福份，您也會獲得不可思議的效果。

下盤「腿」的第四部分，是「小腿與大腿」的相聯互補性，若為屈膝的狀態，則勁斷於膝，小腿與大腿之間的相聯性差，無互補功能。膝近於伸直則有利於氣勁的傳輸，經由膝窩的連繫，使小腿與大腿可進行如擰毛巾狀，上下相互纏繞對轉（膝窩不可撐開），產生勁力的效果。

下盤「腿」的第五部分，是「胯」的問題，胯是腿與上半身體間的連結關卡，一般場合常聽到的多是「落胯」、「鬆腰坐胯」、「旋胯」等，我的訓練方法則有不同，計有二項。

第一項，腳的提起或起腳飛踢，先由胯以內斂方式將腳「拎」起後才開始。放下（如盤架中腳之移出、擺放）時係由實腳的胯旋落使另一腳（一般指虛腳）落地的。

第二項，雙腳為雙重的五五站法，近於雙重的站法時，雙胯之間，例如右胯拎起右腳的重量，隨即通過左胯將右腳的重量丟入左腳，使左腳近似於實腳，右腳近似於虛腳。再由左胯拎起左腳的重量，經右胯送入右腳。週而復始地在雙胯間穿梭游走（或稱雙胯穿梭法），有助於接發勁的運作。

中盤「臀」的部分，臀的位置約在背後脊椎腰間高度，此部位是身體上下勁力傳輸的連結關卡，若為「翹臀」體態，對手的第一擊能量絕對是由背後脊椎腰間侵入，支點（命門附近）被破，手腳運作能量頓時喪失，祇有認人宰割的份！

溜臀者是指將臀部的勁力溜入大地之意，溜臀的體態，不僅不會破壞支點，還能使勁力快速由搭點處傳送到腳底，發勁之勁力會極快速地傳回到搭點處，使對手勁發人飛、跌仆而出！

中盤「腰」的部分，部分人們都以腰動帶動四肢的「腰為主宰」概念操作，殊不知其效果適得其反，動腰會使勁力僵滯於腰際，勁力的傳輸反而受制。且由實務中也可發現，當我們動到腰時所產生的能量及傳輸能量的速度，比起不動腰時所產生的能量小，傳輸能量的速度慢，也就是說在不動腰的情況下產生的能量比動腰產生的能量大，傳輸能量的速度也比動腰的速度快。

因此「不動腰」才能主宰上下，才是「腰為主宰」的本意！腰不隨意亂動，動要隨腳底的傳動而動，隨腿的傳動而動，以腳、腿、腰三者而論，腰是第三動，不是第一動。

拳論中「由腳、而腿、而腰……」文句中「由腳」才是重點，若不是重點，前輩們何不直接用「腰為主宰，帶動四肢」的詞句？看問題要從整體下手，細密思考、小心求證。

上盤「夾脊」的部分，夾脊是身軀與手臂的連結關卡，凡為手臂升平、揚起或浮起時，勁力先由夾脊通過，然後由上臂下緣將全手臂抽回，斜插入夾脊（入榫），使成為由手到腳連成一條完整的勁路線，則有利於接發勁的發揮。此關卡的處理能力越強、操作越細膩，功夫越有看頭。

上盤「肩」的部分，部分人習慣以肩帶動手，以肩帶手易生聳肩和勁力掛在肩頭的現象，切斷了手臂與背脊之間的連繫性。手臂若無法與夾脊相連繫，就無法與腳底相連繫，影響所及的是手臂，手臂不是太輕就是太僵硬。太輕發勁之力道有限，太僵硬在搭手之際容易被對手聽勁，以及勁掛肩頭的關係，很容易被對手由肩部發出；或在將要出擊之際，很自然地動肩或合肩窩的作為，則不知不覺中已將勁力及勁向傳送給對手。所以太極拳學習要領中有「沉肩」的說法，而無「聳肩」的說法，我人可以試著忘掉「肩」！

上盤「手」的第一部分，是「上手」的問題，在與對手對應作為的剎那間，全手臂是隨著腳底的抽旋，如升旗似地使全手臂旋升而起，旋升而起的高度依自己的內在能量決定；不坐腕、不豎掌，不彎肘，則勁力的傳輸快而整，若採「坐腕」、「豎掌」或「彎肘」方式上手，手的長度縮短，接敵後必須以身形腰力補此空間，因此形相俱現，還增加運作時間；若上手之際不是全手臂方式，而是將主力放在前臂或手上或拳上的話，部分能量被提到上盤，於是「上重則下輕」，腳底的能耐減低，以及讓對手可以感覺出來「體態不鬆、手臂不鬆」的訊號，提供了對手採取有效反應的機制。又因主力在上、在前的關係，發勁時幾乎都會有動身前進的情況發生，則有被「引進落空」的危險。

上盤「手」的第二部分，是「姿勢、方向、角度」的問題，接發勁的過程中，接勁時，手肘不可以自行隨意彎曲，搭點不進不退以內抽方式抽卸對方勁力。在將發勁時，維持原手勢狀態、原方向、原角度，不可讓肘或肩稍有下沉、旋動、夾緊的突變動作。不要因為多了一下突變的微動，而暴露了形相及發勁的意圖，失去本可即時發勁的機會，卻在無意間將發勁的第一時機拱手讓人，豈不可惜？在實戰中「時間」是關係勝敗的重大關鍵之一！若在將發勁時維持原手勢狀態、原方向、原角度，肘或肩沒有下沉、旋動、夾緊的突變動作，對手難以察覺動靜，隨後將已練就能由內部運行的勁力，由內而外勁射而出，此時對手想由觸覺反應再採取反制作為，幾乎已不可能，而回天乏術！。

上盤「手」的第三部分，是「手肘」的問題，手肘是上臂與前臂的連結關卡，在上手的過程中，「肘眼」跟著全手臂的旋動而旋動；到定式或定位時，「旋肘」而不可「垂肘」；在上手的過程中，手臂自然伸張，則全手臂有極佳的延展度及流暢度；可進行小S形、中S形及大S形的運作，以增強承受力及發勁力；手肘在發勁的同時，可進行手肘的開展，使手臂有極佳的延展度及流暢度，勁道脆而長，在勁力發放完成之際，使對手有不得不順勢繼續後退，被勁道追著打的「追勁」感覺。

上盤「手」的第四部分，是「形乎手指」的問題，在肘眼向前向上微旋到垂肘位置的過程中，旋動的路線係在前臂骨骼間似有一束旋動軸，節節貫串地向腕部下方旋出之瞬間，勁力在腕部稍作歇息，隨即將勁力通過手掌、勞宮送到四指指腹（拇指除外），由四指指腹勁射而出。

經相當時日的訓練後，手臂能與腳底相聯繫，或各接點都能與腳底相聯繫，上下勁路線有效接通，「形乎手指」的勁力來源明確，接勁時「指」向對手背後遠方打點，發勁時以「指」領軍，並配以陰陽對走的運作方式在其中，勁射對手背後遠方打點，更顯威力。

由上分析可知，藉由各關節、部位的認識、開發及訓練，而為下上協調、節節貫串、完整順暢地運作，當身體動作的一舉手一投足之際，不使有斷續，不使有突變，不使有局部，則可生動作快速、體力節省、能量增大的效果。

任何搭點上之來勁力道，可以有效地經由腳底接引入大地，腳底又可如「手」般揮動鞭子（勁力），鞭子的握柄在腳底。旋動腳底有如揮動鞭子支使勁力擊出。

日積月累之餘，全身各個接觸點都能與腳底相連接，而為「腳非腳，渾身都是腳」能力的誕生。

6－7　接手問題面面觀

雙方對陣之際，不論被動的接或主動的搭，由手部的接觸開始幾乎是不變的現象，因此手部如何與對手接觸是你我必須面對的課題，不容輕忽。

壹、接手前

兩人對練時，以腳帶手，上手中含「無形手」，手將到定位時須有「陽將盡須回陰」的作為。到定位時，腳手之間，還要有連續陰下陽上的「太極之體」的建構。

應敵時，先審敵以決定應輕或應重的「太極之體」的建構，提刀上陣地護自我中門，取對手中門或以「牽引手」、「升揚手」及「S 形延展手」的組合，意鎖對手背後遠方打點，以及「小 S 形」的手法備戰。

貳、接手時

以「引進落空」法之沾粘連隨法、似接非接法或斷手技法，三法視情況擇一運作；或以不作空間進退的「引勁落空」法接化來勁力道；由肘腳相隨接勁；由夾脊接勁；由腳底接（腳接手）勁；甚至於接勁中含鎖勁（鎖在對手背後或背後遠方打點）的方式接手。

參、發勁時

起身前進之際，接點處「原空位」的維持；在短暫而連續前進中，由原接點處將與對方連續衝擊擠壓的勁力，引到肘彎或夾脊，並與由腳底旋升而上的勁力會合於夾脊，提供出擊所須之能量需求；出擊之能量，以滲透式、漸進式進行，不使對手清楚感覺我方之來勁力道；出擊時全手臂以五次或十次的勻稱節奏發放（含手肘開展）；以發勁如放箭的方式放勁；以及同一時間上、下、左、右、前、後的六合；形成多元組合、一氣呵成的方式發勁，都是可行之法。

6-8　接戰思維

壹、不使敵人越雷池一步

國防的領域有領空、領海及領土，不使敵人越雷池一步，纔可確保安全。同理任何接搭點處都應視為作戰點，接點不進不退地以「同時同空」的原則，進行接發勁的處理。

不過這種思維的實現，先決條件，是任何接搭點處須有承受及接化的處理能力，做為後盾才行。這個部分經「手部運作法」、「引勁落空」、「化鎖進打」及「點處理」等的有效訓練。上手之際多元組合，就自然形成防護網，不必經「避實擊虛」的過程，即可在原空間接放對手。

貳、戰敵於千里之外

最好的戰爭方式，是不要讓戰場設在自家院子裡，美國是最典型的例子。兩次大戰除了珍珠港被偷襲之外，戰場都在他國境內，本國境內則可大事生產發戰爭財，以及美國車子的前後保險桿都特別堅實厚重，有狀況時由保險桿的承受使危機降到最低，有效保障乘客的安全。

由上例子來看，離本體越遠的戰爭越安全，所以有了「意透對手背後遠方打點」的想法，接著實現了「意透對手背後遠方打點」之「意力不分」、「化、鎖」等的開發，以及由我人背後向對手背後發勁的訓練，都是為滿足遠方作戰的需要而設計的。

參、動步中戰敵之先

既是接戰應敵，為何一定要等對手啟動後才跟著相對運作？何不將被動化為主動？何不將時間及空間據為己用，爭取主動權？因此對手為前進方式，連打帶衝地出擊之際，我人也可快步地動步前進，並在動步中邊進邊接勁，將接勁的作為（腳底的穿旋或穿旋深度、能量大小，隨對手的速度、力道，憑目視或直覺判定，而相對作為）於接敵前的時間及空間中瞬間完成，待雙方一接手即可發射勁力。

或是對手在原位，我人可以上段敘述的接勁方式，迎上前去，輕沾接點，「意透對手背後遠方打點」，勁如一列（兩手則為兩列）飛快的火車，由勁力的起點（起站），快速通過接觸點（過站不停），奔向對手背後遠方打點之終點站。

在未接敵之前即有戰勝對手的氣勢，且已蓄勢待發，接上即打，快速無比。勝敗於我人的舉手投足之間，在動中誘敵、在動中破敵。

肆、由一成功力打起

此觀念脫胎於1982年的福克蘭群島戰役。1982年4月2日阿根廷派兵進攻福克蘭群島，當年英國宰相柴契爾夫人（外號鐵娘子）果斷堅毅，3日英國即時成立戰時內閣，決定派艦隊前往福克蘭群島，並於同月5日出發，24日英軍首批艦隊抵達福克蘭群島附近的南喬治亞島附近水域，25日英軍攻佔南喬治亞島。歷經海戰、空戰及陸戰，雙方互有傷亡，戰事最後於6月14日，阿根廷守軍投降，戰爭結束。

此戰役中，當時英軍並不是讓戰鬥部隊先在國內基地，經相當時日的訓練、整裝後才開赴戰場的，艦隊含陸戰部隊兩天後就出發，遠赴南半球（英國地處北半球）須19天航程的阿根廷，部隊在艦上加緊操練，有如倉促成軍的部隊去面對以逸待勞的阿軍，情勢顯然不利於英軍。

不待七、八成火候的充分具備，才出擊的作戰思維，給了我極大的啟示。在實務上，雙方一搭上手的電光石火之間，雙方那容得對方一切準備好再挨打？所以才有「對方勁未出盡，未變招之前」是最好的發勁時機之說法。加上個人多年來陰陽運作的熟練度提昇，已能從一成功力的太極結構，在瞬間內可創造無數太極結構的加壓累積能量的能力，更加強了「由一成功力打起」的思維。

伍、虛擬空間的開發

人體的實體空間由於是由實質的物質所構成，因此在勁、力的傳輸時會因實體物質的阻礙而生變，加上手肘的下沉、上升、外翹，腰部的不當旋動，或因膝蓋的屈折等狀況，使勁力折損轉向，甚至於於路線太長（如：由手接到腳，再由腳回到手，總距離約 4 公尺），而耗時。

虛擬空間的開發，除可大量消除以上的缺失之外，身形的變化減小，速度加快（無實體物質的阻礙），「以意催勁」的能力也可逐漸被培養出來。因此運作空間成為「實體空間接、實體空間發」、「實體空間接、虛擬空間發」或「虛擬空間接、虛擬空間發」等三種，依狀況需求，自行擇用。

陸、續航力的創造

「續航力」表示持續航行的能力，續航力越大功能性越強，此交通工具所用的特有名詞，借用於太極拳領域中，如何與發勁相結合？以我的經驗，勁力長度先從「得寸進尺」練起，接著「得尺進丈」，為距離上的訓練；另外是數字的訓練，例如 1！唸到 5！或由 1！唸到 10！的訓練。最後將數字與長度合併練習，達到續航力的創造。

柒、向自己找空間

任何人上手之後，幾乎都不願讓對手輕易地向內挺進，因此撐頂的情形屢見不鮮，除非高手故意設計為陷阱，則另當別論。既要前進，又要敵人不知道，豈不是兩難的事！所幸，諺語「山不轉，路轉，路不轉，人轉」，同理「你不給，我自己創造」，前進的反向是自己，向己方求，既具有絕對的自主性，又具有「引進落空」的效果，對手無法有效聽勁，極易落入下風。

捌、「陰陽相濟」的接發勁處理方式

我由太極圖及世間萬象的觀察中所體認的「陰陽相濟」，不是「先陰後陽」有明顯時間差的陰陽相濟；不是「陰消陽長，陽消陰長」的陰陽相濟；也不是以「線」的方式運作，進行空間轉換的「同時間不同空間」的陰陽相濟；而是「同時間同空間」的陰陽相濟。

玖、「同時同空」的接發勁處理方式

「同時間不同空間」的陰陽相濟，及「同時間同空間」的陰陽相濟，兩者在「同時間」上完全相同，可不討論。所不同的是「不同空間」及「同空間」兩句話，其差異在於發勁時，勁力發放所通過的點是在那個空間通過，以資區別。

「同時間不同空間」是講經過陰、陽的轉換運作後，原陰、陽的點不在原點上，如「左重則左虛，而右已出」的陰陽相濟，若左手受力時，受力點陰化為虛空，轉由右手發勁，以左右手換位的「線」方式運作。發勁時勁力通過的點不在原接點上，已作了空間的轉換。

「同時間同空間」是指原接點就是勁力發放通過的點，空間並沒轉換。例如「點」的發勁，直接在接點上經陰陽轉換，或是腳底向下穿旋作陰、手臂向上旋出作陽，形成太極能量後，均由原接點勁射而出，不同的思維會產生不同的訓練方法或運作方式。

拾、「同時不同空」、單一組合的「同時同空」及多元組合的「同時同空」之比較

表 3

項目	同時不同空	單一組合的「同時同空」	多元組合的「同時同空」
內容說明	接勁時原接點以陰化為虛空，轉由他點陽出發勁。	由原接點接勁後，原接點不進不退，先陰化為虛空。隨即啟動身體有關關節部位（如：手與腳，上臂與前臂或單點）進行單一組的陰陽組合，形成能量後由原接點勁射而出。	由原接點接勁後，原接點先陰化為虛空。隨即快速運作身體各關節部位，進行多元陰陽組合（如：立體三環轉、4 動法，或『有上則有下、有前則有後、有左則有右』之六向組合），從而形成多組的太極能量，再由原接點勁射而出。
	太極結構多為平面太極。	太極結構可為平面太極或立體太極。	太極結構多為立體太極。
	太極組合數量大多是祇有一組。	太極組合數量比「同時不同空」的稍多。	太極組合數量比「單一組合的『同時同空』」還多。
	※以「陽」發勁。	※以「陰陽相濟」組合的能量發勁。	※以「陰陽相濟」組合的能量發勁。

拾壹、仁道的接戰思維

「武」者止戈也，不是為武而武，是為了和平。人們為了興趣，透過武術學習的一拳一腳，或動或靜，從內心覺察收放自如的肢體操作，性情變的沉穩堅定，經由肢體的鍛鍊而強健體魄，達到健身、強身、防身的效果。

武術融藝術、學術、哲理、心理……於一爐，集健、力、美於一體，胸懷仁道的氣度，化干戈為玉帛，以武會友，不以武傷友。因此勁力之發放，是以長勁放遠的方式由對手背後發起，而不是拳拳到肉，短勁透進體內的方式發放（非不能係不為也）。

拾貳、無招、無式、無形、無相的接戰方式

千招萬式背不完，以招對招不勝其煩，放下招式，何等自在！無招、無式、無形、無相的思維，會讓我人早日邁入內勁的開發上、內在的修為上。有了勁力，就可展現「何處挨，何處發」或「渾身無處不太極」接勁與發勁功夫。

6-9　接發勁的訓練

壹、「太極之體」與「太極之用」的內涵

太極勁法離不開「太極」兩個字，太極之「體」指太極「矛盾對立而統一」的結構；太極之「用」指太極「有上則有下，有前則有後，有左則有右」的變化。太極勁法在舉手、投足之際，腳與手之間、腳與腳之間、手與身體之間或單一系統

內，都要建立起比值相等、互相協調的陰陽關係，這個關係就是「體」。因此在盤架子時每一式子中，都要有陰陽的結構在其中，式與式之間有陰陽在轉換，有體斯能用。

在「用」時，如①腳底不斷漩渦下旋的同時，腳踝以上的腿部系統應等量、等速地有如龍捲風似上升的擰轉作為（垂直軸的操作）；②手臂的上臂向後與前臂向前的擰轉，也要有越旋越強，越旋越開展的感覺（S 形延展手）；③腳底不斷漩渦下旋的同時，全手臂應與腳底等量、等速、反向地向前旋出去（有下則有上），都是雙向同時反向運作的。

貳、開合的認識與學習

開與合既是對立，又是統一，是相輔相成的。如欲開必有合，有合則有開。開與合概括了太極勁這個統一體中的兩個方面。同時開合的說法有很多種，在此不做全面闡述，僅以胸背的開合，舉例圖示說明如下。

一、圖示（胸、背部的運作）

（一）接勁─後合、前開（後合前開在同一作為中）

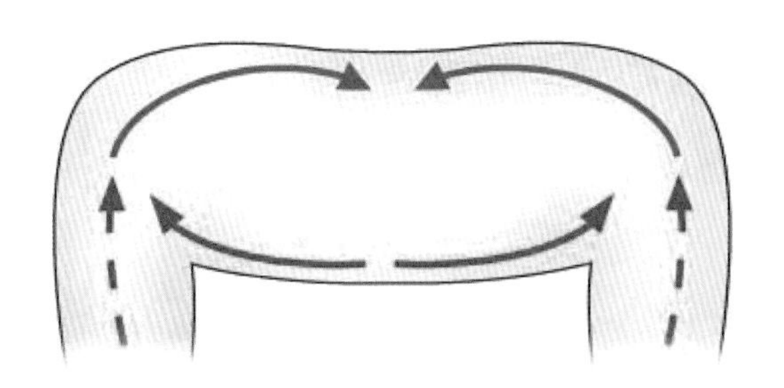

（圖 43）

後合──►將對手來勁力道經上臂向後引向夾脊（陰收）
前開──►雙胸向左右旋開（陽）

（二）發勁─前合、後開（前合後開在同一作為中）

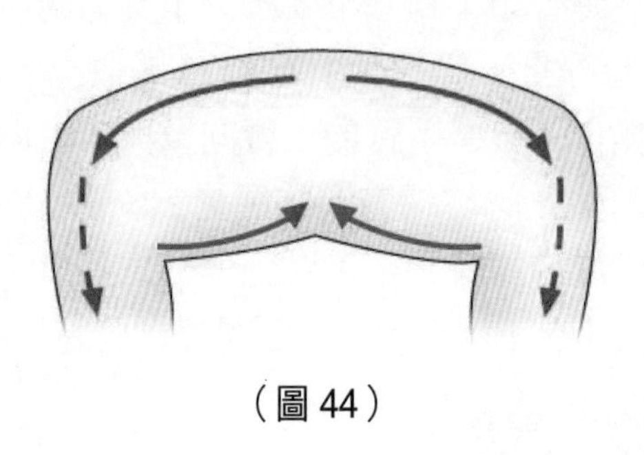

（圖 44）

前合──►左右胸向中央後方旋動（陰）
後開──►由背部向左右旋向前方（陽放）

二、與「牽引手之第一動、第二動」相配合

（一）接勁──後合、前開與牽引手之第一動相配合（身向前手向後）

（二）發勁──前合、後開與牽引手之第二動相配合（身向後手向前）

三、與「負陰抱陽」相配合

由牽引手第二動產生之勁力，推移前胸（含上身），使身體向後移約一手掌長度（使身形移向後腳成垂直腳），並在前腳向後腳推移之際，將推移之勁力由後肩、背部陰沉入腳底，與由後垂直腳入榫後，腳底持續向上旋起之勁力相匯合於夾脊，進而形成發勁能量。

6－10　勁路的圖示（陰陽的軌跡）

勁路的圖示，以近於立體透視的角度予以呈現。在兩人接手的情況下，詮釋的重點偏重於有勁路路線的右邊那一位。向下走的路線代表陰的路線，向上走的路線代表陽的路線，在這裡暫以「陰先陽後」有①有及②的順序說明。

以下例舉五個圖示，簡述初期勁路的訓練與培養，後期的陰陽勁路則皆為①之同時存在，始為完美。

（圖 45）

一、單腳直接直發勁法

從搭點處將來勁力道從手臂、雙肩、雙夾脊部位，以圓化方式，由背部、臀部、腿部接引於腳底，再由腳底循原路線發勁回去。（圖 45）

（圖 46）

二、單腳旋接捲發勁法

從搭點處將來勁力道，以旋接（螺旋方式）或漩接（漩渦方式）接引於腳底，再由腳底循原路線捲發回去（如龍捲風）。（圖 46）

三、雙腳發勁法

從搭點處將來勁力道，以旋接（螺旋方式）或漩接（漩渦方式）接引於雙腳底，再由雙腳底循原路線捲發回去。（圖 47）

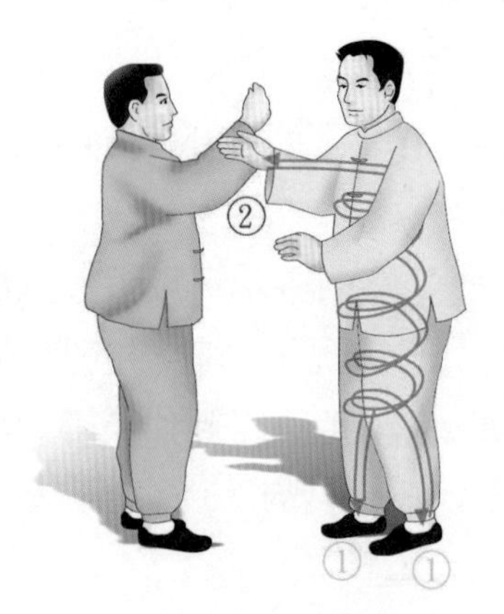

（圖 47）

四、雙腳發勁法

雙腳可獨立行使陰陽轉換的功能，即「一處有一處虛實，處處總此一虛實」的運作。（圖 48）

（圖 48）

五、搭點陰陽轉換接發勁法

從搭點處以陰陽轉換方式，接勁與發勁同時進行。此種接發勁法能量稍差，但速度快，具有第一時間封鎖對方來勁力道，產生有效攔截的效果。（圖 49）

（圖 49）

以上勁路的培養，係指初期由①到②，有時間差的練習法，待技藝純熟之日（後期），則陰陽的運作能力，須由先①後②的作為，提昇為同時為①之「陰陽同出、陰陽同在」的層次，始可在 0.×秒之間達到「何處挨何處發」、「渾身無處不太極」境界的實現。

6－11　呼吸的竅要

呼吸或稱為「吐納」，一般呼吸分為，吸氣時腹部擴大，呼氣時腹部縮小的「順呼吸」，及吸氣的時候小腹微微內縮，呼氣時氣沉丹田的「逆呼吸」兩種。

太極拳通常講「吸氣氣貼背，呼氣沉丹田」，所採取的是「逆呼吸」的方法；我的個人經驗，吸吸時腹部既不擴大，也不內縮的腹式呼吸，採自然呼吸方式。惟接發勁時皆為吸氣方式運作。

6－12　接發勁的訓練

壹、漸進式、滲透式的運勁方式

在接搭手或將發勁之際，漸進式的運作方式會使對手難以察覺，但真實的勁力已在滲透進行中，當對手真正覺察時，多是為時已晚。同時將俗諺：「小不忍則亂大謀」的概念移進實務上，漸進式、滲透式視為小忍，將對手發出去視為大謀，也就是說「小忍可獲大利」！

如為「擊敵如迅雷不及掩耳」的運作方法，看似快速，卻給人強烈而清楚的感覺（因為容易暴露形相的關係）。在實務中，慣於快速出擊或追加一擊的學生，幾乎從未從我身上討到便宜。

貳、背部的接發勁訓練

背部的接發勁初期採「線」的方式訓練，先由接觸點將勁接入腳底，然後再由腳底向接點發勁的運作方式，由於是「線」的走法，路線長時間慢，難符需要。待「點」接勁能力具備之後，則在接觸點上直接以「點」處理，更能呈現「何處挨何處發」之美！

參、前後的接發勁訓練

前後的接發勁訓練，先由各關節部位的對拔拉長練起，接著練「三直發勁法」，再接著練習「前後的發勁法」，最後練到隨時都能同一時間前後發射（如《細說 陰陽相濟的太極拳》之封面），始臻完美。

肆、化勁的訓練

「化勁」是一項很深的學問，有的人想法是「化到身外去」，有的人想法是「化為我方打擊對手的能量」有其認知上的差異，更有其功夫層次上的深淺。在此僅以「引進落空」及「引勁落空」兩種思維及運作方式，分別介紹說明於下：

一、「引進落空」

是以「空間距離」的進退，進行接化的作為。以空間的進退進行接化的作為，可分為以下三種運作方式：

（一）沾連粘隨法：

等量於對手來勁力道之陰（接化）的作為，接觸點與對手保持「不丟、不頂、不抗」的運作方式。

（二）似接非接法：

稍大於對手來勁力道之陰的作為，接觸點與對手維持「若及若離」的運作方式。

（三）斷手接發法：

倍數於對手來勁力道之陰的作為，使對手在接觸點「劇烈落空」的運作方式。

以上作為，因運作需要「空間」，以致產生「時間」的問題，以及「露形露相」的外相顯現，有陷己方於不利情境的缺點。

二、「引勁落空」

不以「空間距離」的進退，進行接化的作為。接點不進不退的方式，將對手之來勁力道由接觸點經「實體空間」或「虛擬空間」引入大地之下。以「原空間」進行接化的作為，可分為二種運作方式：

（一）純接化法之「引勁落空」：

以接點不進不退的方式，將對手之來勁力道由接點引入大地之下；此法雖優於「引進落空」，但僅純接無反陽難以應敵。

（二）接鎖同時之「引勁落空」：

接勁中含鎖勁，既具有防護力、承受力，幾乎可隱藏外相，可將空間、時間歸零之外，又合於陰陽相濟之理。

由以上說明大可知化勁的流程及層次，可細分為五個進階部份，即：
第一階：沾連粘隨之「引進落空」
第二階：似接非接之「引進落空」
第三階：斷手接發之「引進落空」
第四階：純接化法之「引勁落空」
第五階：接鎖同時之「引勁落空」。

伍、「鎖勁」的訓練

「鎖勁」是一個稀有名詞，是在「陰陽」運作，與「意」運作並行的歲月中提煉出來的心得。早期是透過腳底「陰」與「意透對手背後遠方打點」的作為組合而成；近期已能單獨由手部進行如甩魚竿「拋」、「纏」的方式，以「意力不分」方式鎖住對手的相關部位。

在發勁之前能鎖住對手，則對手進也不得、退也不是，發勁顯得輕鬆自在，因此有了「化、鎖、進、打」的看法，在「接發化打」之中多加一個「鎖」字，於是「能接才能發」的說法，進一步成為「能鎖更能發」！

陸、「悶勁」、「截勁」的訓練

「悶勁」、「截勁」出自武式太極拳，在技擊上的表現，不重招勢外形，所重的是勁打勁，也可說是「重接勁打勁，不重招數外形」，與我所強調的「無招、無式、無形、無相」看法是相似的。在「勁」的處理上，當對方的勁將要出來，但還沒出來的時候，迎頭給他打回去，是為打「悶勁」；對方的勁已經出來了，但還沒發充分，威力剛剛發揮，還沒有到最大時，就給他截斷，是為打「截勁」。

以軍事作戰為例，日軍偷襲美國珍珠港海空軍基地的方式就類似於打「悶勁」，以反飛彈攔截飛行中的飛彈是為「截勁」。這兩種勁在軍事上因有雷達等精密設備的關係不難發揮，但在太極勁法上要能悶住對方的勁，或攔截對方的勁，若非對自身勁路及對手勁路彷如眼見的洞悉力，是無法實現的。必須在與對手相接搭手之際，對於以下五項的修為有相當成就後，才可能。

（一）具備透過接搭手而懂得自身及對手身上勁的源頭、勁的流動、勁的落點等能力。
（二）當下能懂得自我身上的陰陽結構。
（三）當下能懂得對手體內的陰陽結構。
（四）能清楚了解雙方相搭之際，與對手相互之間所形成的陰陽結構狀態。
（五）具有與對手相搭之際轉換陰陽、因應對手變化而快速變化的能力（因敵變化示神奇。）

柒、「意透對手背後遠方打點」之實務

一、打到打點上：

例如由 1 打到 5，「意力」由 1 打到對手身上或背後之打點（5）上即止，不再管 6、7、8 等之空間。

二、由打點打起：

例如由 5 打到 10，「意力」由打點「5」打起，往 6、7、8、9、10 等空間前進。

三、送到目標區：

例如由 1 打到 10，以默唸數字方式，將「對手」送到目標區（10）為止。

捌、落空與補空

「落空」者，指以動身形的「引進」，或不動身形的「引勁」方式，將來勁力道沉落消失之意（沉落消失於虛空或沉落於我人腳底，其內涵大有區別），此項作為多在雙方由上手到接搭手的瞬間之作為。

「補空」者，是指填補空隙之意，在技擊層面談，所要填補的部分，大約可分為兩個方面探討，第一個方面是與對手接觸的接搭點處之處理，第二個方面是自身體內與接搭點處間之連繫狀況問題。

從「與對手接觸的接搭點處」看，雙方接觸的剎那，可能是輕度接觸，可能是中度接觸，也可能是重度接觸，不論何種接觸面，總會有空隙的存在，此時若直接由手出（陽），對手的感應（聽勁）會很敏銳。因此要先有陰陽的運作，填補此空隙使與對手無空隙地合為一體，讓對手失去聽勁的能力，而俯首稱臣。

從「自身體內與接搭點處間的連繫狀況」看，由腳底到接搭點處之間是否有一完整的連繫線（可以是勁路線，也可以是支撐線），若無此線，有如飢餓空乏時，全身癱瘓無力般使不上力！所以要以「溝渠灌溉理論」的道理，先使軀幹通路有了氣勁，才能與接搭點處相連繫，於是由我人的腳底，經自我軀體，再經接搭點，到達對手的打點，能連繫才能完整一氣，才能內外相合、下上相合。

由上分析大致可知，「落空」屬接勁時之當下作業，「補空」屬發勁時之前置作業。

玖、「意力不分」的訓練

意力不分的道理，在「『意力不分』之我見」一文中對其重要性已作陳述。其訓練方式為「意」、「數字」與「勁力的運使」相配合，例如：唸 1！時向對手以「意」進半尺，勁力即能送到半尺的位置；接著唸 2！推進到 1 尺，勁力即能送到 1 尺的位置；餘類推。

到了操作能力相當熟稔後，再往 1！為 1 尺，2！為 2 尺（是 1 尺+1 尺，不是 1 尺+2 尺）或 1！為 2 尺，2！為 4 尺（2 尺+2 尺）的長度挺進。

6－13　體、面、線、點的處理

壹、「體、面」的發勁

發勁時身軀係整「體」、全「面」地向前發出去，看似強勁有力，但動作大，身形體相明顯暴露，稍有差池（例如身體先出或後腳底懸空等），一去不回地前衝出去，易為對手牽帶而出。這種發勁方式，多為起步階段的發勁練習。

貳、「線」的發勁

「線」的發勁，係指以腳出手回或腳回手出，即同時「有前即有後」或「有上即有下」的方式運作。其形態呈現方式為①發人者 ←→ 被發者，②發人者⇆被發者，③發人者⇆被發者等多種形態。

參、「點」的發勁

若對手出手速度極快，我人沒有可運作勁路的時間或沒有可運作的空間之狀況下，卻又必須接發勁的話，惟有靠「點」處理才可能解決問題。那裡接就那裡發，這種「點」的處理相當不容易，非具有相當的火候，是很難發揮的出來的。「點」的發勁，簡單作如下兩種介紹。

一、左胸（或右胸）接發勁法

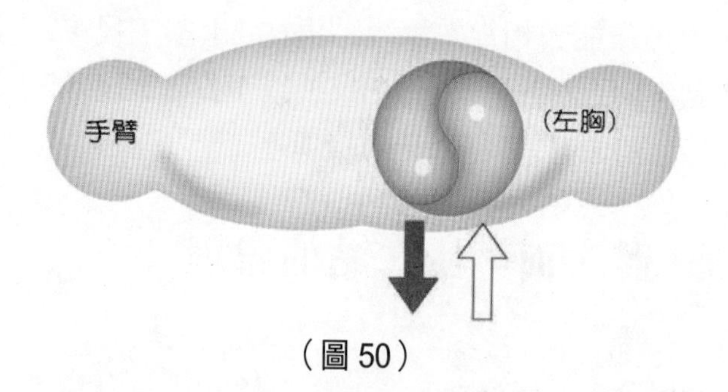

（圖 50）

上圖右邊空心箭線的箭頭處，代表對手的來勁落點，我人先以「陰」接方式化解，接著左邊的實心箭線，表示以「陽」發方式將勁力回轉給對手。「陰」、「陽」的作為，需在幾乎同一時間（約半秒以下），陰陽比值相等的陰陽相濟運作下，才具有承受及發放的效果。

二、胸口（或腹部）接發勁法

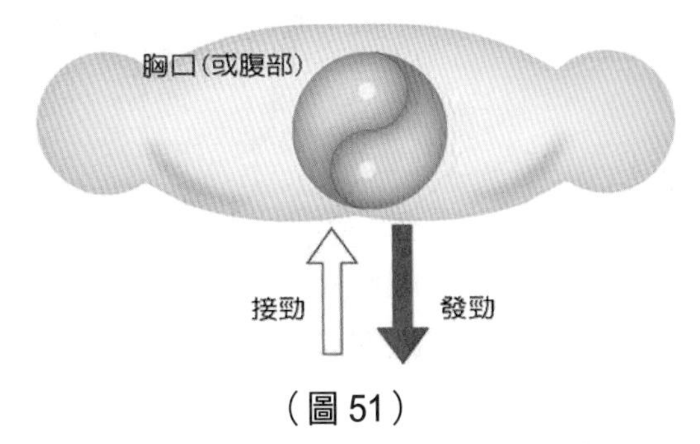

（圖 51）

對手的來勁力道向我人身體的胸口或腹部進襲，我人一樣以半秒以下，陰陽比值相等的陰陽相濟方式處理，發揮勁發人飛的效果。

以上兩圖中太極球體之大小，在運作時須與對手接觸時之接觸點大小相當。若為拳頭即為拳頭大小，若為手指即為手指大小。

接即是發，化即是打，在接點上下工夫，在縮短時程上下工夫，才可能將陰陽相濟的道理展現出來，點點能化解來勁力道，點點能接能發。

6－14　接勁發勁的實用技巧

壹、接勁

首先要有「聽勁」的能力，聽勁不是用耳朵聽。很多人是透過推手的練習，用手、身體的觸感去聽，從搭點處測度來勁力道的大小、方向、意圖等。講到聽勁就難免涉及理念思維的問題，很多人總是說要能達到「一羽不能加、蠅蟲不能落」，且又能「沾、連、貼、隨」而能「不丟、不頂、不抗」的境界，這種看法有其思考面。然而在一陣纏磨再伺機發勁的狀況下，已是「先陰後陽」有時間分隔的太極勁法，而不是陰陽相濟統合為一的太極與我所強調的「無招、無式、無形、無相」看法。同時在纏磨的過程中對手的陰陽變化不易掌握，而自己一味地曲伸蠕動也難免暴露自我缺失的可能，給予對手有繼續施勁、發勁的機會。

搭點不進也不退，由搭點以初階的接勁或中階的接勁方式接引入腳底，因勁接於腳底的關係所以已是「不丟、不頂、不抗」的狀態，「不丟」者對手的手仍然在原搭點上、「不頂、不抗」者對手的來勁力道已成為我方腳底的蓄勁，在我方未發勁之前，不存在「頂、抗」的問題。

這種能力的呈現，其前提是平日裡先要練到對方勁力加在我方身上時，接點處幾乎不動而能由接點處抽卸對方勁力於腳底，待對方快速抽手退回去時，我方人身及重心不會因此而崩出去、衝出去，這種能力的培養是不可或缺的途徑。

同時搭點處能在第一時間作出陰陽轉換的話，則對手的勁力因我方陰的作為而被消解，又因我方陽的作為被封鎖而困死在接點上，其後主動控制權全在我方。這種點的路線速度快、勁道整！因此如何在原接點上下工夫，既是一種思維也是一段需要投入的歲月。

貳、發勁

常言道：「能接纔能發」或「能接必能發」，可見得要發勁，接勁是重要途徑。然而接勁接的對不對，接的合不合理，必須與發勁同時進行，從中去發現問題所在。此外在接勁、發勁中發生的問題，還須從拳架的結構中或拳架的運行中找問題。

在未達完美境界之前，每次與同好切磋發勁時要能即刻找出自我的缺失，也要能找出對方的缺失，試著自己做老師，因為老師不可能隨時都在我們身邊的，要試著自我成長、自我學習。

發勁起始到對方被發出去的過程中及發出去後，自我人體全身舒暢或不順暢的感覺與以前是怎樣的不同？要能達到前後腳可以個別發勁，雙腳亦可同時發勁，日積月累地習練、體會。

當我們的接勁能力逐日增強，發勁效果也不錯之後，發勁時大致還須注意的問題，是發勁後不可一路發到底而不探討過程中存在之問題，例如要能感覺出在接點處是否有與對方頂抗之情形？對方是否正在接勁化勁？自己的勁路是由手推出、由腰轉出或腳底旋出？雙方皆為陰之運作？皆為陽之運作？己方為陰對方為陽？己方為陽對方為陰？或雙方皆為陰陽相濟、陰陽同出等之感應？除了隨時了解對方之作為、實力外，也須隨時修正自我背勢為順勢或製造陷阱，化、鎖、進、打，一發之後無有不變，在變中克敵。

6－15　打地鼠遊戲

「打地鼠遊戲」是兒童遊樂場中，當「地鼠」冒出頭時，遊戲者即以手中的槌子捶打的一種遊戲；同理當我人能清楚明白在陰陽勁運作下，陽勁在身上升起的速度或位置時，即以「意」對陽勁採壓制方式，使陽勁由原高度向下擠壓，於是在上下擠壓之下，下股陽勁會升的比原高度（第一次）還高，再被壓制擠壓之下，陽勁會升的比第一次高度還高（第二次），如此連續幾下，即生增壓效果，能量倍增。有如小孩子玩的竹筒水槍，活塞多抽拉幾次，蓄積水量越多，蓄積量加多，則射出來的水量大、距離遠。其圖示如下：

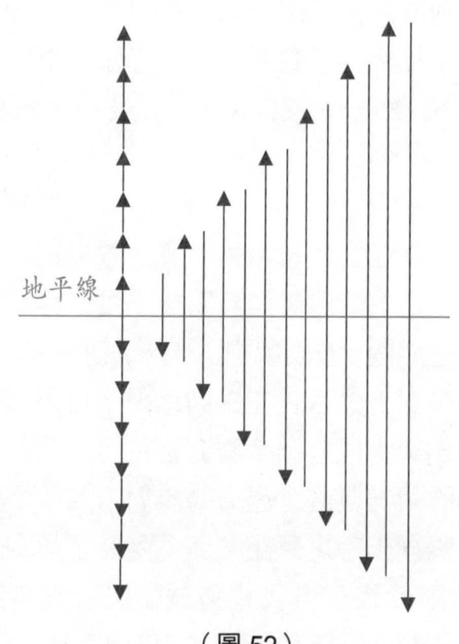

（圖 52）

打地鼠之作為，是凡有陽起必有陰下，形成雙陰雙陽的運作方式。同時此遊戲的基礎，在於「陽勁在身上升起的速度或位置能清楚掌握」才可能，否則是玩不出這道遊戲的。

6－16　接戰時太極陰陽之處理

接點處能轉化陰陽（小太極）之外、並能將接點處的陰接引入腳底（大太極的陰），形成腳底的陰接（中太極的陰），再由腳底反陽（中太極的陽）到原接點上（大太極的陽），所以若在單腳及單點運作的情況下，一個接發包含了一個小太極，一個中太極，一個大太極；又若為雙手承接及雙腳同時運作的情況下，至少有兩個小太極，兩個中太極，兩個大太極。

經由不斷的訓練後，接勁時要試著「聽」出來勁力道之能量、速度、角度，以同能量、同速度、同角度的「陰」接作為，然後轉為同能量、同速度、反角度的「陽」放作為。

先由與對手陽能相等的陰陽作為開始。能力增強之日，陰陽的作為要永遠比對手大而深，或身體反應可達似挨未挨的接法，於是「以強打弱、以快制慢、以大打小、以多欺少」的特色就可展現出來。

6－17　腳底運作方式之比較

盤架、移位、發勁時都離不開「由腳、而腿、而腰、而形乎手指」的流程，由「腳」是最重要的部分，底盤若發生問題，則腿、腰、手指等的功效勢必事倍功半，因此我們可以留意幾種腳底的運作方式，來判定其優劣。

壹、第一種運作方式

是人體快速地向前推移，腳底離地而起，此種運作方式看似強勁有力，但離地的腳底已失去後續補給的支撐，在接戰時若一擊無效即有被對方牽引帶出的危機。

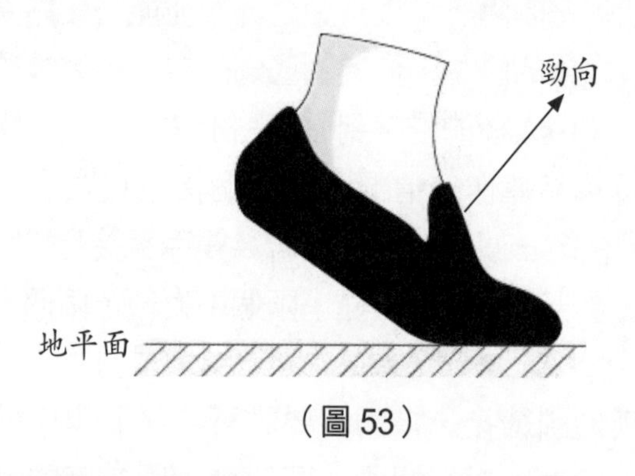

（圖 53）

貳、第二種運作方式

是由腳底向地面「蹬」，而後前撐出去，此種運作方式看似用到了大地的反作用力，產生向前的推力，然而檢查其流程為「先陰後陽」，作為方式為施力於地表，地表回以反作用力，陰陽為個別作為，向前送出後也沒有後續補給之力。

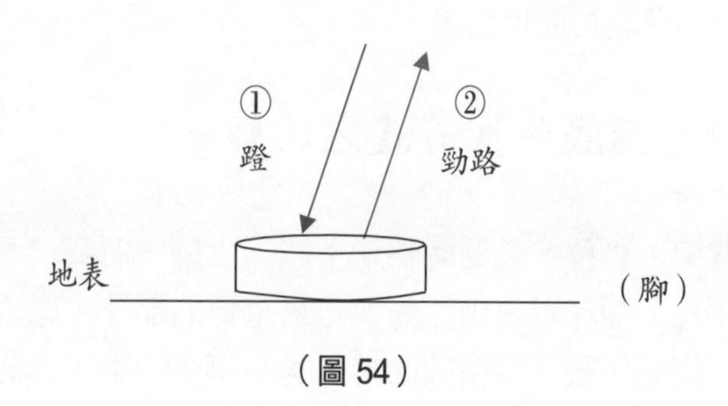

（圖 54）

參、第三種運作方式

先施力旋動於腳底，向地表下直線穿旋，再由陰極生陽反旋而上的勁力，向實體空間的身體中上盤或由虛擬空間向對手傳輸勁力，下上同時相對存在地運作，有如飛機先發動引擎、火箭先噴發火焰後產了動力而向前推進，又在進行中後方的噴氣或火焰仍然持續著，而為陰陽同在、陰陽同出的陰陽相濟，可產生源源不斷的補給力。茲舉三例介紹於下：

一、直線運作法法

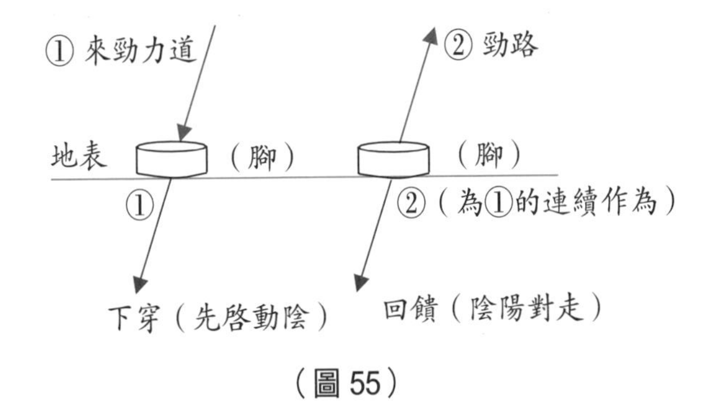

（圖 55）

二、螺旋式運作法

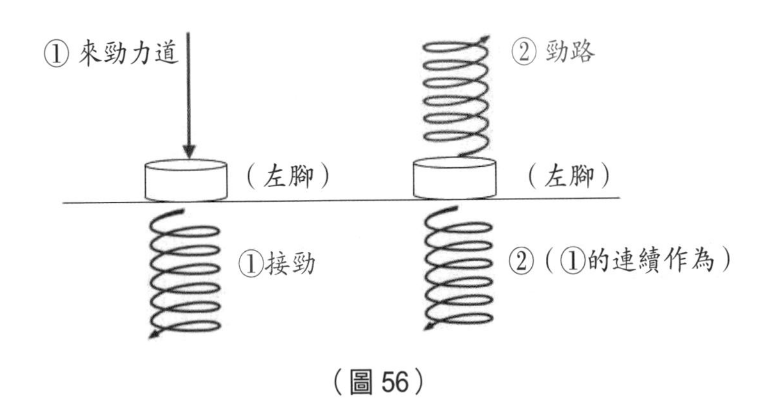

（圖 56）

三、漩渦、龍捲風式運作法

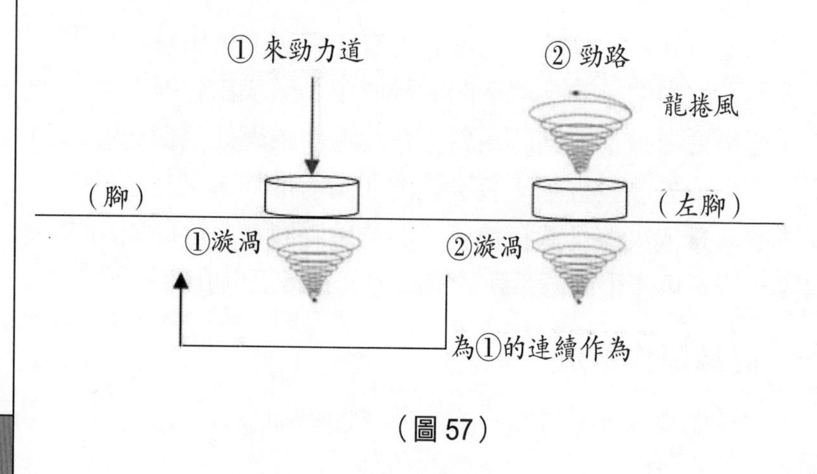

（圖 57）

以上三種的運作方式，在上面第一種及第二種兩種運作方式是人類最熟悉、最習慣的運作方式，第三種下穿或下旋入大地之下的運作方式，是最難見到的運作方式，卻是最合於陰陽相濟的道理，功效極高，試著多練習。

6-18　速度的訓練

壹、必要性

太極勁法（或太極拳）是一種武術，武術總會有試手、接戰的時候，接戰之際勝負常在一觸之間，「快」是勝利的重要因素之一，同時就拳經、拳論而論，也有「沾粘連隨」、「動緩則緩隨，動急則急應」、「敵不動，己不動，敵微動，己先動」、「後發先至」或「先下手為強」等與「速度」有關的論述，因此重視「速度」的練習是必要的。

貳、認知性訓練

一、先陰後陽的練習

接多少讀數，發也多少讀數，假設剛開始接勁的讀數為1！2！3！4！，接著發勁的讀數也是1！2！3！4！。接勁時是將對方來勁力道越接越多、越蓄越多，其走勢為由上而下，有如上小下大的的圓錐體。發勁時將越蓄越多的能量反發回去，其走勢為由下而上，有如下小上大的圓錐體。

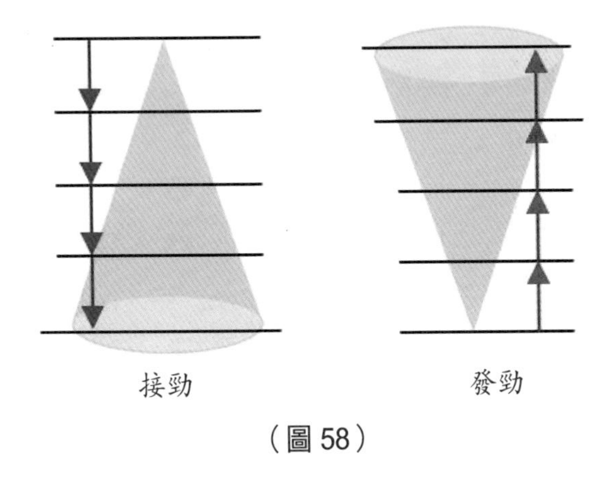

（圖 58）

在左上方的接勁過程中，心中默唸1！2！3！4！完成，由小陰到大陰越接越多。在右上方的發勁過程中也以心中默唸1！2！3！4！完成，由如小陽到大陽越發越多。

此一個接勁發勁共花掉8！的默唸時間，還不在陰陽相濟合而為一的要求，在實務上還難以應戰的。還必須練到如圖4、圖5、圖6、圖7之陰陽同在、陰陽同出才行。

二、陰陽同出、陰陽同在的練習

如第一章　參　陰陽的動作（太極結構）中之圖示，每一動作均包含陰陽在裡面，陰陽同在、陰陽同出地緊密結合在一起。每進步 1！個數字，其接勁發勁的能量要跟前面練習時接勁發勁的能量一樣順暢，則接發同時、陰陽相濟的功夫才算有了火候。

參、落實性訓練

認知性的，誰都會說：「我知道！」，但這祇是「心知」而已，還沒進入「身知」的層次。提昇速度的概念要時時出現，反應於每一項的練習中，呈現於每一舉手投足間。

一、實務練習

以「左後腳移到右前腳」或「右前腳移到左後腳」的 4 動法為例：

（一）雙腳均為陰陽同出練法，且雙腳間又有陽出陰接的運作方式在裡面。

（二）4 動總和不超過 1 秒鐘，再進於 1 秒以內之訓練。

（三）接戰時沒有移位，祇有心中的 4 動軌跡即可發勁。

（四）實戰時，與對手相互動步中，能快速完成前 3 動，接手之際就是第 4 動發勁之時。

二、精進練習

每一個動作或功法的練習，在不改變原有動作的流程下，由 5！→4！→3！→2！→1！；由 1 秒→0.9 秒→0.8 秒→0.7 秒→0.6 秒→0.5 秒→0.4 秒或 0.3 秒、0.2 秒、0.1 秒的實現；或上、下、前、後、左、右「統合為一」一氣呵成的運作能力，越加精進。

同時不論功法的訓練、拳架的運行，接發勁的處理，除了局部動作由慢到快，由局部擴及全體的訓練之外，還要提昇到心念為1！時，已能達到「一觸即發」及全身「一動無有不動」整體勁的呈現，始臻大用。

三、變化練習

接戰貴神速，勝人在一沾之中，既是接戰的需要，也是一種藝術的表現，除了單次接發擊打的速度之外，上手的啟動速度、運行到位的速度、手法的變化速度、過程中轉向的速度（如折疊）、或反應的速度等都還有加強練習的空間。

第七章　拳經、拳論的研修

代代相傳且不斷增添的拳譜（即拳經、拳論、歌訣等），是歷代太極拳研修者獲有造詣後，留下的經典名句，理論基礎，是武技的精髓，智慧的結晶。細細地研讀、探討，當可作為學習太極拳的「參考」資料。

太極拳拳譜計有張三丰的張譜、王宗岳的王譜、武禹襄的武譜、李亦畬的李譜、牛連元的牛譜、宋書銘的宋譜、明代陳王廷的陳譜、清代陳氏的陳譜、清代楊氏的楊譜，以及各家傳抄的眾譜等，由這些史實資料中我們可發現到一個訊息。那就是前人的拳譜並非惟一的圭臬，因此後學者繼續予以修正、補充或拓展前人未盡言的部份。

我們尊崇前人在太極拳上所開創的不朽功業，卻也不自輕我們的智慧能力，前人留下來的拳譜中如有瑕玼的部份，在文化傳承的歷史使命裡，我們當然也有修正、補充的權利和義務，以尋求更真、更善、更美的境界，繼續為太極拳的發揚光大而努力。

個人有幸投入太極拳的領域，在漫漫歲月中看到各地打太極拳的狀況，相較於拳譜中的文句敘述，兩相比對之下，總覺得兩者之間少了一條能夠連得上的線，實務與理論兩者互不搭調，實務與理論有著一段距離。經大膽假設、小心求證的結果，大致歸結出以下問題，值得我們探討。

太極拳在悠悠的歷史歲月裡，一直與外家拳並立於我國國術的殿堂上，屹立不搖。可見她是一種可以纏鬥的武功。

在近代太極拳難見精微奧妙功夫的表現，其原因大致可歸結於歷經外族的統治，功夫傳授者有所保留。真正學到功夫者不多。學有所成而傳入臺灣或民間者也不多。因此大家就多以為太極拳祇能當運動、健身而已；其實太極拳的本質是武功，健康是附帶的。可惜今天學習太極拳的人們，難有這樣的認知。

太極拳是一種玄妙、迷人的拳術。一般人對她多抱持著一顆既愛又帶質疑的心理，「愛」的是傳說中能發揮以柔克剛、以慢打快、力小勝力大的功夫；「質疑」的是要學多久？能不能學到？那樣輕柔的動作，真的可以把人發出去？可以作戰？總不如外家功夫充滿健、力、美或快、狠、準的動作來的熟悉與激賞。

許多人認為那是中、老年人的玩意，不適合年輕人。事實上各場地放眼望去，打太極拳者多是上了年紀的中、老年人；年輕人則多跑到跆拳、空手道、少林拳等的領域去了。這些可說是太極拳發展上的先天不良；而坊間有關太極拳的書籍，以及民間教拳者多以拳論拳，並以拳經、拳論等作為教學的中心。依個人之見，這樣的教法，將觀念、思想困在框框內，甚至認為老師、古人的都是對的，他們不自覺的一些錯誤，一直被延續下來，代代相傳一錯再錯！境界當然無法提昇，這是後天的不良。所以學習人數眾多，投入歲月極多，卻難有幾人脫穎而出。

回想過去在大陸廣大的土地上，交通不發達、資訊欠流通、參考書籍匱乏的狀況下，先祖、先賢們在發展太極拳的過程中，勢必從博覽萬物中探討消息，從獲得武功後才寫下拳經、拳論。太極拳應該存在於日常生活中、哲學思維中、宇宙萬象中。以我個人的經驗，觸目所及的萬象中都存有太極拳的訊息，就看您用怎樣的心態去看、去想。太極拳的研究不見得要從拳論拳，可以「一專多博，再以多博豐富一專」的方式，由觸類旁通中給予我人更多的腦力激盪，擷取精華，化為完美的學習。

此外，「易經」的接觸給了我很大的啟示。易經兩個字大家都聽過，更有投入研習而有造詣者不乏其人。對尚未投入者，至少也看過八卦的圖騰。以八卦圖騰為例，它告示我們八個方位或八種物理屬性。透過學習，例如八個方位可用於陽宅風水吉凶禍福的評斷，八種物理屬性可用卜卦方式推演萬事萬物的變化。

八卦的八個方位分別為東、南、西、北、東南、東北、西南、西北。我人可將此八個方位的概念移於陽宅上，從房屋整層或某一房間內，八個方位的某一方位開始，站在此方位上向前看，逐次移一個方位，直到八個方位都走過後，會發現從每個方位所看到的景物、視覺效果截然有別，並非平日習慣性在教室中、客廳沙發椅上或工作檯前，向前看的感覺。好比在課堂上上課時，老師從講台上面向的是學生、學員的臉及課堂後方牆壁上的佈置。從學生、學員的角度看，看到的是前座無數的後腦袋、老師的臉、黑板及黑板上的板書內容。

在那不變的空間中因方位、角度的改變，我人的感覺、眼光、看法也跟著不同，彷如在這地球的空間中，各國因所處地理位置的不同、利害關係不同，他們所加諸於我國在國際地位上的蠻橫壓力、陰謀技倆、詭譎策略等而有不同，是同一道理。

由上述簡單引喻可知，看事物不宜從單一方向著手，由不同方向切入可得到不同答案。同理可將易經中的八卦，甚至於再加「上」、「下」兩方，而成佛家的「十方」，套入太極拳的領域中探討。

從做學問的立場看，每一本書皆為單一作者個人的見解，並不能代表全部人的看法。同時在寫論文、報告時還須參閱無數人對同一問題的不同看法，才能豐富內容、增強立論。但不見得已是最完美的書籍、論文、報告，還有被其他研究者推翻的可能，這是大家認知的事實。

然而在太極拳的研究上，大家幾乎忘了這樣的思維模式，總把單一個人的拳經、拳論等奉為至高無上的真理、圭臬，我深深覺得這不是研究學問的方法。

同時祇有古人有才華、有能力？今人就沒有才華？沒有發展的能力？也沒有發展的空間？這些想法，值得大家深思與推敲。

7-1　太極、陰陽的問題

前人擇用「太極」兩字，有其特殊含義。以太極而論具有陰陽相濟、陰陽同在、陰陽同出，而為「矛盾對立而統一」的特質。太極圖上陰陽同時存在於一個圓圈的空間內，同一點上進行著陰陽互動的運作。在陰陽同出、陰陽同在，同一時間又同一空間之「同時同空」狀態。陰陽二者係位置對立，但卻統合在一個圓圈之內，具有「矛盾對立而統一」的特質，是二而一，不是一而二的圖示。

就陰陽兩個字來看，兩者物理屬性相反，而為反向的含意，且具有矛盾對立而統一的特質。所以我們可以將陰陽看作上下相對的兩個方向，左右相對的兩個方向，以⇆、⇅、← →、→←的路線同時運作，甚至於將陰陽看作是兩個互動的齒輪，祇要一邊動另一邊必然跟著動之狀態，以↻ ↺或↺ ↻的方式運作，都合於太極陰陽之特質。

由於陰陽具有相互流轉的關係，將以上理論化為實務驗證之後可發現，在一接點上的某一邊做陰時，相對應地同一點的另一邊做陽，也就是有陰就有陽，陰陽同時地存在。如此一來，運用於太極拳上不僅大幅縮短了運作空間，更使速度加快、勁道加大。

由以上的太極圖內涵、陰陽互動關係、世間萬象中，給了我們兩點很重要的啟示，其一：陰陽是同時存在的，因此在做陽的作為時要同步有陰的作為，也就是每一個動作要有陰陽兩者合而為一的特質。其二：陰陽要同時啟動且接觸在一起纔能產生能量，所以太極圖上的陰陽是連在一起，中間沒有間隙、也沒有鴻溝。

7-2　拳譜中對於「理」的描述存有不合理的矛盾問題

壹、「……有不得機得勢處，身便散亂，其病必於腰腿求之……」之研討

在張三手太極拳拳經這句話中可發現的問題為，得不得機、得不得勢必然是在雙方試手接招的狀態下，不在試手接招的狀態下，通常自我盤架子時是難以發現的。

當雙方在試手接招的狀態下，我方若不得機或不得勢，或既不得機又不得勢之際，其實就是對方得機得勢的時刻，對方又能拿捏的準、火候又不錯的話，已是對方發勁的最佳時點，而被對方發出去勝負已見！否則永遠不會有敗者！

真正的接發勁功夫，常在半秒或一秒鐘內即見分曉！有不得機不得勢者，想在這樣的時間內，回顧自身在腰腿上求之的機會，可說是緣木求魚。

從「……有不得機得勢處，身便散亂，其病必於腰腿求之……」中，可見有值得商榷的空間，這句話不太符合實際臨場情況，因在己方不得機得勢時，對方怎可能像木頭人般不會反應？除非己方是高手纔可能修正腰腿的問題，但既是高手又怎可能發生不得機得勢的情況？高手是既要取得己方的得機得勢，還要製造對方的不得機不得勢。火候差者難有「……其病必於腰腿求之……」的機會的。除非！事後做為檢討的切入點。

貳、「以柔克剛」的不合理

所謂獨陰不生、獨陽不長，這是天地之理，獨陰不能解決問題的，因此以柔克剛誤導了人們思維走向，當然發生了問題。何況王宗岳太極拳論中有謂「……人剛我柔謂之『走』……」，其中用的是「走」字，並非「克」字！以柔克剛這個思維問題，我們可由不同的方向予以探討。

從太極圖看，太極圖是一陰一陽或半陰半陽的結構，偏陰偏陽都不對，而以柔克剛是偏陰走向，以柔為指導方針近於「太陰」之勢，與太極可說是沒有關聯。

從流程來看，以柔克剛的柔是手段也是目的，「柔」一字兼二職；但由太極本質來看，既要用陰也要用陽才合於太極本質，陰陽〔柔剛〕二字各兼一職，柔為手段剛為目的，兩者各有其功能。

從天地之理看，所謂獨陰不生、獨陽不長，天地間本來就存在著陰陽相濟的結構，獨陰、獨陽都不對的。

從數學立場看，我方所展現的是太極的話，應該是−號（陰）及+號（陽）的共用，當對方出擊+號的陽剛勁力，我方則以陰柔的−號與對方正負相消，使對方勁力消掉，接著再用我方+號出擊，最後擊敗對方的是我方的陽剛之勁，我方的陰柔陰消的作為，僅祇是一個過程而已，不是結果。

從武學立場看，日本的柔道相傳是由中國的柔術演化出來的，柔術、柔道都以「柔」字開頭，但從來沒有人將柔術或柔道稱為太極拳。

因此在看太極圖時不要祇看到黑的一面，而忘了白的一面，太極拳不是以黑為主體，應該是黑白地位相等，陰陽相濟才對的。

在王宗岳太極拳論中，除了「……人剛我柔謂之『走』……」，其中用的是「走」字，並非「克」字之外；還有「……陰不離陽，陽不離陰；陰陽相濟，方為懂勁……」的文句，從以上兩組文句中清楚地看到，重點並不放在「以柔克剛」。

既為太極就必須有陰有陽，放之體用之「用」上面，當外來之勁力加諸己身時，我人僅以「柔」就能克敵而不必用「剛」的話，豈不應叫做「太陰拳」？若太極圖上祇有陰面而沒有陽面如何可稱太極？

同時若陰已能解決問題的話，何需再研究發勁？又何需強調陰陽相濟？以柔克剛、發勁與陰陽相濟這三句話並列在太極拳的領域中，其自相矛盾的說法豈不一覽無遺？

就像任何國家都須厚植國防武力，當戰爭來臨時才能抵禦外侮，不設國防僅以陰柔、退縮、低調處理而能長治久安？所以「以柔克剛」這句話令人質疑，應該用「以柔化剛」或「以柔蘊剛」才見合理！

這段否定「以柔克剛」的看法，並不是說太極拳有問題，而是應將「以柔克剛」的思維調整為「陰陽相濟」的思維。先以陰柔化解對方之陽剛，然後再以己方的陽剛出擊，且能在同一時刻展現「陰陽相濟」之效果則更好，這樣既有陰也有陽才能說是「太極」拳！由上種種分析可知「以柔克剛」不足以承擔太極拳的大任。

參、「步隨身換」遜於「身隨步換」之理

一般學習太極拳的學習者，常被灌輸「步隨身換」這句話，也常不自覺地接受這種理念，但嚴格來說這種方式運作的思維，在實務上，因身先動的關係，會使胸部挺進、手臂撐出，暴露形相地告訴對手「我來了！」，殊為不利於己的作為。

觀察人類、動物的移動或移位，那一項不是用腳動的呢？甚至車輛的移動，也是車輪滾動而帶動車身的。身體的移動其動能起於最底部，打拳時應該是由腳（或步）先動，而後才有身動、手動，才能與「由腳、而腿、而腰……」之語意相配合。因此在太極拳領域中，除了「步隨身換」之運作方式外，「身隨步換」一樣是可行的一條路，甚至是更為正確、更為合理的思維及運作方式。

肆、「借人之力」、「以柔克剛」、「化勁」、「四兩撥千斤」及「一羽不能加、蠅蟲不能落」之混淆

這幾句令人易生混淆的文句。每組文句個別來探討都看似有道理，但將其組合在一起時，卻顯現剪不清理還亂的糾葛情節，為甚麼？

因若為「一羽不能加、蠅蟲不能落」或「以柔克剛」，如何能「借人之力」？若為「化掉來勁」之「化勁」，何需「借人之力」？又若需「借人之力」，何需「四兩撥千斤」？何不借用對方之力？若不「借人之力」，那要用何力、何勁作戰？

以上文句在在存在著自相矛盾的瑕疵，在糾結不清的情境中，太極拳功夫當然難以撥雲見日！

伍、「彼不動，己不動；彼微動、己先動」之問題

這幾句話看似簡單明瞭，其實若是彼不動而己亦不動，待對方動時才動，則永遠處於被動，已失了先機！實務上在上手時或上手前應已意動、心動、內動地完成備戰狀態。且可以極微的內動方式誘敵，引動對手根部，使對手根部浮動，就容易獲得戰果。

陸、「以動制靜」與「以靜制動」之比較

太極是兩個不同物理屬性的組合，它的功能發揮需兩者互動，緊密地結合在一起同時運作才行，有陰動也有陽動，也可以說既有陽謀也有陰謀，但以靜制動的說法卻是分割的片段，是先純靜後純動，與太極本質的陰陽互動的相生相長有段距離。

觀察各國的國防，在平日都以雷達或電子設備在偵搜領海、領空或領土，特工人員活躍於敵國境內，這些就相當於不形之於外的「內動」，待敵國飛機、軍艦或飛彈來襲時，已掌握其路線、速度、數量，作出適時、適當的「外動」反

擊。為求得生存必須隨時隨地無處不在動，且是長時間的內動（平時流汗、流血的訓練）之後纔能發為短暫的外動需要（養兵千日用於一時）。

同理，雙方一對上陣或搭上手時，已由無極進入太極，而進入陰陽同生之階段，生陰生陽屬「動」態之狀態，此動態不論是內動或外動，都在動態範圍，不是「靜」態，而為動態開始，靜態收尾（戰事結束）。因此可知「以動制靜」是在陰陽互動之中而同時變化，勝於「以靜制動」的說法。

柒、「動之則分，靜之則合」之定位

「動之則分，靜之則合」帶給太極拳愛好者的，是正面的價值或是負面的效果？第一以「事實勝於雄辯」的立場看，全世界的家電製品、電訊等，當要使用而啟「動」時，不都是將開關內的陰陽兩極接通以產生電能？這不是「動之則合」？不用時關掉開關，使陰陽兩極分離不再運作，這不正是「靜之則分」？第二由太極拳本身的拳經、拳論中舉兩項說法來看，其一是「陰陽相濟」，陰陽「和合」才能相濟；其二是「勁」要「均整」，才能展現整體勁。而整體勁是渾身不破體、一動無有不動，合而為一地運作才能實現，不也是「動之則合」的最佳明證？

所以動、靜、分、合四個字，在實務運作上，合理的定位或組合排列，應該是「動之則合、靜之則分」！

捌、「仰之則彌高，俯之則彌深」之探討

「仰之則彌高，俯之則彌深」的原意，是說人高我亦跟

著高、人低我亦跟著低之意，如此說法，若是個子矮的如何跟高個子「人高我亦高」？既高不上又會腳根虛浮！若是高個子如何跟矮個子「人低我亦低」？豈不折腰斷背？

同時「仰之則彌高」僅為「陽」的作為，「俯之則彌深」僅為「陰」的作為，都僅是單陰或單陽作為，陰陽同在的「陰陽相濟」效果怎會產生？與「太極」的陰陽同出之本質相背離，怎能論「太極」？

7-3　後人誤解拳譜真實含義的部份

壹、「其根在腳、發於腿、主宰於腰、形於手指」重點所在

這句話常人多以腰為主宰看待，因此以腰帶動四肢，疏忽了其「根」在「腳」的重點所在。此「根」與「腳」之關係，依我的分析，約可分為腳下長根；以人體由下而上之腳、腿、腰、手而論，其根本在腳；起動的根源在腳等三種看法，我採三種看法之組合法，除可與前述「身隨步動」論點相呼應，同時也重視「根」的養成。

根具有可變動性、可調節性的性質，若能練出有如大樹盤根錯節般的根，則接地之力增大、接勁能力增強、發勁威力提昇。此外還須練到在起身動步之際，移位換形之一剎那，時時有根、處處有根（活步根）才能滿足實務需求。

貳、「一動無有不動、一靜無有不靜」的比較

前一句話在敘述「動」的部份，要能意動、內動、全身各部都在動，合於太極拳由無極動而進入太極後一切都在動的狀態。

然而用在「拳架」中，卻被一般人解讀為手到腳到、腳動手動是一起動的，忘了「節節貫串」這句話。我們知道任何「路徑」永遠是一步一步地逐次前進的，不可能一蹴而成，所以要細心體會節節貫串的道理，這是萬物之理，手到腳到或腳動手動地同時動作，不符合萬物之理。

因能量從腳底傳輸到手上，不論動作如何快總會有零點幾秒的時間存在，也就是說一定有節節貫串的流程與時間，不可能腳動手動是一起動的，打拳架一定要有節節貫串的感覺才對！

至於「一靜無有不靜」也不見得對的，因有「勁斷意未斷」之說，告示我們並非全靜。且在雙方接戰的過程中，一方祇要稍有靜態現象（例如：來勁化不掉，被來勁鎖住困住的那一剎那時刻，即將成為對方發勁的時機。

參、「一處有一處虛實、處處總此一虛實」的認知

這句話一般教師或學習者多以手、腳分清虛實來解釋、來看待，其實這種解釋是錯誤的！為甚麼？因這句話若為「一處有一處虛，一處有一處實、處處總此一虛、處處總此一實」的寫法，纔能說是「分清虛實」。

原文的「一處有一處虛實、處處總此一虛實」這句話，擴大一些來看就是「每一處有每一處的虛實，每一處都離不開此一虛實」之意，即對方觸及我方之手時，我手部搭點處就要形成一個太極，對方為陽放我方為陰收。若搭在我方其他部位，我方其他部位也都形成太極。即有三、四個搭點，就有三、四個太極的形成。

三個接搭點三個太極

（圖 59）

四個接搭點四個太極

（圖 60）

再者若由我方搭在對方身上時，與對方每一個搭點處也都要形成一個太極，又因有陰收的作為，對方的陽能已被消化或轉化，失去繼續前進攻擊能力之際，搭點處就是我方出擊的時間及發勁點，而臻同一時間同一空間「化是打、打是化」的效果。

總之「一處有一處虛實、處處總此一虛實」是更高層次的思維、更高層次的功夫，千萬不要將「一處有一處虛實、處處總此一虛實」落入一腳為實，一腳為虛的框框內。

肆、「虛實分清」的看法

這句話部分人們都認為應該一腳為實、一腳為虛，一手為實另一手則為虛，這樣的看法未免太簡單化啦。

若將「虛實分清」作為一腳為實一腳為虛的解釋，那外家拳各門各派何嘗沒有虛實分清的問題與學習？也就是說，虛實分清不應是太極拳的特質或要領。例如外家拳的腿術中若沒有穩定的一隻實腳，另一腳能起腳踢出？若單一實腳是最好的道理，上天何必賜給人類兩隻腳？又若祇是這麼簡單的道理，前輩們何必提出這句話？

我所以認為未免太簡單化的理由，因在張三手太極拳拳經中的用語為「……虛實宜分清楚……」，並非「……一腳為實、一腳為虛 ……」，同時虛實宜分清楚的後語接著為「一處有一處虛實、處處總此一虛實」，若為「……一腳為實、一腳為虛」的說法，則無法與「一處有一處虛實、處處總此一虛實」串聯一氣。又在王宗岳太極拳拳論中的用語為「……陽不離陰，陰不離陽，陰陽相濟，方為懂勁……」，以及清代陳鑫的拳論中有「……五陰五陽是妙手……」的說法，再次可見陽中有陰，陰中有陽的說法，並非陰陽分離的。

太極圖為陰陽連在一起，中間沒有鴻溝。不是前一腳為陰，後一腳為陽或左腳為陰，右腳為陽，分離的陰陽。也就是前後腳分離，左右腳分離的狀態，不屬於太極陰陽的範圍。道理很簡單，那就是外家拳也有前後腳分離，左右腳分離的狀態，卻沒有人說外家拳也是太極拳，而會外家拳的人也沒有人肯說，他們的拳就是太極拳！

拳名「太極」就與太極有關，太極應與太極圖有關，而太極圖又與兩件事有關，那就是陰陽，陰陽要同在纔能陰陽相濟。就我的認知，太極陰陽牽涉到四個問題，**一是牽涉到時間問題**，即作陰作陽的時間要相等。**二是牽涉到地位相等問題**，陰陽份量要相當，譬如清代王宗岳拳譜中提到的「陰不離陽，陽不離陰；陰陽相濟；方為懂勁」，清代陳鑫拳譜中提到的「……五陰五陽是妙手……」，都有陰陽地位相等的見解。**三是牽涉到能量傳輸問題**，見「接勁發勁的速度訓練」，譬如依來勁力道抽卸於腳底，要與發陽勁於上方的能量相等。**四是牽涉到能量的產生問題**，譬如美國的航太總署為了將太空梭送入太空，而設計了巨大的燃料箱，作為動力的來源，始能有強大的推力（後噴），以產生強大的前進力量。因此陰的通路與陽的通路一樣粗細的養成（或意念導引），是必須考慮的問題。

以上例舉，在在說明了陰陽相輔相成比值相等的互動關係，陰陽各有其功能性與價值性，太極圖並沒昭示我們天地道理是一者為一百、一者為零的狀態，若如此太極圖應該是全黑或全白的。怎會是黑白各占一半？

雖然白紙黑字，字字躍然紙上，但它並不是片面的字義，字字句句都是前輩們具有武功心得後轉化為字句的，由武功立場來解說的。「虛實分清」四個字蘊含了整個太極圖的奧妙，所以虛實分清的研討應放在太極圖的領域上剖析，不宜從文字的表面上加以解釋。也可以說將虛實分清擺在一腳為實一腳為虛的層面上，是搞錯方向啦！

真正的虛實分清之意，是指各腳可自行進行虛實之運作，各手可以自行為陰陽之運作（參見圖 27、圖 28、圖 29），甚至身體的搭點處也可以自為陰陽，處處不離陰陽同體存在、陰陽同時存在的境界，要練到處處能感覺的出、能檢驗的出，在接勁或發勁的一剎那間，陰陽同比例地相生相長在同一點上、或陰陽相互流轉能量逐漸增強的效果。

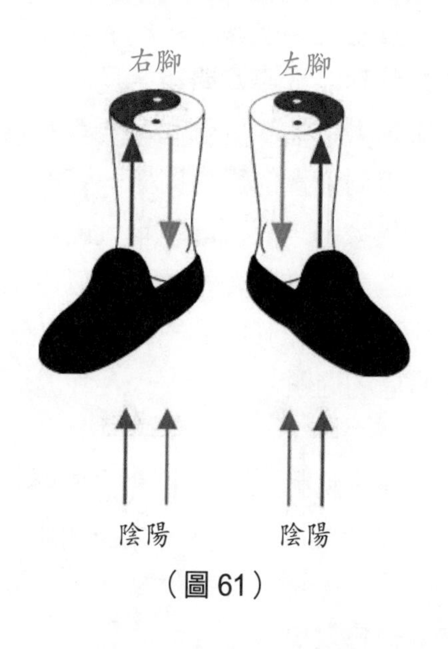

（圖 61）

伍、「有上則有下，有前則有後，有左則有右」的解讀

張三丰太極拳拳經中「有上則有下，有前則有後，有左則有右」，在這樣的文句裡表示「上、下」的同時存在，「左、右」的同時存在，「前、後」的同時存在；既然是兩者同時存在的「有上則有下，有前則有後，有左則有右」寫

在前面，而「虛實宜分清楚」寫在後面，在同一篇文章中不可能前後不一致地陳述，否則就產生了矛盾。因此可知「有上則有下，有前則有後，有左則有右」的文句，是敘述與太極圖有關、陰陽同時運作的理念，有如太極圖的陰陽同時存在，黑白同時存在一樣。

陸、「左重則左虛、右重則右杳」的剖析

這句話部分人們多將它解釋為，當來勁力道加在我方右手或右腰時，卸放掉右手或右腰的來勁道，然後轉由左手或左腰出擊，或來勁力道加在我方左手或左腰時，卸放掉左手或左腰的來勁力道，然後轉由右手或右腰出擊之同一時間不同空間（左右旋轉需經一尺到半公尺的空間距離）的圓轉動作，是用「線」作戰，若如此則較之「一處有一處虛實、處處總此一虛實」的作為時間長反擊慢。

另一種的解釋是與「一處有一處虛實、處處總此一虛實」意思相同，祇是用語不同而已。在任何一個搭點處均能展現陰陽流轉的能力，在一接點上的某一邊做陰時，相對應地同一點的另一邊會有陽的反應，也就是有陰就有陽，陰陽同時、同空間地存在，則與「一處有一處虛實、處處總此一虛實」的境界完全相同，以「點」作戰，則時間短反擊快。

「左重則左虛、右重則右杳」的層次，到底應該是等於「一處有一處虛實、處處總此一虛實」，或不等於「一處有一處虛實、處處總此一虛實」的說法？我個人較傾向等於「一處有一處虛實、處處總此一虛實」的說法，因為王宗岳太極拳論中有「……雖變化萬端，而理為一貫……」的用

語，也纔能呼應張三手太極拳拳經中「一處有一處虛實、處處總此一虛實」的提示。

何況兩組文句所表達的意境若不相等，則表示王宗岳沒有承接張三手的太極拳思維之外，展現於武功上，一者作為時間短反擊快，一者作為時間長反擊慢，兩者意境及功夫層次不可相提並論！

柒、「蓄勁如張弓、發勁如放箭」與「擊敵如迅雷、雷發不及掩耳」的關係

「蓄勁如張弓、發勁如放箭」與「擊敵如迅雷、雷發不及掩耳」相互輝映，由於放箭、迅雷的字眼，使人連想到的是「速度」問題。但從太極圖上可看出陰陽的作為時間應該一樣，若陰的作為時間長，而陽的作為時間短，陰多陽少，就成為扭曲變形的太極圖，不合太極圖之結構。此外陽出越明顯，越會成為對手腳底的動能，越有被對手接勁、發勁的機會，反而使自己處於不利地位。

同時拳經中「蓄勁如張弓、發勁如放箭」這句話的上一句話為「運勁如抽絲」，提示我們在接勁或發勁時，都應像抽蠶絲般「慢」而均勻才行，太「快」就會把蠶絲抽斷了。

因此張弓、放箭祇宜以相對比喻看待，是一種有拉、有放相對狀態的敘述，不能純以時間看待。「快」不是一種「有為法」，快應該是一種「無為法」，是隨著對方的速度、運作狀態而相對反應的速度，也就是隨對方的反應而反應，才能符合「沾粘貼隨」及「動急則急應，動緩則緩隨」的要求。

捌、「一羽不能加、蠅蟲不能落」的看法

用在聽勁上這句話滿有意境的，鬆柔程度高、觸覺靈敏者很容易表現出來。但聽勁後還需發勁，發勁時由於不可能隔空打人的關係，勢必要接觸到對方肌膚，相對地又給了對方接發勁機會，因此「一羽不能加、蠅蟲不能落」的思維，並沒把問題解決；它祇彷如音樂的前奏曲，還不是主題曲。

因此既要接觸對方肌膚，也要給予對方接觸肌膚之誘餌，才能在接觸中了解對方的勁道、走向、僵死點、鬆柔度等，達到懂勁效果，而採行最佳方式克敵致勝。

玖、「……活如車輪……」的深層含意

王宗岳太極拳拳論中有「……活如車輪……」的文句，初看好像很容易懂，其實這句話讓我們再往下深兩層來看，其一是車輪要隨著車軸的旋動而滾動，其二是車軸要在原車軸存在的那個空間位置上旋轉。傳動軸關係著車輪的運轉效果。以車子為例，在行進間傳動軸若是不在原空間位置上旋轉，而是隨時偏來偏去的話，請問車子能繼續開的下去？

在傳動軸不偏移的空間位置上，帶動車輪滾動。這樣的「……活如車輪……」才有意義。若祇一味地滾動腰部，而不知車軸的（在人體上可以『垂直軸』看待）關聯性，動不動就偏離原空間位置的話，勢必影響勁力的傳輸。所以張三丰太極拳拳經中特別提到「……腰為主宰……」及「……有不得機不得勢處，身便散亂，其病必於腰腿求之……」，有其特殊含意的。也纔容易解說張三丰太極拳拳經中提到

「……無使有缺陷處，無使有凹凸處……」的可能。

拾、「拳打萬遍，神理自現」的可能性

這部份涉及兩項問題，若是體用處於上述「矛盾」、「不合理」的境界裡；又譬如尋路在一開始就走錯方向的話，是永遠走不到目的地的。因此拳打萬遍，未必神理自現！

拾壹、「腰爲主宰」的主宰涵義

參請見「本書 4–1 中盤腰的訓練」的內容。

拾貳、「不動手」的功能性

太極拳理及萬物之理中，明白告訴我們，一切皆為「由下而上」，一個人由腳、而腿、而腰、而手約有近兩公尺之距離，有了空間，就需要時間才能完成約近兩公尺的路徑，由腳底啟動，傳送於手上，勢必有一小段時間，手動、腳動的時間，在學習的歲月裡不會一致，也不能一致，不可能手腳一起動，所以拳經上才有「節節貫串」的說法及提示，手腳一起動就違反了萬物之理，當然也違反了太極拳之理。

「拳」字是用腕力捲曲手指成拳形，是「手」部的動作，因此提到太極拳，就會有動手用拳的意念，這是人類很自然的本能反應。

太極拳拳理告訴我們「太極不動手、動手非太極」和「手非手、渾身都是手」兩句有關於手的話。在第一句話中明示我們不可「動」手，手是要隨身動、隨腳動的。由第二句話看，其境界更深一層，此手字是我人身與人接觸之點，

也就是與人接觸之各點都是手，都是感應的區域，都是接勁、發勁之點。

不動手丟掉拳，大家一定會疑竇叢生，既然不要拳為何要掛個拳字？為何要練拳架？不練拳架怎能稱為太極拳？種種問題連串而出。其實拳架是達到內在修為的階梯！當我人從拳架練習中悟到如何不動手，漸及於不動手情況下產生了「質」的變化、「量」的變化後脫胎換骨的太極拳，才是真正的太極拳，才是可用的太極拳，它是由無練到有，由有練到無的修行。

不動手是要我們養成動腳的習慣，是不用手作手部作為。是由內氣牽引、旋動身體，從而帶動手，並順勢延展而成為拳架。是將己勁沉化於腳底後，陰極生陽，節節貫串而上，使腿、腰、手跟著動。有如大樹由根部吸收養分，才有能力補給上面枝葉的成長。或是由腳底將搭手處之外來勁道、力量作同方向旋動抽吸於腳底、則對方無法察覺我方之變化，而臻化是打、打是化之功。看似手在動，其實都是由內動形成外動，符合不動手之理。

不動手，不是手不動，是不用手作手部作為的意思，手的動作交給腳，交給身體帶動。不動手容易使手部鬆沉，不致於送力給對方，既可避免頂撞情事，又可增強聽勁、接勁、發勁的能力。

7-4　引用錯誤思維的部份

壹、「天下之至柔馳騁天下之至堅」的片面性

「天下之至柔馳騁天下之至堅」這句話是對？是錯？還是半對、半錯？讓我們從萬象及事實中看問題，畢竟事實勝於雄辯！

老子生長的那個時代，是未開發蠻荒大地的時代，是洪水、猛獸、風災等肆虐的時期，看到的是狂風暴雨的威力，無緣看到人類近代科技的成就。當然不知道鋼筋水泥建築承受風力的能耐，不知道剛性的水壩能將柔性的水積困在水庫內，也不知道進行軍事作戰發射的是固體的飛彈，或「水刀」也需水在剛性的機械體內經加壓後才能產生，因此剛性的實用性、價值性不容否認。由這樣的推理中可知，老子說那句話有他的時代背景，若是換為今天是否還真能用同一句話？

人類有男女、動植物有雌雄、電因正極負極而發光發熱，每天有白天黑夜，天地間本來就存在著陰陽調和、陰陽相濟之結構和景象，這是不爭的事實。但「天下之至柔馳騁天下之至堅」這句話，卻漠視陽剛之存在性及價值性，一味強調陰柔是至高無上的，對事實存在之萬象視而不見，顯然不符天地之理。畢竟「人法地、法天、法道、法自然」這是大家公認的道理！

再以人體之生理結構來看，剛性的齒雖較舌提早離開人

體，但無齒能吃東西嗎？所以需要補齒、植牙或裝假牙，以解決咀嚼的問題，或由全身無數的骨骼形成的骨架，才足以容納人體運作所需之器官，支撐肌肉、血管、筋脈等的存在與運行。試想，人若無骨將是一攤甚麼？還能成為人？

此外今天人類能夠認識恐龍等物種、或其他生物的過去，所憑藉的不是該物種的舌、肉、皮等已腐爛的「柔」性部份，靠的是「剛」性的牙齒、骨骼之化石，才足以拼湊出牠們的原來面目，進而認識地球氣候的變化等問題，誰能說「剛」是無用的！

因此從「人間萬象」中找答案是最實在的，看看過去人間萬象，想想今天人間萬象，那「天下之至柔馳騁天下之至堅」這句話是否必然是對的？是否適用於古今？再者若「天下之至柔馳騁天下之至堅」是最高指導原則的話，極柔軟然後極剛強的「剛強」就不具有意義，也沒有存在的必要性；若極剛強有其必要性，承認要有陰也要有陽，則天下之至柔馳騁天下之至堅，顯然存有破綻！

事實上太極為有陰有陽，陰陽相濟才是太極拳的根本基礎，可知「天下之至柔馳騁天下之至堅」這句話，難以構成太極拳之當然特質。

貳、「極柔軟然後極剛強」的立足點

有人認為太極拳應該「以柔克剛」，以柔克剛是根據拳論的「極柔軟然後極剛強」，而極柔軟然後極剛強是根據「天下之至柔馳騁天下之至堅」的理論而來，根本立足點也在這裡。然而根據上述道理的探討，根本立足點已出現問題，則依附於「天下之至柔馳騁天下之至堅」理論基礎下之「以柔克剛」，及「極柔軟然後極剛強」當然跟著出現問題。

因此「天下之至柔馳騁天下之至堅」、「以柔克剛」，及「極柔軟然後極剛強」等說法，就未必是太極拳真假優劣的主要標準。

參、「用意不用力」的淺見性

「用意不用力」應是階段性的用語，不應是初期、中期、後期一成不變的用語，學習的歲月中，其順序應該是「用意不用力」、「用意也用力」、「意力不分」三部曲，「意力不分」才是終極用語。其內容請見 3–4 之說明。

肆、「每見數年純功，不能運化者……」的不合邏輯性

王宗岳太極拳論中之「每見數年純功，不能運化者，率皆自為人制，雙重之病未悟耳」這句話讓人覺得可笑，因為「純功」者是功夫下的很純，紮紮實實地練習，怎會「不能運化」？這是不合邏輯的用語！

再者下了純功卻不能運化，這個責任可能在老師並不在學生，因為老師教的東西可能有問題，教的方法也可能有問題，才會如此！

在太極拳的學習及實務中牽涉到的問題何其多，「不能運化者」怎必然祇在「雙重」之病未悟耳而已？也就是說「不能運化者」必然與「雙重之病」有絕對的關係？同時

「不能運化者」與對手的功夫層次，亦有著直接或間接的關係，因此怎可祇責怪己方？

伍、「懂勁」之質疑

王宗岳太極拳論中「由著熟而漸①懂勁，由②懂勁而接及神明」及「陽不離陰，陰不離陽，陰陽相濟，方為③懂勁」中看問題，「懂勁」在全篇中共出現三次。

第一次為「由著熟而漸①懂勁」，這時的懂勁是指透過招式的熟稔，懂得各招各式之勁。但第三次在「陽不離陰，陰不離陽，陰陽相濟，方為③懂勁」（王宗岳先生的註解）時則變成能懂陰陽相濟之勁，才叫懂勁。「陽不離陰，陰不離陽，陰陽相濟，方為③懂勁」這句話是指與「陰陽」或「陰陽相濟」有關的事，與第一次指「著熟」①的懂勁。兩者所提文字（懂勁）相同，內涵卻不相同，豈不怪哉？

第二次為「由②懂勁而接及神明」文句看，懂勁必然與神明有關嗎？請問他是否是神明？若不是，他如何判定達到「懂勁」就可接及神明？或將「神明」解釋為「神而明之」的話，那「神」甚麼？「明」甚麼？全篇找不到註解，可見「由懂勁而接及神明」的用語也有令人質疑的空間。

整體來看，同一個「懂勁」字眼卻敘述著三個不同的問題，可見上下段之間用字及結構是否欠串聯性、欠合理性，欠縝密性？甚至於前面的「由著熟而漸①懂勁，由②懂勁而接及神明」與後面的「陽不離陰，陰不離陽，陰陽相濟，方為③懂勁」還可能是分由兩個人寫的，所以才有前後「懂勁」不一致之說法！

陸、「用句遣詞」的合宜性

並非每一組拳經拳論的文句，都是合理的，例如武禹襄的「太極拳解」中有「……行氣如九曲珠，無微不到；運勁如百煉鋼，何堅不摧？……」這麼一段文字，其中「何堅不摧」以我個人淺見，這句話有值得商榷的地方。

在這一段文字的對稱上及意境的表現上，有其韻味，或用在一般文學的創意上，像武俠小說所描述，藉助「××秘笈」、「××神功」以及「××寶典」等成就蓋世武功，登上武林至尊的虛構內容，無可厚非，那到底祇是小說罷了。

但在實務的世界裡，縱然能練到「運勁如百煉鋼」的層次，也不可能「何堅不摧」！試問坦克的堅，人體的柔鋼之勁能「摧」的了？退一步說，像現代體型碩大又孔武有力的摔角選手、相撲選手、八角搏擊場的勇士們或泰國片「拳霸」男主角東尼嘉（Tony Jaa）之身手，也能摧？

不過話說回來，武禹襄前輩說這句話的那段時光歲月，現代的坦克，現代的摔角選手、相撲選手或世界級八角搏擊場的勇士們，還沒誕生或沒出現在他的身邊，當然沒有這項因素可資參考。

此外過去的文章經常出現「人定勝天」的字眼，自從各級大地震以來，人類對「大地震」幾乎束手無策，「大地」的災難都難以面對，怎遑論人定勝「天」？

同理、面對武禹襄前輩的這句話，我人的思維是否也應與時俱進，放下「何堅不摧」的剛硬想法？

7-5　三大拳譜的探討

壹、張三丰太極拳經

「一舉動，週身俱要輕靈，尤須貫串。氣如鼓盪，神宜內斂。無使有凹凸處，無使有斷續處。其根在腳，發於腿，主宰於腰，形於手指，由腳而腿，而腰，總須完整一氣，向前退後，乃能得機得勢，有不得機得勢處，身便散亂，其病必於腰腿求之，上下前後左右皆然，凡此皆是意，不在外面。有上則有下，有前則有後，有左則有右，如意向上，即寓下意，若將物掀起，而加以挫之之意，斯其根自斷，乃壞之速而無疑。虛實宜分清楚，一處有一處虛實，處處總此一虛實，週身節節貫串，無令絲毫間斷耳。」

貳、王宗岳太極拳論

「太極者，無極而生，陰陽之母也。動之則分，靜之則合，無過不及，隨曲就伸。人剛我柔謂之走，我順人背謂之黏，動急則急應，動緩則緩隨，雖變化萬端，而理為一貫，由著熟而漸懂勁，由懂勁而階及神明，然非用力之久，不能豁然貫通焉。虛靈頂勁，氣沉丹田，不偏不倚，忽隱忽現，左重則左虛，右重則右杳，仰之則彌高，俯之則彌深，進之則愈長，退之則愈促，一羽不能加，蠅蟲不能落，人不知我，我獨知人，英雄所向無敵，蓋由此而致也。斯技旁門甚多，雖勢有區別，概不外壯欺弱，慢讓快耳，有力打無力，手慢讓手快，是皆先天自然之能，非關學力而有也。察四兩能撥千斤，顯非力勝，觀耄耋能禦眾人，快何能為。立如平準，活如車輪，偏沉則隨，雙重則滯。每見數年純功，不能運化者，率皆自為人制，雙重之病未悟耳。欲避此病，須知陰陽，黏即是走，走即是黏，陽不離陰，陰不離陽，陰陽相濟，方為懂勁，懂勁後，愈練愈精，默識揣摩，漸至從心所欲，本是捨己從人，多誤捨近求遠，所謂差之毫厘，謬之千里，學者不可不詳辨焉。」

參、楊澄甫的「太極拳學習要點」

「沉肩垂肘、含胸拔背，虛靈頂勁，用意不用力，氣沉丹田、鬆腰胯、分虛實、上下相隨、內外相合、意氣相連，動中求靜、動靜合一」共十二項。

肆、三大拳譜的比較

以上家喻戶曉的人物之拳譜，出現在歷史上的時間有其先後，有先後就有了時間差，也提供了後人追蹤、觀察或檢驗他們思想上差異的機會。這三篇拳譜，正好有他們思想上明顯差異的部分，因此將三篇拳譜串聯在一起，便於比較、討論。

一、由「張三丰太極拳經」看

在張三丰太極拳經中提到「其根在『腳』，發於腿，主宰於腰，形於手指」，是「由下而上」的道理與流程，重視下盤，從下盤開始的指導原則，完全合於萬物成長的道理。同時「有上則有下，有前則有後，有左則有右」的思維，已將立體太極的圖騰勾勒出來。

二、由「王宗岳太極拳論」看

（一）下盤功夫

從「張三手太極拳經」中可以看到以「腳」為中心，講求一處有一處的太極，以及「有上則有下，有前則有後，有左則有右」的立體太極整體勁，前後一貫又合於「太極」的道理。

在「王宗岳太極拳論」全篇中看不到與「整體」、「上下」有關的字眼，有的是上盤的「虛靈頂勁」，中盤的「氣沉丹田」及「左重則左虛，右重則右杳」，看不到與下盤有關的敘述。最關鍵的下盤要靠甚麼來穩固？以致後代動腰、動手的比比皆是，講求的是近乎平面太極的陰陽互動關係，跟張三手的功夫內容有相當大的差異，內容陳述偏「技法」而非「功法」，缺乏經由「由下而上」的運作，從而構成「整體」的系統性交代。

（二）氣沉丹田

在王宗岳太極拳論中提到的「氣沉丹田」，丹田在中盤，用丹田所牽涉到的問題非常多。

其一丹田高度比腳高了約一公尺，重心自然比在其根在「腳」的高，也可以說「氣沉丹田」的鬆沉效果絕對比不上「其根在腳」的效果。

其二應敵接戰時，若「氣」先送入腳底，再由腳底循腿、腰的途徑再經由手上勁放而出，總路線要多長？總時間要多久？若將「氣」直接送到手上，那下盤的穩固靠甚麼？若同時將「氣」分送腳與手，則勁力分散。在用氣的時候面對以上問題，就可能產生無所適從的困擾。

其三「氣」的能耐在吐氣發勁的一擊之間，不可能持續不斷，若一擊無效之後，必須再吸氣補充能量，而吸氣後再出擊之間，不僅容易露形露相予對手感應的機會，又正好是對手出擊的時刻，則敗象居多！

其四「氣功」約可分為養生的氣功、修道的氣功、以及武術的氣功，本書所提的氣功是武術的氣功。修練氣功者可以致力於「氣」的修行，又有不錯的功力的狀況下，在對手較弱的情況下，能應付裕如。但對手的功力遠高於此層級，若無法應付而被破「功」的話，是很可怕的事。

其五《孫祿堂武學錄》書中 P.349～P.350，孫祿堂在與山西宋世榮前輩會面，進行「氣」的對話之前，孫祿堂已具有「日積氣於丹田，小腹堅硬如石，鼓動腹內之氣，能仆人於尋丈外，行止坐臥，無時不然」的能力，然與山西宋世榮見面後，宋世榮告以「汝雖氣通小腹，但若不化堅，終必為累，非上乘也」、「有若無，實若虛。腹之堅，非真道也」、「求其放心，放心而後道生」等語，孫祿堂領悟之後獲益良多。

其六祝大彤在《太極內功解秘》P.105 提到，《十三勢歌訣》云：「胸腹鬆淨氣騰然」，體內輕鬆不淤阻，呼吸順暢深沉，都來自鬆腹。若久練氣沉丹田，小腹似扣著一口鍋，看著圓鼓鼓，摸著硬邦邦，反而影響小腹鬆淨靈活。以及他的老師楊禹廷提出的是「用腳呼吸」的說法。同書 P.106 提到，他到嵩山少林寺見素喜大師之弟子德瀧法師，向德瀧法師請教丹田修煉法，德瀧法師說，丹田應該是空鬆的，「練氣不存氣，練意不存意，練勁不存勁，練血不存血」。丹田「四不存」為上乘之法。可見練實、練堅的丹田或太用心於「氣沉丹田」的思維，不僅無益反而有害。

三、由楊澄甫的「太極拳學習要點」看排列順序問題

人們在看文句的時候，多是順著文句的出現次序而認知、而學習的。因此學習者多是由「沉肩垂肘、含胸拔背、虛靈頂勁」開始練的。但是！試想房屋內排水管通路出口不暢通的話，各樓層的排水或污水不僅宣洩不下，還會反積回原樓層，最後由排水管出口疏通才得以解決（筆者住過的公寓，曾經歷過的事例）。同理，未作好腳底的出口通路工程以前，卻想由上中盤的作為開始，冀求鬆沉腳底的效果，根本辦不到！

依楊澄甫宗師在《太極拳體用全書》書中 P.10 提到的「太極拳學習要點」，依序為「沉肩垂肘、含胸拔背、虛靈頂

勁、用意不用力，氣沉丹田、鬆腰胯、分虛實、上下相隨、內外相合，意氣相連、動中求靜、動靜合一」共十二項。

從「上下相隨」的要點看，要先有「上下」的思維存在，才可能上下「相隨」地排列。因此以「上下相隨」而論，以上要點的排列順序應該是「用意不用力、虛靈頂勁、沉肩垂肘、含胸拔背、氣沉丹田、鬆腰胯、分虛實……」。然而由學習要點的排列順序看，「沉肩垂肘、含胸拔背、虛靈頂勁、用意不用力」屬於上盤作為，「氣沉丹田、鬆腰胯」屬於中盤作為，「分虛實」作腳分虛實解說的話則屬於下盤作為。

如以蓋房子看，要由挖地基開始，繼而一層、二層……地往上蓋才合理，也是萬物之理，然而以上十二項要點的流程，比如蓋房子，則是先蓋高樓層（沉肩垂肘、含胸拔背），接著處理中層（氣沉丹田、鬆腰胯），最後才是底層（分虛實）的地基工程，試問天下可有這種工程？

以上要點，人體的上中下三盤提到最多、比重最高的是中上盤的部份，並非下盤。與張三丰太極拳拳經中所提的「其根在腳，由腳、而腿、而腰、而形乎手指」之順序不吻合，也與萬事萬物「由下而上」之理不吻合，可知學習要點排列順序不盡合理！

《太極拳體用全書》書中的十二項要點，既沒步驟、流程、也沒相隨的概念，予人有雜亂無章的感覺；較適合的排列順序宜為「用意不用力、腳分虛實、鬆腰胯、氣沉丹田、含胸拔背、沉肩垂肘、虛靈頂勁、下上相隨、內外相合，意氣相連、動中求靜、動靜合一」才是。

由以上三大拳譜的探討，很清楚地看到，基礎應該由下盤（張三丰太極拳經）著手的道理，卻一路變調為中盤（王宗岳太極拳論）、再變調為上盤（楊澄甫的『太極拳學習要點』）的思維與練法，豈不是越來越與「由下而上」的道理背道而馳？

筆者對於上述三人無先入為主的偏見，從來都是依著合理的「理」在看世間萬象，以上論述的問題正是與世間萬象相比對，並藉由人體動作點點滴滴地測試、檢驗中發現的。

7-6　結語

總括以上所述大致瞭解，既因拳譜存在著合理、不合理及似是而非的問題，又因眾人對拳譜幾乎是不加思索地照單全收，以致看拳譜時就像霧中賞花一樣，彷如霧非霧、花非花的情景，迷迷濛濛一片……。

其實一言以蔽之，整套太極拳就存在於「陰陽比值相等同時反向操作之結構」中，看似淺顯卻又深奧的哲理中，抱持冷靜客觀態度從源頭（太極陰陽）看問題、對拳譜要字字句句推敲、靜靜地思考、細細地剖析。

從拳經、拳論的研修中可以發現，拳經、拳論、歌訣等拳譜所表達的內容有其精美性，有其矛盾性、有其差異性，有其階段性、也有其瑕疵性，不是完美無缺的，應用心地分析、思考、驗證，才能神理得現。

我的太極拳及太極勁法的不斷突破，就在於拳經、拳論的研修中，與萬象道理相對照，輔以實務的驗證，於是思維、功法、心法、勁法、身法、練法等一再精進，它是我的太極功夫成長的心路歷程中非常重要的一個環節，因此特將論辨心得向各位同好介紹，共同開啟新的智慧窗口。

第八章　境界的昇華
（高級訓練階段）

這個階段訓練的是境界的再提昇、實務面深度廣度的拓展。舉手投足間，無規距而守規距，處處合於「陰陽相濟」的道理，腳無定位、身無定形、手無定法，周身合一，無處不擊人。在技擊上從有形有相有招有式，邁入到無形無相無招無式的層次，能隨勢機變，進入本能反應的高級境界。

8-1　無招、無式、無形、無相的實現

當初，各種基本功法、拳架等的訓練階段為「無到有」的階段，所有有為法的學習，都是為了達到「有到無」的境界所經歷的過程。當功夫逐漸上身，已轉化為可隨心所欲的表現時，則可邁向「無招、無式、無形、無相」的境界深造。

無招、無式、無形、無相的實現，大致牽涉到三個方面的問題，首先在於拳架招式的放下，畢竟拳架招式祇是一個階梯而已。其次心理上要訓練出不憂、不懼，能坦然面對對手、面對現場情境的情緒。再其次是勁力的養成，無論傳輸的速度、能量的大小，傳送的方式、都能滿足實務上需要，其中尤以「點」接發勁能力的具備為最重要。

8-2　何處挨何處發，渾身無處不太極

「何處挨何處發，渾身無處不太極」中之「處」指的是

點，不是面，也不是體。「點」處理的基礎在於「體、面」、「線」的發勁能力。要展現「何處挨何處發，渾身無處不太極」的效果，惟有高超的「點」發勁能力才行。

「點」發勁的訓練，在對手的來勁力道向我人身體任何部位進襲時，我人以「陰陽比值相等同時反向運作之結構」處理，且與對手接觸時之接觸點大小相當，若為拳頭即為拳頭大小之太極球體運行，若為手指即為手指大小之太極球體運行。

在運作時以「化、鎖、進、打」、「同時間同空間」及「速度」的組合，在接點上化解來勁力道，在接點上發放勁力，以達「勁發人飛」的效果。

8-3　勝人在一沾之中

有人說：「內家拳，勝人在一沾之中」，這一沾就可以勝人，令人不可思議。不過大家可能都有聽過或看過「行家一出手，便知有多少」或「觸手之際，已了然於心」的字眼，以及在本書第六章的綜合訓練中所提的「悶勁」、「截勁」修為，也都是在一沾之中所蒐集到的資料。

這一沾的功力，先在於肌膚的靈敏感應能力，繼能感覺對手「勁力」的分布狀況，陰陽的結構情形，進一步可隨即對其起動點採「悶勁」，對其行進中之勁頭採「截勁」，或對其強點採化鎖進打的作為。

這一沾的功力，彷如高明的中醫師，經把脈而了解病人的病情，且能開出治療的藥方一樣。這一層級不易達成，通常需要正確的指導及許多年的磨練，能聽出對手的勁路情況之後才有可能。

8-4　神意穿鎖的能力

至今提出「神意穿鎖」看法或主張的人也許還不多，此能力與上述的三項風格全不相同，前三項都有身體的接觸，這裡所提的是不須身體的接觸，透過「一動無有不動」的身動、帶著「無形手」，對著對手背後遠方打點的「神意」，穩健地向對手前進（或不前進），對手幾乎都有被我人氣勁穿入的不舒服感覺。

這項能力建立在「溝渠灌溉理論」、「意透對手背後遠方打點」及「意力不分」的組合上，其中尤以「溝渠灌溉理論」為全程的前置作業，所扮演的比重特別重。

8-5　被動發人的藝術

「被動發人」基本上是無發人之意，卻有發人效果的運作方式，通常發生的情況，大致有兩種。

第一種，是在拳架運行的進退之間，均含有「陰陽比值相等同時反向操作」之結構，在移動中或在定式時，檢測者進行測試時，受測者不須任何發勁作為，檢測者會被「不打自打」地發出去的感覺與效果。

第二種，既不以「陰陽比值相等同時反向操作之結構」運作為基礎，也不作為的方式，僅隨對手的動而動、轉而轉的方式，一路順著對手的運行方向纏、繞、轉，最後將對手從反向放出去，彷彿是對手告訴我人如何將他給放出去的，其中的力量、方向、角度、速度等訊息都是由對手的肢體動作不斷提供的。

本主題是以第二種能力的培養為中心，同時第二種「被動發人」與「沾粘連隨」並不相同。「沾粘連隨」是有所為的作為（主動性較強），「被動發人」是無所為的作為（被動性較強）。放下接發勁的作為，而以靈敏的聽勁，隨對手起舞，隨對手而吞吐，待對手進入逆勢時順勢放他一把而已。

8-6 隨心所欲的漏沉接戰方式

具備「漏沈」能力之後，其操作方式與過去截然不同。過去多為「由上而下」的接下來，再由上方發出去；「漏沈」是啟動我方的沙漏口（足弓），漏洩自我身體重力的同時，以「意」去漏洩對方身體的勁力，使其勁力漏空，僅存軀殼似的狀態，進而「前發或後引」地破敵，奇妙無比！

實務上有三種運作方式，**一種是「靜態遠距運作法」**，係雙方搭手後，啟動我方腳底的沙漏口，同時以「意」抽引對方由腳底到手的 15 個關節部位，經我人身體由手到腳的 15 個關節部位，漏沉入大地之下，使對方漏空；**另一種是「動態遠距運作法」**，在雙方相互行進間，以相同於靜態法的方式操作，可得同樣功效。當對手到定位時，以「前發」

或「後引」方式加以測試，對手的「根」幾乎已被漏空而不存在。**再一種是「本體漏沉法」**，當對手的手推在我人身上的剎那，以「由下而上」腳底啟動的漏沉方式，使對手勁力經我人「透空」的空間，漏沉入大地之下，以至對手腳底失去立足點，而無法動彈。

以上三種方法之「靜態遠距運作法」為基本練習之運作法；「動態遠距運作法」適用於未接手狀態下，雙方在相互動步前進的虛擬空間中；「本體漏沉法」適用於身體接觸來勁力道時。

8-7 拳架運行中的隨接隨發

此處所謂的「拳架運行中的隨接隨發」，不是指招式運作的隨接隨發能力，而是指盤架過程中「何處挨何處發」的隨接隨發能力。

拳架練習不是為了使用招式，是為了檢視一舉手一投足間，是否能將各項基本訓練套入且組合在一起？陰陽的結構是否存在？當檢測者觸摸身上任何一處，並施加勁力時，是否有「不打自打」的現象發生。

如果沒有「不打自打」的現象，則再檢查「腳下乾坤」、「立體三環轉」、上手的方式、「陰陽比值相等卻又同時反向操作之結構」、「純加法」的步法，身體的姿態、勁力傳輸的方式等問題，終至放下拳架時，一起身一動步間，處處可接發、時時可接發。

8-8　具有處理對手出拳的化鎖進打能力

應戰接敵未必在雙方接手後才開始，若對手一上手就是拳打腳踢的進攻態勢，我人還能依賴推手之類的修為？不可能！

人生中雖可不求戰，卻難免需應戰的時刻，所以面對對手出拳的可能狀況也需練習。這裡面涉及的項目非常多，所有功法訓練以及由開始一路學來的能力，在那一剎那幾乎不由得思考，也由不得思考，需以近似於本能反應的方式迎上，隨機反應。

先能氣定神閒（沉靜）地審敵，待對手出拳之際，以比對手更快的速度（速度訓練培養出來的），迎向對手（動步中戰敵之先的訓練）同時揚起雙鞭手（需在平時將『節節貫串手』或『牽引手+升揚手+S 形延展手』練到本能反應的地步），封殺其空間、瓦解其銳氣，化被動為主動，進而「一觸即發」破敵！

當前面七項的高級功夫已練上身，再經過「處理對手出拳的化鎖進打」訓練之後，面對對手出拳來襲的情況，雖不敢說必勝，但要敗也難。

第九章　林氏結構

自從「千山我獨行，無人相伴……」以來，以一己之力，在太極拳的路上一路走來已有 30 個年頭（感謝後 10 年徐紀老師的支持與鼓勵），期間，歷經困頓、質疑、研發、破論、立論、演示、傳播……，到了有讀者、有學生、有迴響、總算有了小許成果。

如今，為了能由眾多太極拳門派中分離出來而易於區別，能以一看就懂、一聽就懂的簡潔字眼涵蓋，舉如理論架構、學習內容、學習流程、內功路線、手腳運作方式等都能由其概括，便於學習者分辨，有如一聽「三搖三擺」就知道是中國大陸田金龍博士的傑作一樣，而有了創辭的念頭。

面對自行研發的太極拳及太極勁法，從各角度巡禮又幾經斟酌之後，以「林氏結構」四字最能代表我所研發的內容、文句最短、又最貼切，因此鄭重提出「林氏結構」一辭！而後凡要研究、探討、學習我所研發的太極拳，皆依「林氏結構」的內涵進行便是。

「結構」依辭典的說法，是指構成整體的各個部分及其結合方式。而「林氏結構」本身，就具有符合「構成整體的各個部分及其結合方式」的內涵，由前面各章所呈現的內容，以及附錄在本章之後的「『林氏結構』的金字塔結構」，可見一斑。

9-1　理論架構

壹、陰陽的權利地位相等

有陰有陽始稱太極，因此所有動作既要有陰也要有陽的內涵及結構。

貳、上下、前後、左右的同步運行

動作思維，由上下的熟稔、前後的熟稔、右左的熟稔（左述為個別組合）。再進入上、下、後、前、左、右的六向同步運行的熟稔（整體組合）

參、陰陽比值相等同時反向運作之結構

該主題是要我人留心「五陰五陽是妙手」及「反向運作」的意涵及價值。

※ 以上三大項為「理念的陳述」。

肆、太極陰陽的形式，可爲圓形，亦可爲其他形式

本項為「實現理念陳述的實務運作方式」。

※ 以上四大項為「陰陽相濟太極勁法」的初級層次。

伍、S 形曲線蘊含的特質

除了 S 形的運作效果，等同於陰陽組合之效果外，更具有突破雙方有限空間、破壞對手身體結構、對手勁力及對手樁步的功效。

※ 本項為「陰陽相濟太極勁法」的中級層次。

陸、陰生陽（空中生妙有）

藉由陰生陽的體驗，開發出「漏沉」的運作方式，不同於「鬆沉」的效果。第八章中「隨心所欲的漏沉接戰方式」即為代表。

※ 本項為「陰陽相濟太極勁法」的高級層次。

柒、陰將盡陽已出、陽將盡陰已出

此為自然界的自然現象及人世間處理事務的必然現象，為達成此效果則須「陰將盡須出陽、陽將盡須回陰」以相因應。

※ 本項亦為「陰陽相濟太極勁法」的高級層次。

我的太極拳及太極勁法的運作，一直秉持以上所提的七大架構，尤其「陰陽相濟」、「陰陽比值相等同時反向運作之結構」更是我經常運作的核心。

9-2　身體運作結構

壹、生理結構

一、腳的部份

（一）垂直軸訓練的開發

由足弓下上開展的螺旋運動，為體內上下通路，也為通天接地，形成天人地三才組合立下基礎。

（二）雙環轉的開發

腳底與腳踝同步旋動的「雙環轉」，為腳底板的穩定度打了前鋒。

（三）立體三環轉的開發

腳底、腳踝與膝窩同步旋動的「立體三環轉」，為體內強大勁力產生的源泉。

（四）膝窩運作的開發

將處於背面、陰暗面的膝窩拉出來，取代膝蓋的運作習性，膝蓋不易傷痛、又易於接勁。由膝窩同時向下（陰）向前（陽）的運作方式，其勁力強大。

二、手的部份

（一）大 S 形的開發

經由上臂（陰收）與前臂（陽放）的全手臂 S 形運轉，從而形成一道防護網，可接可發之外，同時也是將來勁力道引入大地的化勁通路。

（二）中 S 形的開發

以手肘為中心，同時向前向後各約兩英吋的∽形運作，形成承受力與攻擊力，可化被動為主動，進而克敵致勝。

（三）小 S 形的開發

運作於前臂靠近手肘的後 1/2 位置，此法不好練，但具有強大的攻擊力，勁脆而速。

（四）手腕勁力節節貫串運作法的開發

與腳底足弓（陰沉）同時運作的，等距節節貫串（陽放），可生勁脆而速的短勁放人效果。

貳、S 形結構的運作方式

除了以上手部大 S 形、中 S 形及小 S 形的 S 形結構之外，另有腳腿的 S 形運作方式，請參見 本書 5–3「S 形基本功法」的介紹。

9–3　學習流程

各門各派的武術有其學習流程，不在本書討論範圍。我的太極拳學習流程為太極（含太極圖騰）內涵的認識與體驗→下盤腳腿及基本功法的訓練（初級訓練）→中盤腰手的訓練（初級訓練）→拳架的運行→中級的綜合訓練→高級層次訓練。

形、法、功的功夫層次，是坊間學習的次第。我則直接由「功」的層次入手，向無招、無式、無形、無相的境界邁進，每一節課皆為功力的增長而進行。拳架的學習僅為功法學習之後，是否在舉手投足之際能將功法上身的檢測，並非是用其招、用其式！拳架是在重要功法、基礎功法學習到相當程度後的課題。

9–4　學習內容

陰陽相濟的太極勁法，無樁步、無推手，也不以丹田為重心，係以體內通路的開發（垂直軸的訓練使體內擁有左右兩條有如高速公路的通路），陰陽組合的道理、陰陽轉換的太極結構為核心，配合生理結構、S形結構的認知與訓練、拳經拳論的研修、接戰思維以及接發勁法的處理等，完備了整套勁法的開發。

9-5　內功路線

既沒有「丹田」的訓練（參見『7–5 三大拳譜的探討』有關『氣沉丹田』的六項說明），也不是密教「三脈七輪」的練法。

而是自行研發，足弓下上持續陰陽組合運作的雙垂直軸訓練、立體三環轉三條陰沉螺旋線形成強大陽勁上升之腿部生理結構、手部S形運作形成承受力及攻擊力之生理結構、手部及腳腿S形運作形成能量之S形結構，引動地力而虛靈頂勁之通天接地形成三才整合，再輔以意識訓練、時間訓練、數字訓練等等組合之「林氏結構」，為世人開發了一條不背誦經絡路線，不練丹田，一樣可以邁入高境界層次的訓練方法。

由上說明，可知我所研發的太極拳及太極勁法，具有「為滿足整體運作效能而開展，由下而上、由內而外、雙腳並用、雙軸柱貫通，環環相扣的無數結構」的布局。

借助「林氏結構」的內涵，在「有系統」、「有步驟」、「有結構」及「體用合一」教學特色下，讓太極拳及太極勁法的學習快速有效，既能與萬物之理相聯結，又可欣賞太極拳及太極勁法的真、善、美。

附錄：「林氏結構」的金字塔結構

為便於讀者能簡潔明瞭，快速認識「林氏結構」的太極勁法內涵，仿照金字塔結構分層（五層）排列，將前八章內容，以由下而上的方式簡列如下。

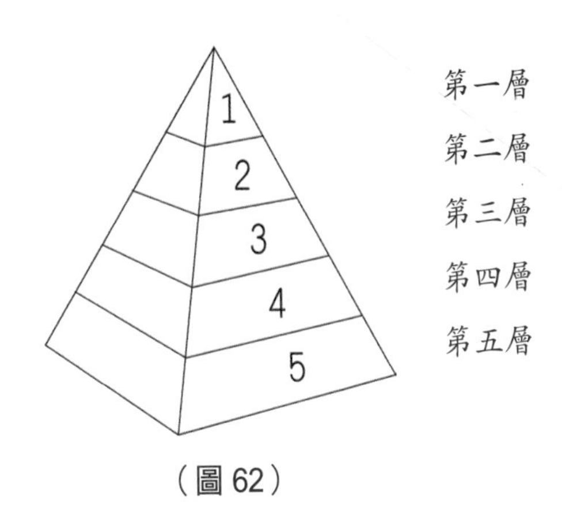

（圖 62）

第五層、下盤的訓練（初級層次的訓練）

一、足弓的認識
二、重力的下沉
三、橫向移位應注意的問題
四、垂直軸的訓練
五、拳架運行應注意的移位問題
六、腳腿運作的認識
七、腳踝、膝窩、胯的訓練
八、步行的訓練
九、腳的公轉與自轉
十、「反射勁路圖」的認識及練習

第四層、中盤的訓練（初級層次的訓練）

一、腰的訓練
二、手部的訓練（約 20 種的手法）
三、手的公轉及自轉
四、手部的 S 形運作法
五、夾脊的訓練
六、手肘的訓練
七、手腕的訓練
八、形乎手指
九、拳架的運行及進階

第三層、綜合性訓練（中級層次的訓練）

一、腳、身、手上下相隨的綜合訓練
二、漏沉的認識、訓練與功能
三、「往復須有折疊，進退須有轉換」的認識與訓練
四、「一動無有不動」的內涵及訓練
五、「動作順暢」之研究
六、接手的訓練
七、接發勁的訓練及實用技巧
八、勁路的瞭解
九、呼吸的竅要
十、「體、面、線、點」發勁的處理
十一、打地鼠遊戲
十二、速度的訓練

第二層、高級層次的訓練

一、無招、無式、無形、無相的實現

二、何處挨何處發，渾身無處不太極
三、勝人在一沾之中
四、神意穿鎖的能力
五、被動發人的藝術
六、隨心所欲的漏沉接戰方式
七、拳架運行中的隨接隨發
八、具有處理對手出拳的化鎖進打能力

第一層、一觸即發

其他：貫串於各級訓練中的各種理念認識與建立

壹、意識訓練

一、太極陰陽的認識
二、「太極」文意與實務的沉思
三、陰陽、虛實、剛柔文字之比較
四、「虛」字辨正
五、反及無之認識
六、太極圖的認知
七、「發勁如放箭」的「箭」如何放？
八、雙重為美，雙動是寶
九、戰車履帶理論
十、翅膀理論
十一、雙虛腳
十二、由天然災難看太極拳——地震
十三、太極拳的特色

十四、「意力不分」的認識
十五、萬物「負陰抱陽」的內涵
十六、溝渠灌溉理論
十七、太極圖新思維
十八、三直發勁法
十九、心知與身知
二十、接戰思維
二一、接戰時太極陰陽之處理
二二、拳經拳論的研修

貳、數字訓練

一、是啟動動作的動能
二、可創造續航力
三、可創造發勁的時機

參、時間訓練

一、必要性
二、認知性訓練
三、實務性訓練

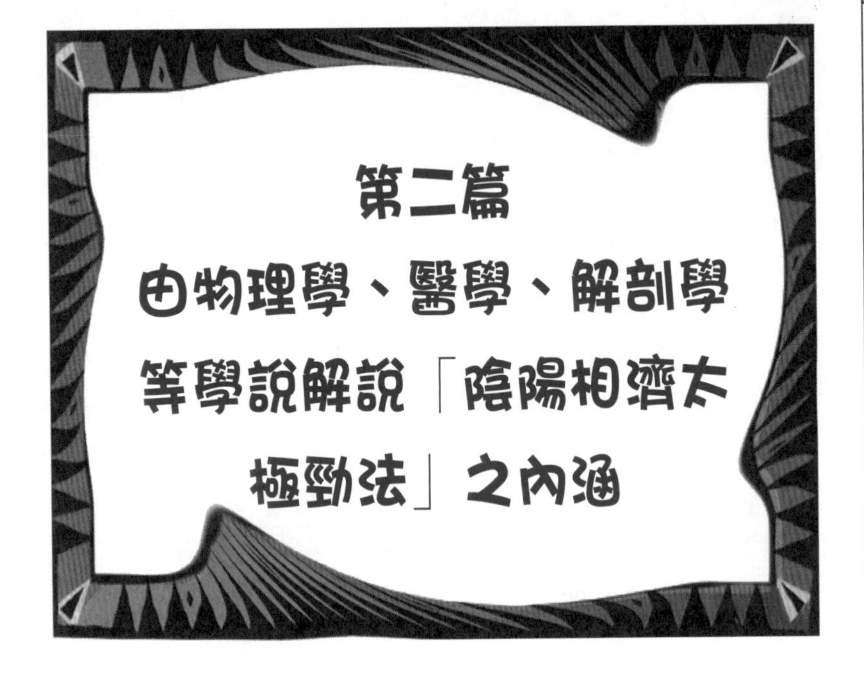

第二篇
由物理學、醫學、解剖學等學說解說「陰陽相濟太極勁法」之內涵

編者的話（一）：三維空間與四維空間的認識

物體的運動慣性靜則恆靜，動則恆動。有作用力必有反作用力，其作用力等於其質量乘以加速度，這是牛頓定律，也是我們現在所熟悉的物質三維世界運動原則。一般牛頓定律祇有下上或者後前的作用力與反作用力。陰陽相濟太極勁法，則是上下、左右、前後、內外四種作用力與反作用力同時運作。

其實宇宙中物質佔宇宙的4%，暗物質佔23%，暗能量佔73%。我們目前祇懂得運作宇宙中的4%物質世界，還有96%是我們完全陌生的宇宙。我們應該多運用73%內的虛物理。

生物場能量有實物理量，也有虛物理量（複數力學），我們在三維空間，祇考慮到實物理（線性運動），而忽略了虛物理（曲度運動）。實物理運動以撞擊、推動其他物體，虛物理產生推力與引力。其實虛物理量與實物理量在特定的環境下，是相輔相成的，可以轉換的，利用身體關節間隙，產生雙縫現象達到能量轉換（量子力學）。

虛物理能量以量子態傳輸，說明多重軌跡傳輸。在相對論裡說明引力場中，量子空間的負質量其實充滿了大量不規則和隨機產生的時空扭曲，也就是科學家所稱的量子泡沫。這種結構又稱為「愛因斯坦—羅森橋」，或稱為 Wormhole。它們可以經一端進入，然後從空間的另一端出來。

以分子動力學說明能量運作，以雙腳下沉旋轉造成角動量轉換能量，陰沉陽升是瞬間壓縮同時再釋放，產生虛物理能量，以量子強混沌現象投射對方身上，產生虛物理量作用，其虛物理量配合實物理量，就產生我們無法處理的能量運動。

陰陽相濟太極勁法的動能，造就循環系統、微循環系統、微微循環系統發揮應有的功能，才能將生物場能量完全發揮出來。

第一章　由物理學立場說明「陰陽相濟太極勁法」之內涵

「陰陽相濟的太極勁法」其運作有理可循、有圖可示。在這一章謹由物理學說明其真實的道理。並以邏輯運算符號表達學習心得，希望它能幫助同好們的學習以及研究興趣。以下介紹八種物理學的學說，請大家慢慢認識、欣賞。

1-1　以傳統力學（Mechanics）說明一般運動力的作用

壹、牛頓第一定律：慣性定律，靜者恆靜，動者恆動。

貳、牛頓第二定律：力＝質量×加速度

F＝ma

＝mdv/dt 力為質量×速度的變化 / 時間變化

＝d（mv）/dt 力為動量對時間的變化

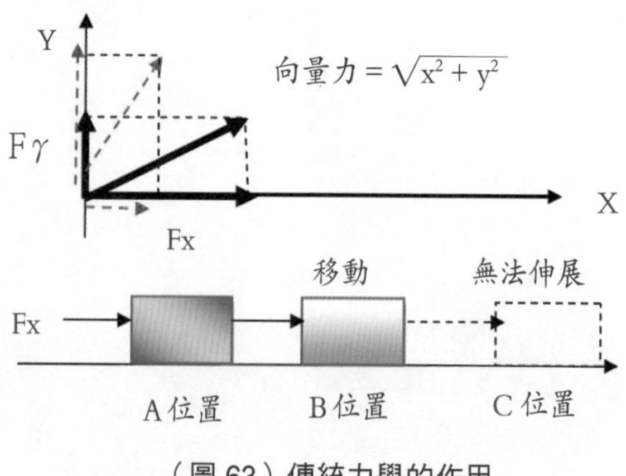

（圖 63）傳統力學的作用

參、牛頓第三定律：作用力與反作用力。是說每一個施加於物體的力量，都會同時產生一個大小相等且方向相反的反作用力。

以向量力朝 X 方向移動，其與 X 軸角度愈大愈費力，這是傳統力學的作用。

以向量力朝 X 方向移動，重心以下施力容易移動，Fx 移動距離等於物體移動距離，如下說明：

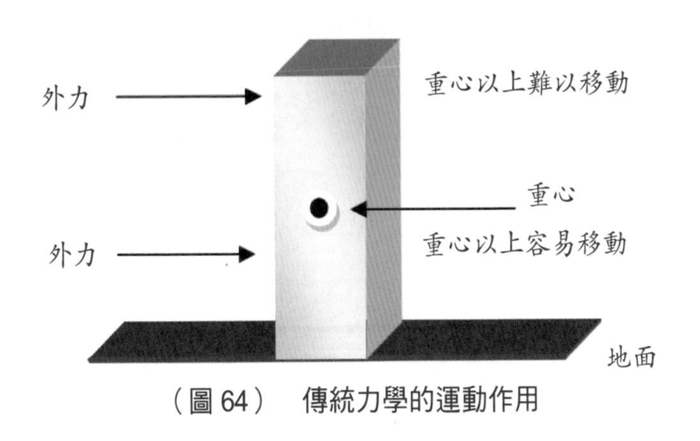

（圖 64） 傳統力學的運動作用

肆、物理學說的簡介

一、古典物理：西元 1905 年以前，由實驗可證明一切物理三維現象，可分為運動與動力學（牛頓定律）、電磁學、熱力學等。

二、近代物理：西元 1905 年以後，完全容納古典物理現象，又可解說四維現象，可分為相對論、量子力學、複數力學、混沌現象，是自然界的普遍規律。

1–2　以槓桿原理說明一般運動力的變化

物理學中把在力的作用下，可以圍繞固定點轉動的堅硬物體叫做槓桿。槓桿繞著轉動的固定點叫做支點，推動槓桿運動的力叫做施力，阻礙槓桿運動的力叫做抗力。支點到施力的作用線之間的垂直距離叫做施力臂，支點到抗力點的作用線之間的垂直距離叫做抗力臂。

壹、第一類槓桿：支點在施力點和抗力點的中間。

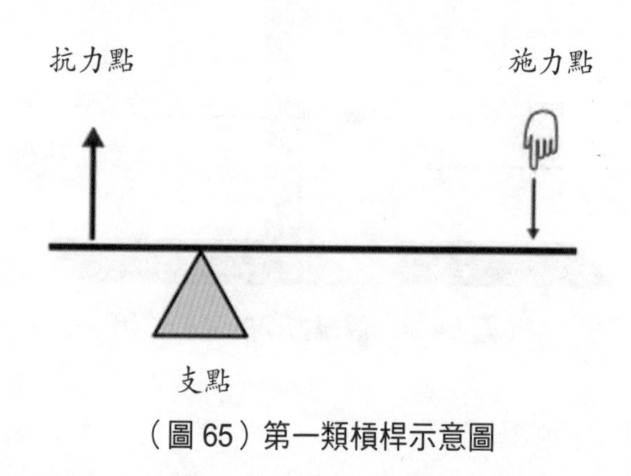

（圖 65）第一類槓桿示意圖

主要由支點的位置決定，或者說由施力臂的長度決定。施力臂大於抗力臂則省力。

公式：施力臂×作用力≧抗力臂×重量

貳、第二類槓桿：抗力點在施力點和支點中間。

由於施力臂總是大於抗力臂，所以它是省力槓桿。

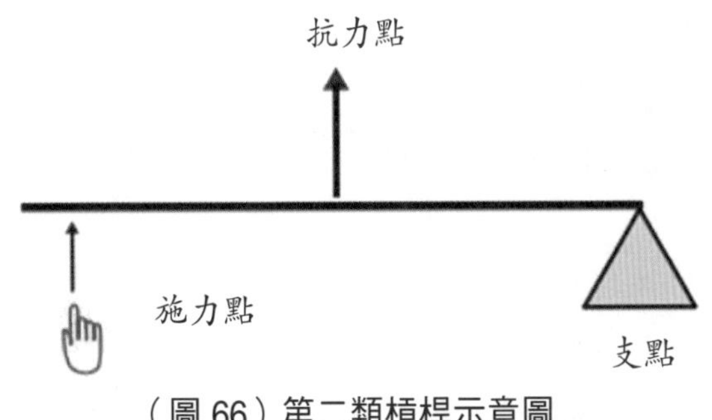

（圖 66）第二類槓桿示意圖

參、第三類槓桿：施力點在支點和抗力點之間。費力槓桿。

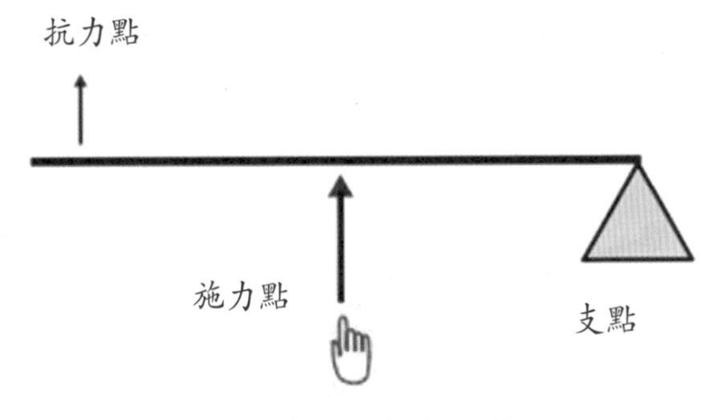

（圖 67）第三類槓桿示意圖

列舉：高手勢發勁法之**槓桿原理**（利用施力點與支點的距離大於抗力點與支點的距離）

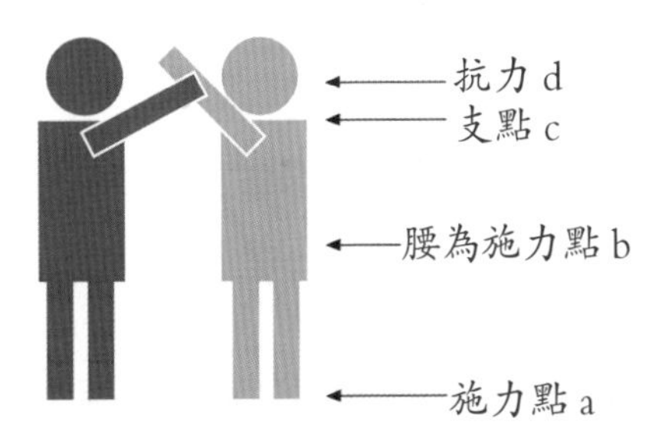

（圖 68）高手勢發勁的槓桿原理

一、利用施力臂(施力點與支點的距離 ac）大於抗力臂（抗力點與支點的距離 cd）的槓桿原理。

二、一般人以腰或臂為施力點，其施力臂小於抗力臂（bc≦cd）。

三、須整勁才能以夾脊為支點。

四、手被壓制在牆壁時，可以肘為支點，腳為施力點。

1–3 以複數力學（Complex Dynamics）說明「陰陽相濟的太極勁法」之能量來源

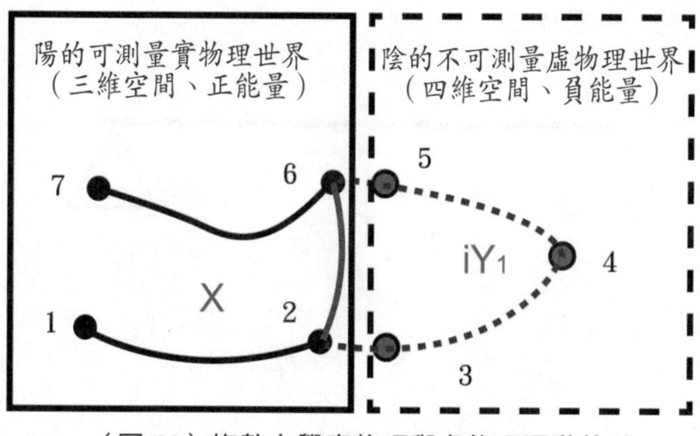

（圖 69）複數力學實物理與虛物理運動軌跡

壹、爲實際作用力（F）

F＝Fx + iFy1

X 是有形的，是可測量部分實物理量（陽的、正能量部分）運動軌跡為 1→2→6→7

iY1 是無形的，是目前不可測量部分虛物理量（陰的、負能量部分）運動軌跡為 2→3→4→5→6

用邏輯運算符號表達「陰陽相濟的太極勁法」運作的說明。

$\varepsilon = \{ [\Sigma f(x)] + [\Sigma(ify)] \}$

（總能量＝實物理量+虛物理量）

一、本項邏輯運算符號是以三維實物理運作，運動軌跡為 1→2→6→7，其途徑為〔Σ f（x）〕。

1→2 為我的運作，6→7 為對方的承接，2→6 為接觸點，動能由 1→2 傳輸到 6→7 為實物理運作軌跡。

二、加上四維虛物理運作，運動軌跡為 2→3→4→5→6，其途徑為〔Σ（ify）〕。為虛物理運動軌跡，其運動軌跡因量子位勢不同而有不同軌跡。

三、1→2→6→7 為實物理與 1→2→3→4→5→6→7 為虛物理（virtual physical mechanics），同為同相能量源，故其能量可以同相相乘。然而實物理可以與實物理衝突，虛物理可以與虛物理衝突，單一實物理無法跟實物理與虛物理衝突，因單一實物理無法處理實物理與虛物理相乘能量。

四、單一虛物理可以影響實物理，但不容易改變其運作軌跡，不過單一虛物理可以影響實物理與虛物理個體內的虛物理量，影響力強的話就可以改變實物理與虛物理個體的運作軌跡。

五、三維實物理其力為接觸點所發。四維虛物理包含三維實物理。實物理能量為力，虛物理能量為氣場、生物場、力場。

貳、單一虛物理量不同運動軌跡

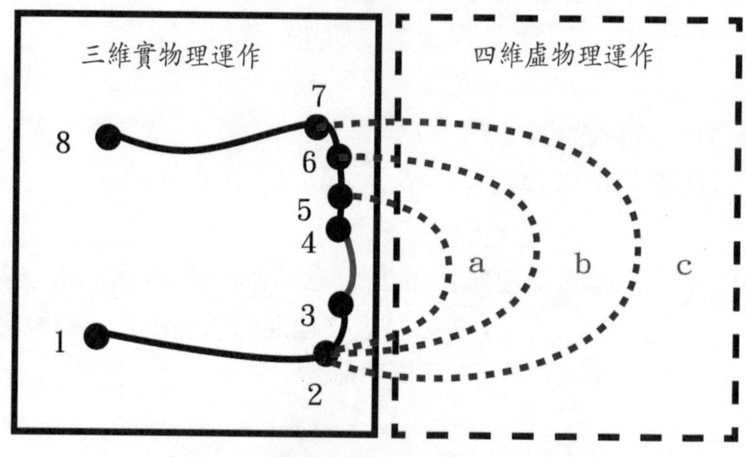

（圖 70）複數力學單一虛物理運動軌跡

三維實物理運作：

運動軌跡為 1→2→3 為我的運作。

接觸點為　3→4。

受力點為　4→5→6→7→8 為對方的承接。

四維虛物理運作：

因其能量波動受意念導引，有多種軌跡，列舉如下：

第一運動軌跡為 1→2→c→7→8；

第二運動軌跡為 1→2→b→6→7→8；

第三運動軌跡為 1→2→a→5→6→7→8；

參、人體動力多點虛物理量運動軌跡

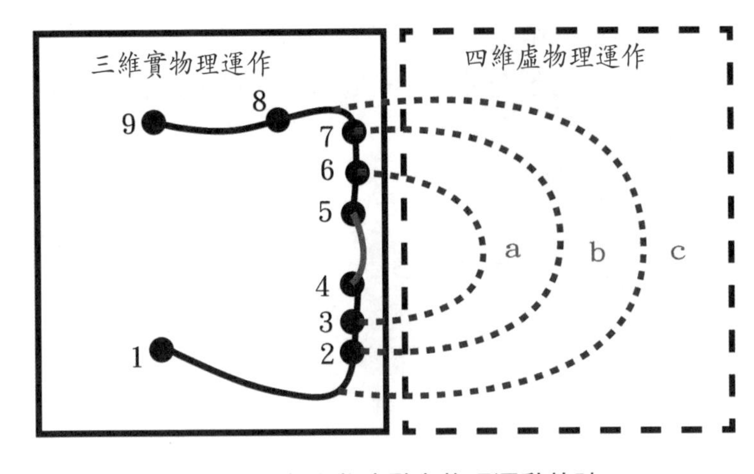

（圖 71）複數力學多點虛物理運動軌跡

三維實物理運作：
運動軌跡為 1 →2 →3 →4 為我的運作
接觸點為 4 →5
受力點為 6 →7 →8 →9 為對方的承接

四維虛物理運作：
因其能量波動口（其能量波動口及其能量位階後續均有說明）及其能量位階的不同，有多種軌跡，列舉如下：
第一運動軌跡為 1 →c →8 →9；
第二運動軌跡為 1 →2 →b →7 →8 →9；
第三運動軌跡為 1 →2 →3 →a →6 →7 →8 →9；

身體有多處能量波動口（如圖 97），經過長時間訓練可以逐次開展。多軌虛物理能量作用力有共乘效果。

肆、實物理與虛物理實際運作

一、實物理量運作

一般人實物理量運作：A 的力量會貫穿身體到達 B，無法下沉。

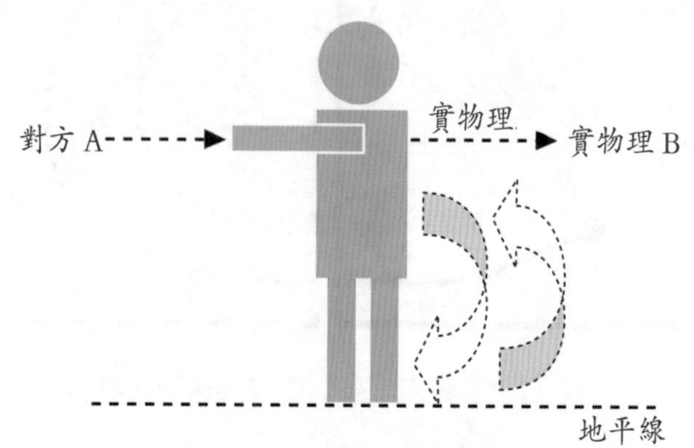

（圖 72）實物理的作用力

二、實物理與虛物理同時運作

陰陽相濟太極勁法，可以將實物理引進陰沉，陽出化為虛物理可以貫穿對方。

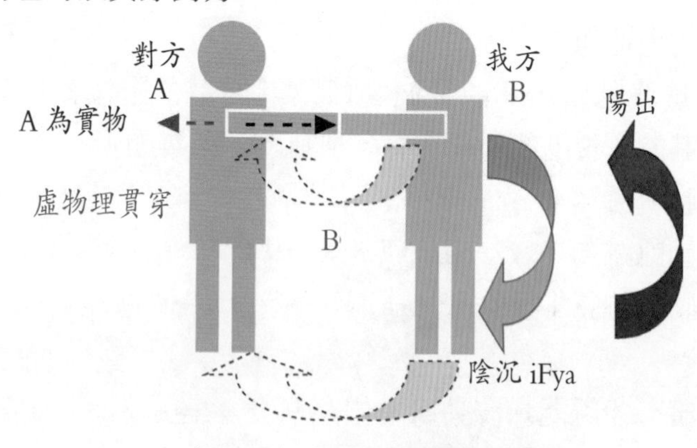

（圖 73）實物理與虛物理同時

（一）一般人用實物理量 Fxf 作用力產生 Fxb 反作用力，而浪費了虛物量 Fya 與 Fyb，使其工作效率低於 19%（Fxf 撞擊地面而逸散於四周，浪費虛物理能量）。

（二）能量（Ft）＝實物理量（Fx）＋虛物理量（iFy）
而如今我們忽略了 iFy，導致 Ft ＝ Fx。用實物理量（陽出 Fxb）攻擊對方，在重心之上，不易推動（其力量落入對方腳下的關係）。若用「負陰抱陽」方式運作，我方用陰沉 Fya 與陽出 Fyb 虛物理量與實物理量陽升 Fxb 攻擊對方，在重心之下，對方雙腳浮動，重心不穩，容易向後傾倒。

（三）虛物理量 iFy 由實物理量 Fxf 下沉而產生，方向受意念導引（如繞場力受引力場影響），一般人無法處理而逸散於四周。

（四）在實地平線，作用力 Fxf 產生反作用力 Fxb。在虛地平線，作用力為 iFya＝Fxf+mgh，其反作用力為 iFyb。虛地平線為虛物理量作用而產生，為代表負能量的位勢，若無作為就沒有負能量位勢，則無法產生虛地平線。（mgh 為重力位能，如下面各單元所述）

（五）任何動力均會產生實物理與虛物理作用，一般實物理作用力產生的虛物理轉變為熱、光等能量逸散四周，使其效率低。一般人承接實物理 A 無法有效的轉移為陰沉（通常節節貫串多未能做好的關係），部份到達 B 導致重心移動而退後。

（六）我們可以將對方實物理量，經節節貫串沉入大地（陰沉），此陰沉產生虛物理量再經波粒二象性轉換為實物理（陽出），使其效率提高為更大的能量。如下所述。

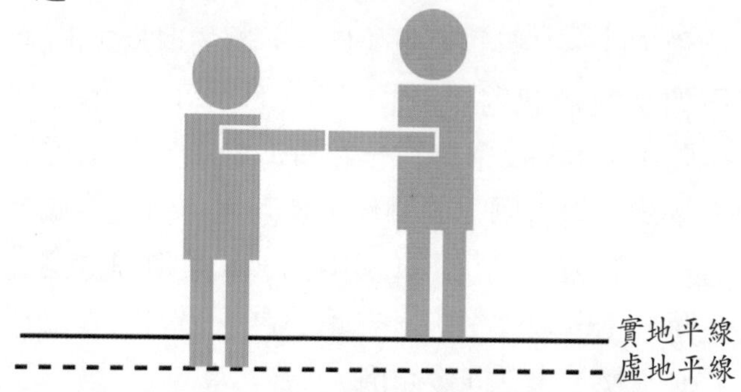

（圖 74）實地平線與虛地平線示意圖

註：因能量（Ft）＝實物理量（Fx）＋虛物理量（iFy）

iFya＝Fxf+mgh 表示

虛物理能量＝所承接外力+陰沉的能量。

在此公式中若陰沉無法實現，表示 mgh＝0

（h 在常態並不存在，需陰沉才有）

則 Fya＝ Fxf＝ Ft，即純為實物理量

伍、利用重力位能公式

根據許多專家所做的研究，一個六十公斤的人每走 5 階的階梯，就會消耗 733 卡的熱量，一個階梯的高度大約是 20 公分。因此我們每走 5 階階梯，整個人垂直移動了 5 x 20 cm ＝100 cm＝1 m

U＝mgh

U：消耗能量

M：人體重量（假設為 60kg）
G：重力加速度（9.8m/sec）
H：虛地平線與實地平線距離（高階者約為 1m 深度）
U＝60×9.8×1＝588 焦耳（能量）＝140cal

因此我們可以計算出人上下樓梯的效率大小為：

效率＝140 卡 / 733 卡＝19%

19%的能量為重力位能所使用，其餘 81%的能量轉換為虛物理量，一般人無法處理而轉變為熱、摩擦、光等逸散於四周，浪費虛物理能量。**陰陽相濟太極勁法**就是將其虛物理量經複數力學作為轉化為另一種實物理量。詳細作為後續各段均有不同層次的說明。

註：1 焦耳：0.1kg 物體自由落下 1 公尺距離的動能。
＝23.7 呎－磅。（1 磅物體　移動 23.7 呎的動能）
＝1 瓦特－秒（導線兩端一秒鐘通過 1 安培的電流）
（1 克的水昇高 1℃所需熱量稱為卡）

陸、複數力學說明另一觀念

混沌理論（Chaos theory）與蝴蝶效應（Butterfly Effect）

「混沌理論」之父、麻省理工學院教授愛德華・羅倫茲（Edward Lorenz），他提出的混沌理論與相對論、量子力學鼎足而立，被譽為廿世紀最偉大的三大科學發現之一。其簡單的熱對流現象居然能引起令人無法想像的氣象變化，產生所謂的「蝴蝶效應」。

混沌現象（Chaos）初始擾動所造成的遠端影響。也就是說一端的作用力作為，在遠端造成作用力的影響。混沌現象是自然界中的普遍現象，混沌理論強調的是集體行為（持續行為）。混沌現象具有三個關鍵要素：一是對初始條件的敏感依賴性（無反對行為）；二是臨界水平，這裡是非線性事件的發生點（動能可以脫離）；三是有序和無序的統一。

我國 楊憲東博士 所建立的複數力學，該力學將牛頓力學與量子力學整合在複數空間之中，這使得量子系統的混沌現象可用複數型式的牛頓力學來加以描述，這意謂量子混沌現象實際上是發生於複數空間之中。

強混沌現象（strong chaos）初始沒有擾動，遠端仍會出現影響現象。粒子在複數空間中運動，取決於所處於的量子態中，其運動方式也不同，在量子位勢量子態會呈現混沌現象，稱為量子混沌現象（Quantum chaos）。

初始擾動我們僅看到實物理量的影響，其虛物理量於遠端造成影響，我們會認為那是另外一個實物理量的作用，其實兩個實物理量的發生，是前一個實物理量所產生的虛物理量於遠端造成混沌現象，造成另外一個實物理量的作用。由下面說明能更清楚。

一、混沌現象的初始擾動是實物理（外動）的作為。強混沌現象的初始是虛物理（內動）的影響所造成。

二、混沌理論強調的是持續行為。（所以陰陽相濟太極勁法強調的是，發勁是持續行為）。

三、臨界水平：週遭環境氣場達到飽和狀態。

四、實物理量作用於受力者的接觸點，受力者由接觸點受到壓力可以查覺而反應。虛物理量作用於受力者的受力點，受到排斥力（引力），受力者無法用實物理處理虛物理量。

五、圖 71 多點虛物理運動軌跡，就是說明人體產生量子混沌現象，所造成的力量變化。

1-4　以量子力學（Quantum Mechanics）說明「陰陽相濟的太極勁法」之能量變化

量子力學基本原理：能量具有波動性與粒子性，又稱波粒二象性。「場」是宇宙中不同形態不同時空的各種「波」與「粒」之統一體，故稱為「統一場」。

壹、量子力學

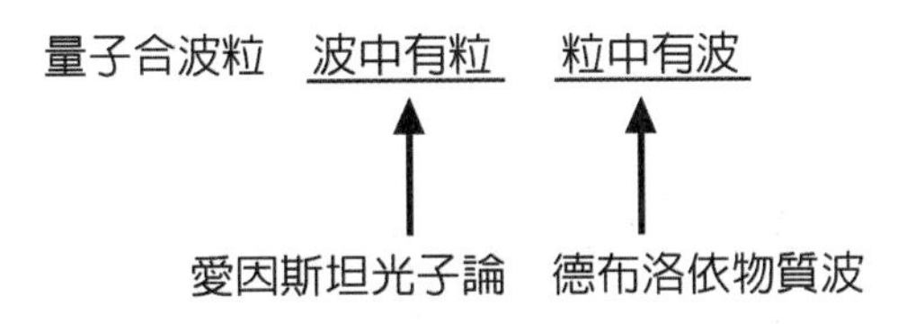

能量在慣性傳輸中，具有其原有的「場」的形態。粒子性在慣性傳輸中仍然具有粒子性的「場」的形態。粒子性傳輸若經過雙縫形態現象（如下圖），會轉換為波動性的「場」的形態。波動性在慣性傳輸中仍然具有波動性的「場」的形態。波動性傳輸若遭遇其他的同向量波動性傳輸，會結合為粒子性的「場」的形態，而具有粒子性的能量。

貳、以易經說明：太極合陰陽中有陽 陽中有陰

人體氣場能量的來源，就是陰沉陽升產生的虛物理量以及量子混沌現象的展現，波動性與粒子性現象如下圖所示：

一、能量的粒子性與波動性現象

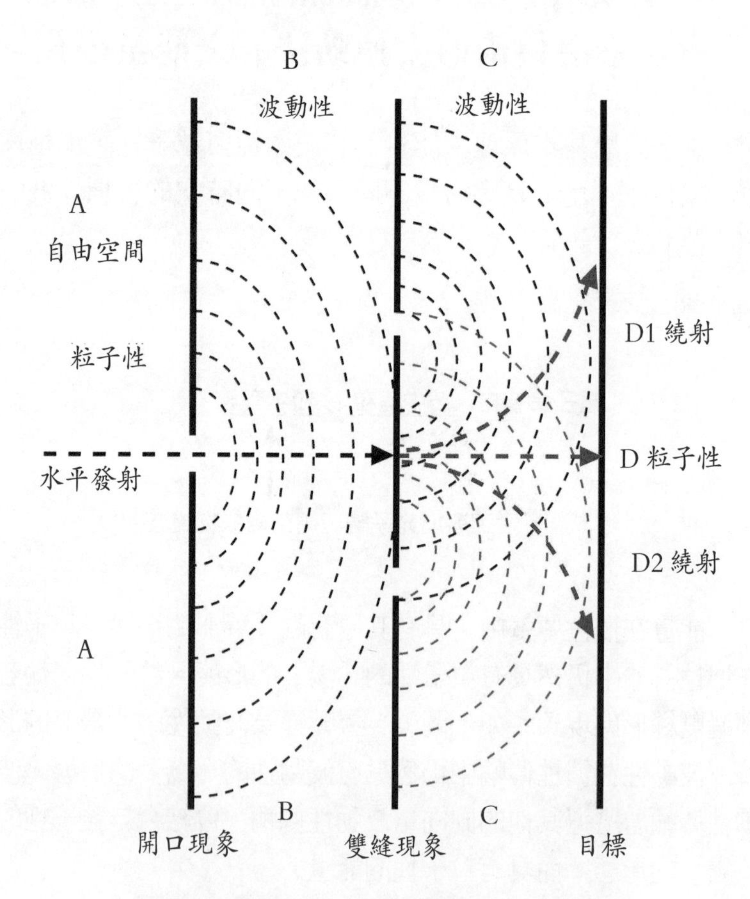

（圖 75）能量的粒子性與波動性現象示意圖

二、以「腳帶手，腳接手，腳發手」爲例說明

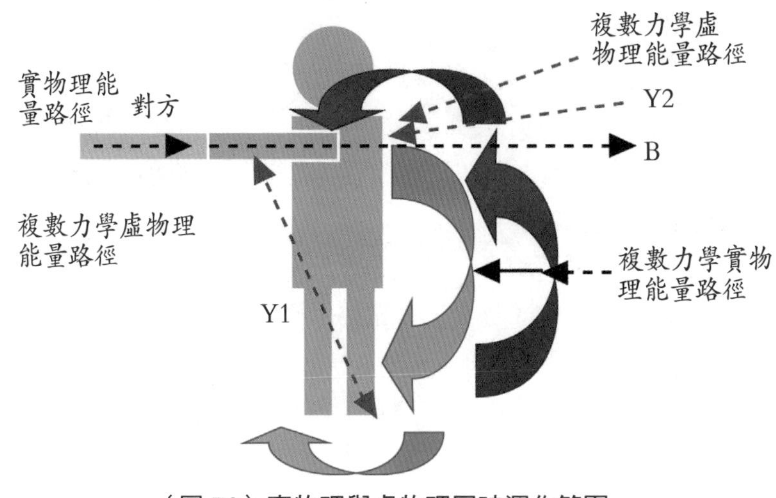

（圖 76）實物理與虛物理同時運作範圍

對方用力（粒子性能量）會將我們身體往後推動到 B 位置，這是傳統力學的作用，若我們用力抵抗，會僵在一起難以動彈。我們因節節貫穿（雙縫現象）而將對方的粒子性能量轉換為波動性能量，經腳弓沉入大地，如樁沉入地下，身體就能穩如泰山屹立不搖。

我們以 D1 波動性能量，經虛物理空間傳輸到對方腳下，對方身體的實物理重量就被我的虛物理波動性能量托起，此時對方腳底已無有效的支撐，我用陽升的 D 就可將對方推動。我們再以 D1 經虛物理空間傳輸連結 Fx15，就如同手腳之間有根支柱頂住，對方的力量經此虛物理空間傳輸到腳，腳下沉發勁就如同腳直接將勁經過手發給對方。

註：1. ΣFx 為節節貫串的 15 節，便於接勁及化勁。

2. ΣFy 為九個能量波動口，fy1 如前述的 iFya，其餘為 iFyb⋯ ⋯。

3. 上述九項動作，實為量子力學的波粒二象性的能量變化，希望同好按部就班，一項一項的練習，先練第一項、第 Fy7 項就有小成，再練其他，當可發現奧妙無窮盡在其中。

4. 何處接觸何處發，處處是手，處處是腳，腳發手。

5. Y1 為波動性能量；Y2 為粒子性能量

6. 神到意到腳，雙腳下旋，意到氣到夾脊，氣到勁到，勁到接觸點，微鬆接觸點，腳接點、腳發點。

波粒二象性之邏輯運算表達如下：

$$\varepsilon = \{ \left[\sum_{1}^{15} f(x) \right] + (fy_1 + fy_7) + \left[\sum_{1}^{9} (fy) \right] + fy_{10} \}$$

and　and　or　and

双縫效應（節節貫串）　波粒性（能量轉換）　導引（意念）

綜合以上說明，可知：

（一）要產生波粒二象性，其起始能量要到達臨界點。

（二）人體陰沉陽升產生的虛物理量，必須要「節節貫串」能量才會聚集，才能有足夠能量轉換經雙縫效應轉移為波粒性能量。

（三）波粒二象性也就是微觀的陰陽相濟，產生實物理與虛物理的二象性。

（四）F（y）的運用，意念集中能導引波動性能量前進方向。

（五）F（x）為節節貫串的 15 節。

（15 節 請參閱 3–2 陸、節節貫串運作法 之說明）

（六）F（y）為波動能量口（參閱圖 75）。

（七）臨界點：A 物性要轉變為 B 物性所需能量。

（八）易經：無極而太極，太極生兩儀。陰陽兩儀是大自然生生不息之根源。

1–5　以電子繞射（Electron Diffraction）說明波粒性動作現象

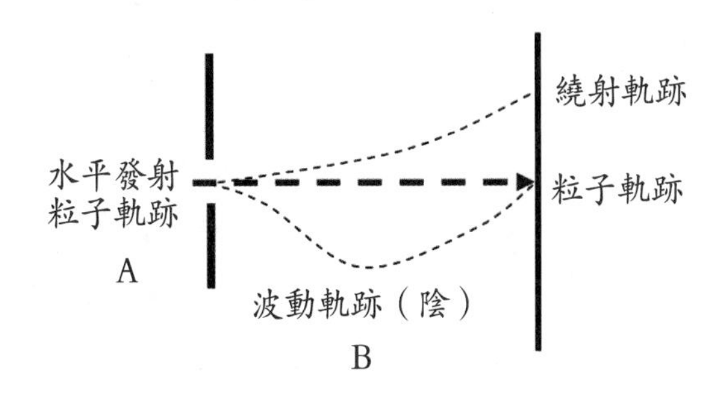

（圖 77）電子粒子軌跡與繞射軌跡

F＝fx+ify　總作用力等於 x 軸向量力 + y 軸繞場力

自由電子在自由空間水平發射，具有粒子性的「場」的形態。（如 A）遇到雙縫開口空間，雖仍具有粒子性的「場」的形態，也會引發具有波動性的「場」的形態（如 B）。

能量具有波動性與粒子性，以其量子位勢「場」的形態運作。相對的力場具有作用力與反作用力，以其質量及加速度的作用，讓其作用力經生物場的作用轉化為虛物理量，也就是陰與陽的作用形態運作，其間形態的轉換如下。

圖 75 說明能量原先水平進行，其具有粒子性（顯性）及波動性（隱性）如「A」。若遇開口則具有粒子性（顯性）及波動性（顯性）如「B」。若遇到物體粒子性受阻，若有物體阻擋同時又具有雙縫現象，則轉化為粒子性（隱性）及波動性為（顯性）如「C」，具有同調同相波動能量進行中又可合成為具有粒子性能量如「D」。

能量愈高，其波愈密，其合成為具有粒子性能量也愈高，有如能穿越其阻擋的物體。陰陽相濟太極勁法，接觸點的力為陽（如粒子性），節節貫串有如雙縫現象化為陰（如波動性），由雙縫現象作用，將波動性化為粒子性能量，如同透過接觸點到達目標將對方迫開。（A 如接觸點，B 為節節貫串接勁，C 為虛擬發勁、D 為目標虛擬打點，具有同調異相波動能量 D1、D2 為繞場力虛擬打點）。

D1、D2 二個波動性能量透過對方身上到目標點，合成粒子性能量，向對方目標運動，將對方身體往後推移到意念虛擬位置。此時 D1、D2 波動性能量到達對方身上，已經將對方之根浮動。D 能量到達對方身上，將對方夾脊制住，對方無法動彈，隨我動作以〔Σ f（x）〕與 D1、D2 能量後推移到意念虛擬位置。

人體波動性能量口可分為 fy1→足弓，fy2→腳踝，fy3→膝窩，fy4→胯，fy5→背，fy6→夾脊，fy7→肩，fy8→肘，

fy9→腕等。依經驗法則一般人下沉虛物理能量約 2 單位，每增加 10 單位再產生一組雙縫現象能量，所以高階者虛物理能下沉 90 單位以上，就能有最上層能量。

能量在慣性傳輸中，具有粒子性與波動性，以其原有的量子位勢運動，經雙縫現象轉換為波動性能量，波動性能量在其傳輸過程中，能量位勢到達臨界點時具有粒子性能量。波粒二象性，波中有粒、粒中有波，粒子性就如同陽，波動性就如同陰，陰中有陽、陽中有陰，也可以說是陰陽二象性。整合以上說明，可知：

壹、波動性能量因其量子位勢的不同，其軌跡也不同。所以陰陽相濟太極勁法增加陰沉的深度，陽出的能量也增加，其虛物理量位勢足夠轉換波粒性能量。

貳、若經過雙縫現象，粒子性能量轉變如虛物理量的陽出，波動性能量也就是虛物理量陰出。

參、繞場力為宇宙間的重力（就如同地球的萬有引力）。

肆、D 為打擊點，通常以虛物理量的陽出對方夾脊，使對方無法施力。

伍、D1、D2 為對方腳、膝等以虛物理量的陰出打擊點。

陸、陰沉若無法連續作為，其值 Fy＝Fx，U＝mgh＝0，也就無虛物理量。

1-6 以信息波（Y-ray Information Wave）說明「陰陽相濟太極勁法」之超能量

信息是一種超能量，信息波的形態是全像理論及意念力的合成（Y-ray formation is Hologram and Intention Energy Assembly），接受到信息就會隨信息而反應。

壹、信息的形態

一、生物場：

細胞內的粒線體產生能量變化，可以產生電位差，轉換為其他能量。生物體的能量（遠紅外線克里安照像人體光譜），證明人體確實有能量場。

二、意念場：

思維產生意念－意念產生能量變化，導引人體的能量場產生氣、力、勁依照意念行進。意念的?度可使能量變化的行進更為強烈。意念力要有流動的路徑，其虛物理能量就能引領而出，也就是氣場流動，所謂的內氣外放。

三、氣　場：

意念驅使人體之能量變化為氣之運行，氣可導引力（引力場）成為勁穿透對方到達目標點。（Σ（fy））

貳、意念場

表 3

項目	種類	頻率	發生時機
1	α	8~13Hz	清醒時
2	β	14~30Hz	神經系統活動時
3	γ	4~ 7Hz	情緒緊張時
4	δ	1~ 5Hz	沉睡時
5	Y−ray	10^{21}Hz	信息波

參、氣　場

神經的傳導是一種電流的傳導，由大腦皮質產生意念就如發號命令，透過神經的傳導產生去極化現象，傳到全身，所以說神經電流傳導的現象是氣的表徵，即拳論上說「意到氣到」。

神經電流通過身體時會產生磁場，血管中有血液流動，血液中的紅血球含有鐵分子，當神經電流在身體內傳導流動，及血液在血管中流動，都會產生電流的傳導，若強度夠大時，會在體外產生感應磁場，即常人所說的「內氣外放」。

神經電流因頻率不同而使人有不同的感受，如果電流強度很強則產生的磁場也強，使在身旁的人也能感受到「氣」的存在，或許這就是高手的氣「咄咄逼人」的現象。

1939 年就有人測出細胞膜兩側的電位差為：10mv—100mv，可興奮的細胞膜兩側的電位差為 60mv—100mv，相當於 107v／m 的強電場。在人體的新陳代謝過程中能量的運輸（如離子等跨膜運輸）、能量轉換和信息傳遞（動作電位）等等都是電子轉移和離子電流，還有心電、腦電和肌電等生物電在人體中的變化，會產生磁場作用，所以在人體中存在著各種電場，磁場和生物電，它們的綜合作用就形成了人體的一種場。也就是稱為人體生物場。內氣的實質是人體的生物場，這種生物場可以調整人體的能量和信息變化。

一般人僅能感覺生物場的存在，而無法有效運用，其實生物場的能量可以藉全身的筋膜（Fascia）及骨膜（Perios-teums）調整、平衡。在遭受外力時可以藉筋膜網迅速調整平衡，以恢復身體系統原有的功能。陰陽相濟太極勁法的引勁，就是藉筋膜網將接觸點感受的外力引入腳底洩入大地，對方就無所作為。

筋膜包括肌外膜（Epimysium）、肌內膜（Endomysium）、肌束膜（Perimysium），一般人運用外形操作僅能運作肌外膜（如引進落空），要受過特殊訓練以「內動」方可運作肌內膜及肌束膜作非常細微的動作（如引勁落空）。

當皮膚感受到外在磁場感應，也會產生電流感應傳回到大腦時，會有「氣」的感覺，例如有一刺激當它碰觸到皮膚上熱的感受器時，就會產生熱感。

當神情內斂，大腦平靜，全身放鬆時，微血管也會鬆弛，則會促使微血管的通透性增加，血液中的淋巴液流出則會增多，充滿於細胞間，這會刺激末梢感受器而有漲、麻感覺，這就是所謂的「氣」。

在皮膚上有許多感覺器官，透過神經傳到脊髓的後部，再向上傳達到腦部。練皮，就是練習這些感覺器官、及其神經的傳導到腦部的靈敏度增高，測知對方的來勢，以不同的勁力化勁、發勁，以期達到聽勁、懂勁的階段。

但在意識清醒狀態下這反射弧是可以用意識來控制，如此才能使肌肉纖維可以被拉長，成為放鬆狀態，越能控制這反射弧則能有越多的肌肉纖維被拉長，使整塊肌肉越鬆弛，這就是鬆。

勁是神、意、氣、力、導引的綜合結果，缺一不可，所以在對方接觸前，神、意、氣、已先發動，練習密度愈高，其籠罩範圍愈大，接觸前已可遙感對方意氣（更高者可以遙控對方無法以意引氣）。

氣場的來源是陰沉陽升的作用，產生虛物理能量，用意念將此能量集中到目標，所以氣場的強度，是要陰沉夠深，其陽升的能量就愈大。前節所說明的虛物理能量，也就是內氣外放高階層的展現，到達內氣外放的階段，才能感覺到別人氣場的壓迫感，才是真正懂得聽勁。

物質的變化可以轉化為能量，能量可以不同的形態存在，人體細胞利用間質液產生化學反應，由化學反應的離子移動產生電位差而產生電流，依據「佛來銘運動」定則，產生磁場、力場。而力場周圍產生氣場，如下圖：

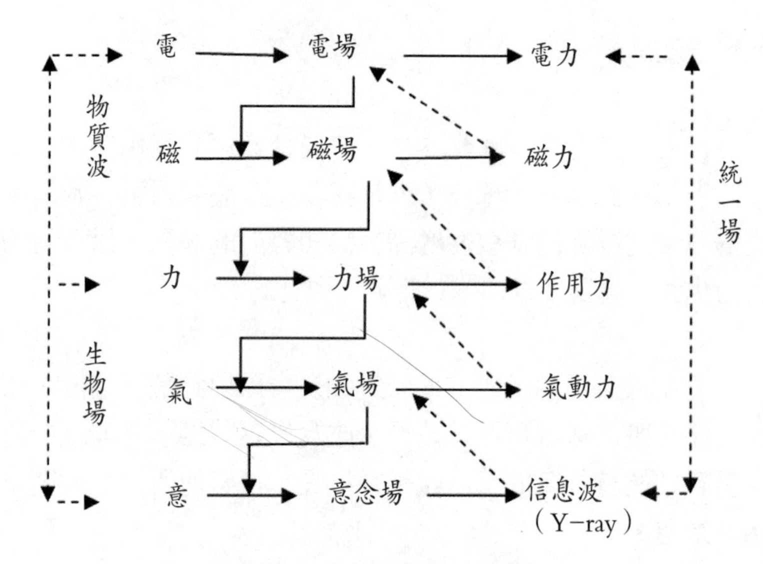

（圖 78）能量轉換示意圖

陰沉就是將力場轉換為氣場（虛物理量），虛物理量可產生引力場，陽出氣場轉換為勁就可產生推力。

1−7　以分子動力學（Molecular Dynamics）說明「陰陽相濟太極勁法」之能量運作

物體瞬間壓縮，其聚合物瞬間的結構與原子的運動速度，運動軌跡，將壓縮的能量瞬間放出，其產生的力場相當具有威力，力場以繞射方式向外運動，當介質是另一物體時，轉換為推力或拉力，可以量測，當介質是空間時，轉換為引力或排斥力，目前不易量測。

分子動力學是由微觀運動，探討宏觀實體性質的一種方法，分子運動會發生吸引、排斥乃至碰撞，這時就根據**牛頓**

力學，和預先給定的粒子間交互作用勢來對各個粒子的運動軌跡進行計算，在這個過程中，體系總**能量**不變，但分子內部**勢能**和**動能**不斷相互轉化。

陰陽相濟的太極勁法，陰沉陽升是瞬間壓縮同時再釋放，陰沉產生虛物理能量，以量子強混沌現象投射對方身上，產生虛物理量作用。陽升產生的物理能量，經波粒二象性的雙縫現象，投射到對方身上產生實物理量作用，前一項是排斥力（引力），後一項是推力（拉力），二者相互作用，對方的實物理量無法處理，祇有退開。

壹、能量壓縮：

一、實物理量重心下沉：用蹲馬步或弓箭步來降低重心。

一般人用蹲馬步或弓箭步來降低重心，這是實物理重心降低有限，接勁時先落空，下踩再陽升發勁。

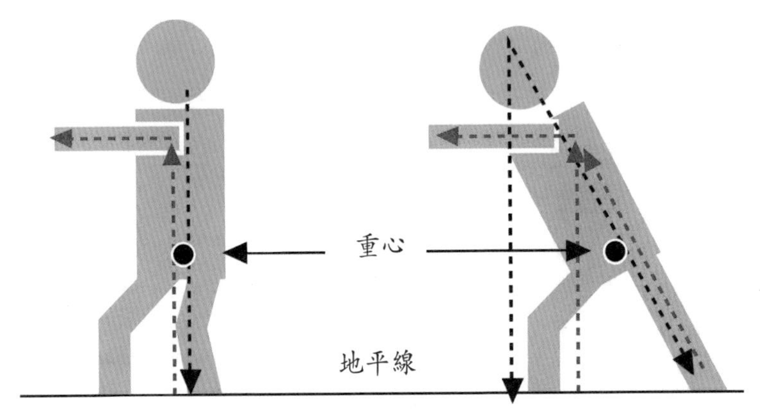

（圖 79）實物理重心下沉

二、虛物理量重心下沉：以垂直軸下旋漏沉運作。

（一）靜止間

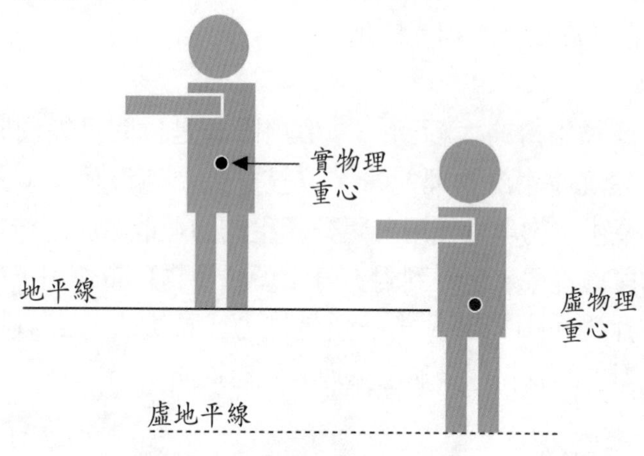

（圖 80）虛物理重心下沉

虛物理量重心下沉：腳底有如負壓般的下沉，將地上物能量引入腳底下。

（二）行進間

1. 體態觀察

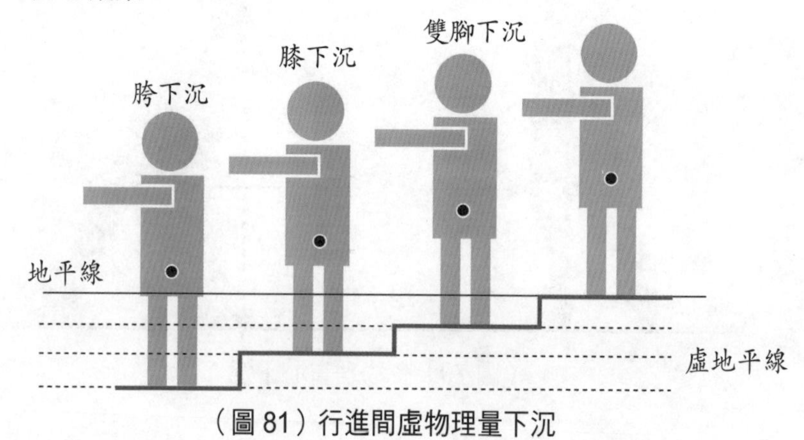

（圖 81）行進間虛物理量下沉

步行發勁時每一步下沉一階，如同下樓梯一般。其下沉能量需連貫下沉。

2. 腳底運行

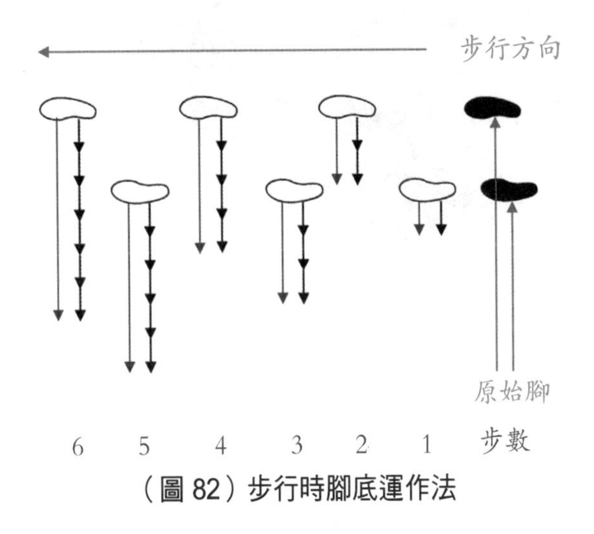

（圖 82）步行時腳底運作法

三、氣場壓縮：虛物理量壓縮（氣場因壓縮造成橫向膨脹而重心下沉，同時造成底面積增大）

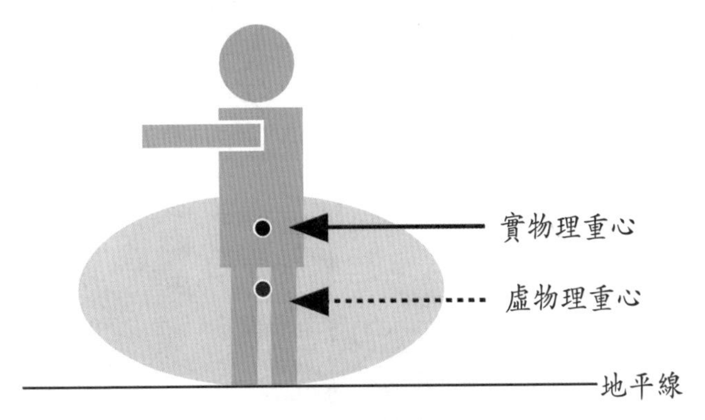

（圖 83）虛物理量壓縮

四、負陰抱陽：負物理量已托起對方實物理之根，使對方雙腳虛浮，無法發勁。

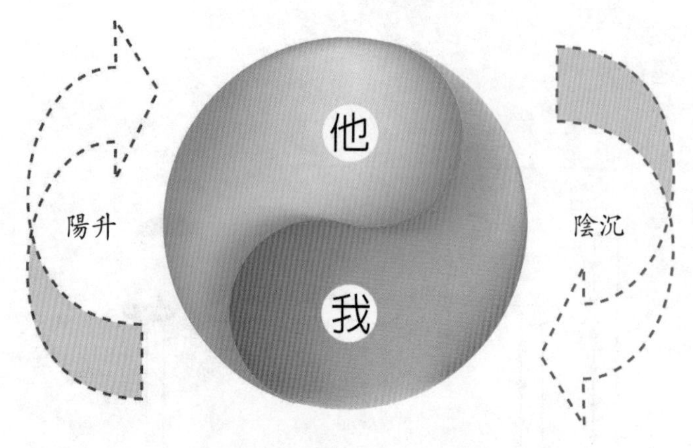

（圖 84）負陰抱陽示意圖（一）

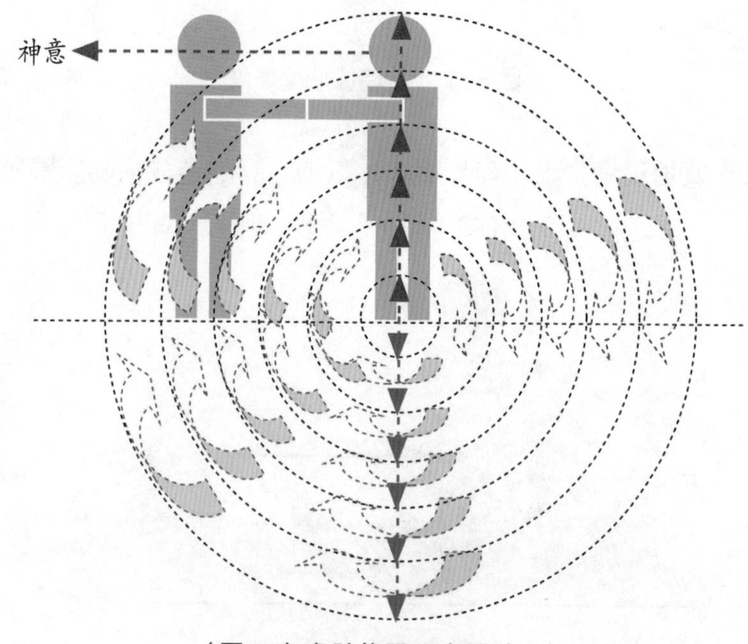

（圖 85）負陰抱陽示意圖（二）

↓代表陰沉深度

↑代表陽升高度

每次虛物理量須陰沉方能引意，沉的愈深引動範圍愈大。

與**負陰抱陽氣場引動示意圖**合在一起操作，就能明白。

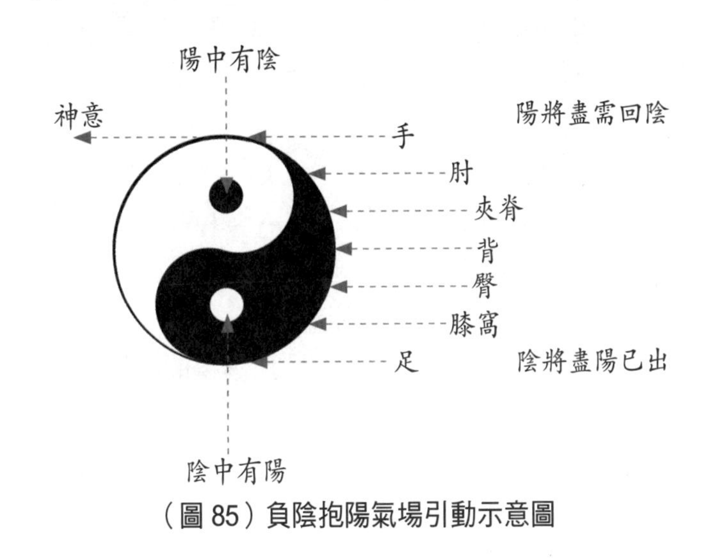

（圖 85）負陰抱陽氣場引動示意圖

（圖 86）負陰抱陽人體操作示意圖

五、陰沉陽升產生引力場

依照牛頓力學有作用力必有反作用力，在複數力學有實物理相對的必有虛物理存在。我們人體為實物理，其虛物理散在各節之中（各器官組織 60 兆單位），無法有效運用，所以需節節貫串，能量才能流動。陰沉陽升，將其虛物理量總合運用於一點，就能產生引力場。如下：

愛因斯坦能量轉換公式 $E=mc^2$　（1 kg＝90 petajoules）

$1kg = 90 \times 10^{15}$ Joule　（$1eV = 1.60 \times 10^{-19}$ 焦耳）

$= 56 \times 10^{34}$ eV

（1 焦耳＝0.1kg 落下 1 公尺的能量）

（1eV＝一個電子經過 1 伏特電位差 所獲得的能量）

重力位能轉換：假設 60kg 的人位移高度為 2cm（一般人）至 1m（高階）。

$U = mgh = 60 \times 9.8 \times (0.02 \sim 1)$

（動能＝重量×9.8×位移高度）

$= 11.7 \sim 588$ 焦耳（1 焦耳＝0.6×10^{19} eV）

$= (7 \sim 352) \times 10^{19}$ e V（10^{13} eV＝1 兆電子伏特）

六、臨界點

陰陽相濟的太極勁法，利用陰沉產生的虛物理能量達到臨界點時，由宏觀的作用力與反作用力的相反相成逆轉下，變成微觀的虛物理能量，或者說用旋轉螺旋方式（如鸚鵡螺的紋路）將外力由極大轉變成極小，達到臨界點時，再由極小轉變成極大，由旋射方式產生能量逆轉，可經過量子態混沌現象的初始內動所造成的遠端影響，到達對方身體。

貳、能量運作

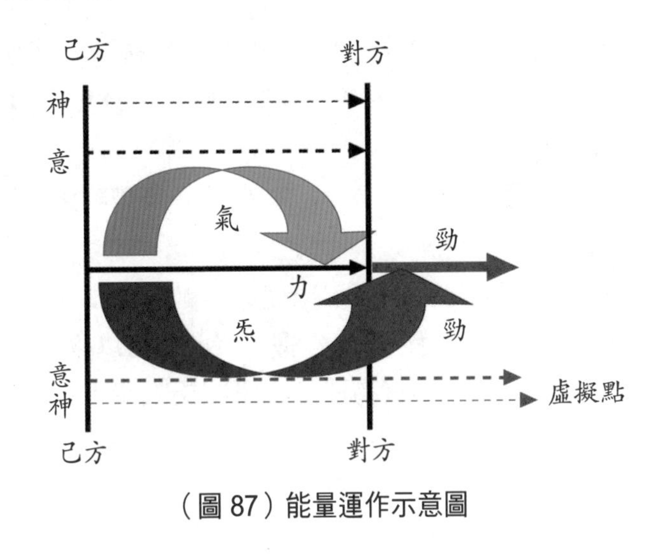

（圖 87）能量運作示意圖

一、如藍色箭線神意氣力同時產生就無法產生勁。

二、如紅色箭線神意領先炁，炁領先力就產生勁。

參、能量時序

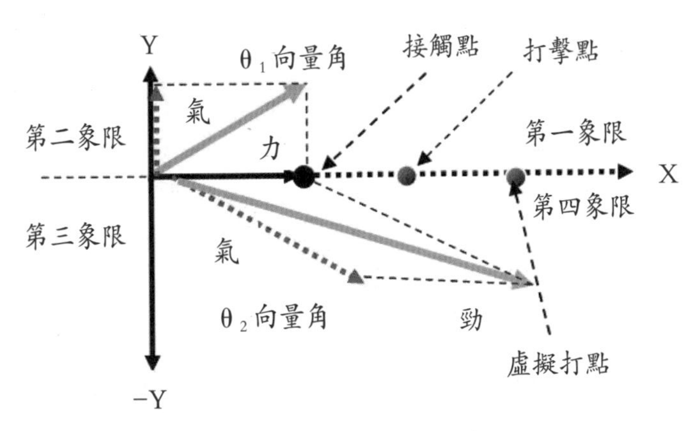

（圖 87）能量運作時序圖

一、若先用力，氣落後力θ_1向量角時無法生勁（第一象限），力直接撞擊對方（接觸點），對方可以擋住。F ＝ fx

二、若先用意，氣領先力θ_2向量角時先產生勁（第四象限），勁可貫穿對方身後（虛擬打點），對方無法接勁。F＝fx＋ify

三、勁的長度要超過力的長度，就會透過身體到達虛擬點。（勁未到炁已到）

四、接觸前陰沉陽升節節貫串已完成，神意穿鎖對方，到達虛擬打點，接觸時已取得先機，接觸就可以發勁了。

五、第一象限產生三維實物理量；第四象限產生實物理與虛物理量。

1-8　以量子態傳輸(Quantum State Transmission)說明「陰陽相濟太極勁法」之傳輸原理

壹、能量傳輸

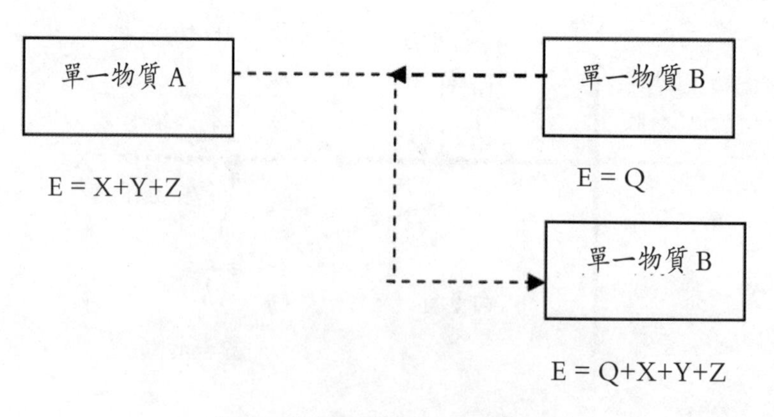

（圖 88）量子態能量傳輸示意圖

物質 B 若向左撞擊物質 A，物質 B 的作用力為 Q（實物理量），撞擊物質 A 產生的反作用力為向右的−Q，能量大小相同，方向相反。但是物質 A 的能量是 X+Y+Z，故其物質 A 所產生的作用力為 E＝Q+X+Y+Z（粒子性）。 但其波動性能量則為 $E=\int(Q)X+\int(Q)Y+\int(Q)Z$。

符號為 $\varepsilon=(fx1\times fy1)+(fx4\times fy3)+(fx10\times fy5)$。

fx1 為 Q 之向量分量 Q1
fy1 為 X 之能量（代表 D1）
fx4 為 Q 之向量分量 Q2
fy3 為 Y 之能量（代表 D2）
fx10 為 Q 之向量分量 Q3
fy5 為 Z 之能量（代表 D）

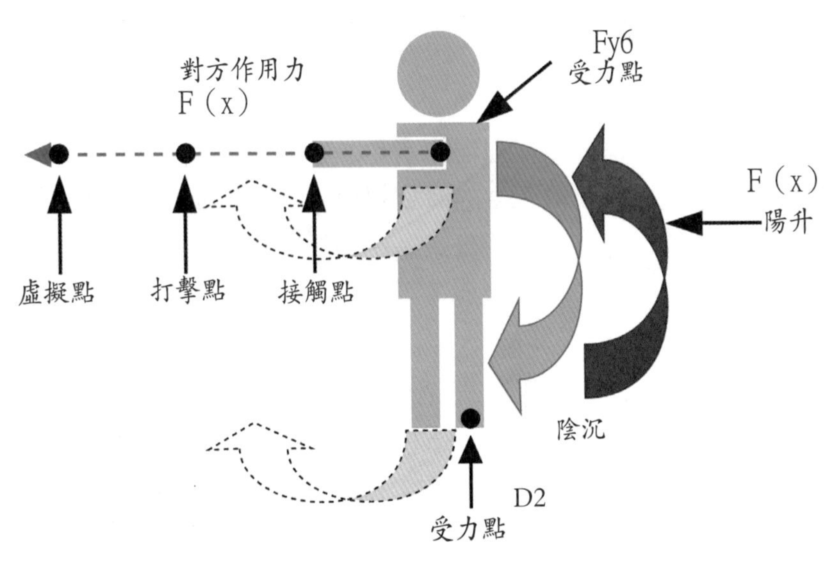

（圖 89）接觸點、受力點、打擊點、虛擬處相對關係

E＝X+Y+Z　代表身體陰沉陽出的三組虛物理量，如圖75的D、D1、D2三組能量，可打擊對方身體相對應的三處，使對方無法處理。

Σf（x）為三維實物理能量傳輸，介質是由人體或物體傳輸。Σf（y）為四維虛物理能量傳輸，介質是物體或空間，經由人體的接觸點（如手、手臂、肘、肩、胸、背等），由fy5到達對方受力點，再透過受力點到達虛擬點。其餘fy（fy1、fy2、fy3、fy4、fy6）經由空間傳輸，到達虛擬點，若對方有高階聽勁能力，可以感覺勁已透過身體。

高階能力者亦可以用Σfy（fy2、fy3、fy4）配合Σfx（fx4、fx7、fx9）經由空間傳輸，到達虛擬點或透過接觸點到達對方身體，並透過對方身體到達虛擬點。其能量更為強大。

貳、時空扭曲

在相對論裡說明引力場中，量子空間的負質量其實充滿了大量不規則和隨機產生的**時空扭曲**（兩點之間最短的距離是直線距離，這是三維的概念。在四維空間的概念：如一張紙上的頭尾兩點，將紙曲折，兩點重疊在一起，兩點之距離只有一張紙的厚度，用針一穿就過。也就是說負能量到達臨界點時繞射會產生時空扭曲，距離不是時空的問題），也就是科學家稱之為量子泡沫。這種結構又稱為「愛因斯坦－羅森橋」其大小以奈米計算（10^{-39m}），又稱為Wormhole。它們可以經一端進入，然後從空間的另一端出來。

編者的話（二）：以四維空間說明虛物理量通道

我們所熟悉的能量如，電能、光、熱、化學作用、輻射線、氣體等均可用儀器量測，這是屬於三維空間的能量，也就是實物理量，用三維儀器當然可以量測。生物場的能量部份是實物理量，有部份是虛物理量，目前儀器無法量測，我們不能說它們不存在。

有些能量我們知道它存在，卻無法量測以證明它的存在，其實這些是四維空間的能量，我們用三維儀器當然無法量測，所以有些科學家將之稱為虛物理量或負能量（negative energy）。在四維空間，其負能量的傳輸是用四維空間的時空隧道，也就是所謂的蟲洞（Wormhole）。

一、蟲洞概述：

（一）蟲洞理論（Wormhole）是 1916 年奧地利物理學家路德維希・弗萊姆（Ludwig Flamm）首次提出的概念。

（二）1930 年代由愛因斯坦及納森・羅森在研究引力場方程式中，可能存在連接兩個不同地點的時空隧道，這種時空結構稱為「愛因斯坦－羅森橋」。認為透過蟲洞可以做瞬時間的空間轉移。相對論同時說明，引力能彎曲空間，而形成蟲洞。

（三）蟲洞是雙通的，你可以從宇宙的一端進入，然後從宇宙的另一端鑽出來，是宇宙的隧道，小至 10^{-35} 米的空間（這個大小比原子核要小上 10^{-10} 倍），我們會發覺，原來平滑的時空，其實充滿了大量不規則和隨機產生的時空扭曲，科學家稱之為量子泡沫。這些時空扭曲會形成一些小型蟲洞。蟲洞的超強力場，可以吸去周圍所有能量。

（四）根據美國密蘇里州聖路易斯市華盛頓大學物理系副教授維瑟所率領的一隊研究人員的計算，「負質量」可以來控制蟲洞。他們指出，「負質量」能擴大原本細小的蟲洞。

（五）引力場中，量子空間的負質量其實充滿了大量不規則和隨機產生的時空扭曲，科學家稱之為量子泡沫。這種結構稱為「愛因斯坦－羅森橋」。它們可以經一端進入，然後從空間的另一端出來，理論上，蟲洞是連結白洞和黑洞的多維空間隧道，是無處不在，但轉瞬即逝的。

二、說明：

（一）新的研究卻發現，蟲洞的超強力場，可以透過「負質量」（negative mass）來中和。

（二）美國政府位於新墨西哥州洛斯阿拉莫斯市的實驗室，已經成功證明了「負質量」能存在於現實世界。

（三）根據美國密蘇里州聖路易斯市華盛頓大學物理系副教授維瑟所率領的一隊研究人員的計算──「負質量」可以用來控制蟲洞。他們指出，「負質量」能擴大原本細小的蟲洞、使它們足以讓太空船穿過。

（四）華盛頓大學副教授維瑟認為，可以用負質量去擴大和穩定細小的蟲洞。他說：「你需要產生大量的負質量，然後把負質量傳送到蟲洞中，把蟲洞打開，並強化其結構。」

www.cis.nctu.edu.tw/~is87025/hw/hole3.htm

（五）在物體以近光速接近蟲洞的時候，在蟲洞的周圍的能量自然就成為了負能量。

（六）隨著量子理論的發展，1948 年，荷蘭物理學家卡什米爾（Hendrik Casimir）研究了真空中兩個平行導體板之間的這種虛粒子態，結果發現它們比普通的真空具有更少的能量，這表明在這兩個平行導體板之間出現了負的能量。

http://baike.baidu.com/view/67468.htm

（七）俄羅斯量子物理學家弗拉迪米爾・琶普寧（Dr. Vladimir Poponin）將 DNA 分子樣本放進一根管子（實驗通道）裡，然後射入一束激光穿過管子，令他驚訝的是，這束激光居然變成了「螺旋狀」，好像穿過了水晶物質一樣（折射角發生變化）。更不可思議的是，當弗拉迪米爾・琶普寧博士移出管中的 DNA 樣本後，這束激光仍然保持「螺旋狀」。也就是說 DNA 雙螺旋產生可以使光線彎曲的「雙螺旋能量場」，即是「暗質量」。

所以：唯一可以控制雙螺旋能量場，構建方向的是由 DNA 所合成生命的「自我意識」，意識的接收和發送是同時存在的，換句話說，雙螺旋能量場也可以稱為「雙螺旋意識場」或「雙螺旋意識波」。

http://www.wyzxsx.com/Article/Class22/200906/89169.html

前述陰陽相濟太極勁法的說明，所產生的能量就是虛物理量或負能量，是用四維空間的時空隧道及四維結構傳輸。其實生物場本身就可以產生虛物理量，祇是我們要知道如何運用，否則虛物理量產生熱、光、電磁波等逸散四周浪費掉了。

三、其他研究報告：

（一）李嗣涔　國立台灣大學工學院電機系

張楊全　國立台灣大學醫學院神經科

研究報告: www.chikung.org.tw/txt/paper/p03.htm

（二）其他研究機構報告

tw.myblog.yahoo.com/jw!NQlE5QKQAgKN6cIn9dbcrEoJFiuI/article?mid＝830

二篇研究報告有三項重點，如下說明：

1. 氣功態的意念場為每秒 8 到 13 Hz（脈動時間等於約 0.1 秒，也就是引進落空 0.1 秒完成，對手意念未反應已被發勁）。

2. 微粒子流的速度在每秒 13 到 104 公分之間，也就是說意氣勁所產生的外氣壓力範圍（意氣勁所產生的微粒子流作用力）每秒約 3 尺。

3. 手掌低頻的震波（8 到 13 赫茲的低頻震波）比一般人高 10 倍（形成皮膚上的氣膜，接觸時勁已到對手背後，若遇到高手，接觸前 3 尺已能感覺勁已到背後）。

透過以虛物理（含虛物理量）、實物理（含實物理量）與意念場的簡單介紹，希望你能讀懂第二篇的敘述內容。

第二章　意、氣、勁之運作內涵

2-1　意的運作

太極拳名家楊澄甫先生，在其《太極拳體用全書》太極拳要點中提到「用意不用力」的文句，這句話已成為太極拳界代表性文句之一，可見「用意」的重要性。

壹、意的概念

由能量示意圖，我們瞭解「意」具有以下之內涵。

一、「意」是有方向的，是神意的伸展。

二、「意」是有意念的，是有意識的運作。

三、「意」是意力不分，此「力」是內動的力，不是肌肉繃緊的力。

四、「意」是一切動作之起始。「心」有所感，「意」有所生。

五、「意」無空間、物體的限制，依其意念場的大小強弱之分。

六、「意」是虛物理量，力是實物理量，勁是虛物理量與實物理量的整合體（陰陽同時運作）。

七、意念可分為客觀意念 think（念頭、思想、想法）及主觀意念 Intention Energy（內動）。

八、意識可分為潛意識 subconsciousness （主觀意念的具體表現），及主觀意識 consciousness （動手）。潛意識的積累和激發，形成條件之反射，而自動轉換己之虛實而適應人之變化。

貳、意的能量建立

一、我們要習慣以神領意，以意引氣，氣就會有方向也能伸展。

二、意念放於對方受力點或對方身後，導引氣場通過打點到達虛擬點。（意透遠方身後打點）

三、多按摩延腦延腦（Medulla oblongata）：是生命的中樞。其位置在腦幹的最下部，第一頸椎的上部，按摩位置：

（一）風府：頭後正中線入髮際 1 吋處。

（二）風池：頭後正中線風府左右各 1 吋凹陷處。

（三）風門：在背部第 2 胸椎下，兩側 1.5 吋處。

（四）按摩額葉（Frontal lobe）以強化意念力的運作。

範圍：在前額頭，前髮際線上 0.5 寸（神庭）、下至兩眉之間（印堂）、左右在兩眉正中上 0.5 寸之間（陽白）。按摩延腦與額葉可增加多巴胺分泌（Dopamine）增強注意力。

（五）多按摩顳葉（Temporal lobe）以強化環境感應。

範圍：耳門、和髎、曲鬢、太陽穴。

2-2 氣的運作

壹、氣的由來

氣是一種生物能量的展現，由人體細胞內的粒線體（進行化學反應，製造 ATP（Adenosine Triphosphate 線嘌呤核苷三磷酸），ATP 負責細胞活動、儲存能量，被稱為細胞的發電機）活動的脈動波展現出的能量變化。

美國西雅圖自然療法醫科大學臨床指導教授潘念宗以「肝炎研究新知」為題，發表獨創的 ss2006 理論及臨床研究報告。研究發現，晨光與夕陽，這兩個時段的陽光波長在 3 千～9 千 lux 之間，每天早晚各暴露 15～30 分鐘，就能讓體內細胞的粒腺體產生能量，有助於提升肝功能。

氣存在於每個人體細胞之中，人體有 60 兆個細胞，故氣場應該很大，細胞習慣運作於各自的肌腱及器官之中，產生生物機械能，維持人體的活動動作，所以其動作是以各自肌腱動作再傳遞下一個肌腱動作，持續斷續不停的動作，肌腱的實物理量產生「力」的作用。其虛物理量產生「熱、氣」及水的分解。

「氣」由心臟能量的脈動，傳導至所有器官肌肉的細胞，細胞活化再產生的能量，我們可以藉運動加強能量的脈動，將「氣」貫通全身，有益健康得以從事其他工作，所以「氣」是生命的動力。（有人將氣納丹田就是這個道理，何以不將氣納全身？）我們可以藉能量的共振，加強能量脈動的力量，以達到「氣」的增強。

力是線性運動，斷續不停的動作，作用於接觸點的表面，有作用力就會產生反作用力。遇阻擋就會停住，或受限。力有速度（快慢）、距離（前後）、質量（大小）的限制，所以力也有限制，距離以外就無作用。

「氣」是「生物場」、「氣場」及「意念場」的綜合能量場，不受空間、距離、質量的限制，在範圍內均可同時到達，所以「氣」是曲度運動。「氣」是虛物理量，以虛物理量攻擊對方的實物理量，對方無法處理。

「氣」是由意念導引，先建立「意」的運作，「氣」就隨行。「意」、「氣」已先投入對方身後，對方就無法有所作為。「意」「氣」作為如下：

一、漏沉足弓，引動氣場運作，產生氣的虛物理量。
二、以神引意，以「意」引「氣」。由足弓將接觸點之來力漏沉，並將氣的虛物理量貫通接觸點，再貫穿對方受力點到達虛擬點。
三、接觸點不進不退，由其他關節及足弓作陰陽轉換（接力點為陰回、相對點為陽出），勁永遠相隨對方身後，隨時陰回陽出就可發勁。
四、行住坐臥，祇要姿勢對就可以產生能量脈動，將此能量分佈全身，「意」、「氣」隨行，就可應物自然。
五、氣的運作其實是意的感覺（或觸覺），經神經系統傳遞，指揮肌腱或筋膜網作動作反應，神經系統反應如下。

貳、氣的產生

神經的訊息傳導是一種電流脈動的傳導，當有刺激訊息傳到細胞膜上，會產生一個動作電位，產生去極化現象，使電流脈動傳導至肌肉細胞以產生反應動作，神經細胞膜內外電位差變化導致傳導神經衝動。參見（圖 104）神經衝動脈動圖及（表 4）之神經元的傳導內容。

參、氣的運作說明

中國哲學思想：太極一般是指宇宙最原始的秩序狀態，出現於陰陽未分的混沌時期（無極）之後，而後形成萬物（宇宙）的本源。萬物生生不息的自然循環規律。此思想觀念有數千年歷史，所以中華武藝本是一家，經千百年的承傳及演變，變成數十家、數百家不同的版本，究其精神仍然一致。「萬物負陰而抱陽」無論練「炁」與「氣」均要「負陰抱陽」之勢，意力不分。一般外家拳多為「負陽抱陰」，陽足陰虛，力勁分明。而太極炁功顧名思義就是引天地間的能量為加強我的意念場所用。

（圖 90）先天太極（負陰抱陽）示意圖

（圖 91）後天太極（負陽抱陰）示意圖

美國高能物理研究的卡潑勒博士指出：「中國的哲學思想提供了能適應現代物理學新理論的一個哲學框架，中國哲學思想的「道」暗示著「場」的概念，「氣」的概念與量子「場」的概念也有驚人的類似」。卡潑勒博士的這一重要發現為當代氣功提供了科學理論根據。

人體意念場是一個多維、立體的時間和空間概念。人的意識是多維的物質場，意念的專一和守一，加強意念的強度。根據現代科學證明，大腦擁有一百多億個神經元，人類能夠運用的也只是一部份。

以普林斯頓大學、麻省理工學院、史丹佛大學和其他世界知名大學的尖端實驗為基礎，揭示出，整個宇宙是由一個浩瀚的量子能量場，這個能量場讓宇宙各部分互相連接。

肆、氣功原理（能量的脈動）qigong mechanism （coronary artery pulsing）

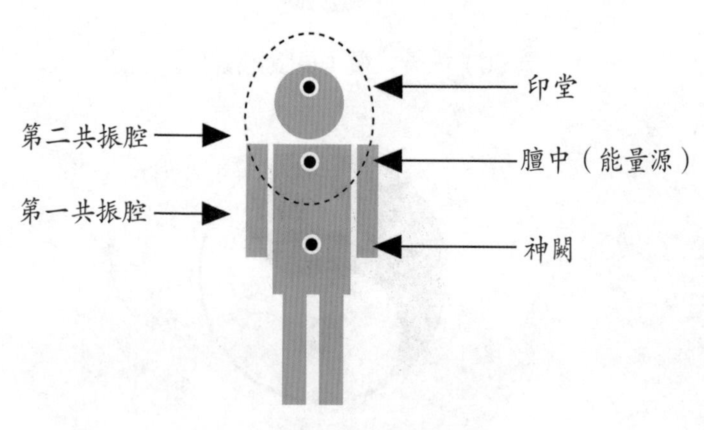

（圖 92）能量共振示意圖

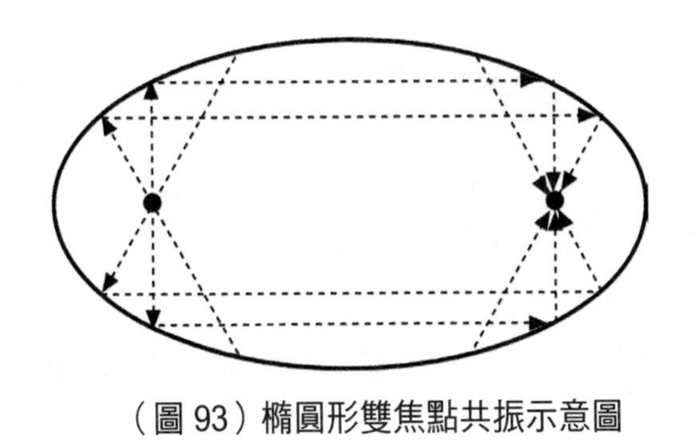

（圖 93）橢圓形雙焦點共振示意圖

說明：心臟脈動能量的輸出口為冠狀動脈開口（膻中），身體本身是第一個橢圓形，膻中與神闕是橢圓形的二個焦點，其能量能共振傳輸，頭部的印堂與胸部的膻中是第二個橢圓形的二個焦點。第一個橢圓形產生共振，膻中才有能力產生第二個橢圓形共振。

一、不論用力、氣、勁等，都是能量形態的運用，能量的來源就是心臟脈動傳導至每個細胞再轉換產生的。其能量在身體內會產生共振而放大。要如何運用脈動傳導產生共振而放大能量，就是我們需要學習追求的。

二、橢圓形的二個焦點，其一個焦點的能量，能平行傳輸到另一個焦點而共振。

三、冠狀動脈開口（膻中）在兩個乳頭之中間。神闕就是肚臍。印堂在兩眉之中間。

四、節節貫串才能產生共振腔。有第二共振腔才能產生意念場。

五、古人曾說：「養氣如養虎」，就是指元陽累積到一定程度後，會上升到上丹田，導致新陳代謝過快。所以要以負陰抱陽之勢修練，以免元陽上升。

伍、炁功原理（能量的共振）（cosmos energy resonance）

「宇宙共振波」能量的論點是：用現代科學技術手段觀察和推論，在人與人間或人物之間用意念作傳導，使對方的人或物產生「共振」，他們以自己有「共振」的「意念」帶動自己體內某器官以至整個身體，或者帶動別人體內的某器官，以及帶動體外的某物體進入這種共振逐步產生，達到宇宙共振，其共振能量，便進入「四維空間」。在這個空間裏，無時間，無長度，無障礙物，卻包容所有「三維空間」的物質。

在中國哲學、道教和中醫學中常見的概念說明，一種形而上的宇宙能量，構成人體與宇宙的根本物質。也就是所謂「炁」。炁與氣有何區別？簡單的說以炁來代表先天，是一切生命與事物的來源，以氣來代表後天，是生命與事物的發展，兩者的意義就被分開了。

在生物場而言，神經元是利用電能傳達訊息及溝通，而神經元所傳達的電，也就是我們古字所指的「炁」。人體的電磁波是能，當體內的電磁波與體外的電磁波發生共振，就能由宇宙的能因與人體共振，而增加人體的能，得到舒曼效應。物理學上所講的舒曼效應，是指我們身體的能場，如果能達到 9 赫茲，就可以和地球的頻率、電磁場，以及宇宙的電層產生相應，就有辦法達到古人所講的天人合一的境界。

地球內有恆定的磁場波，外有低太空電離層的電磁波，造就了地球為獨一無二的星球，地球磁場與外太空外圍的離子層互為陰陽，電離層的變化會造成地磁的干擾，電離層有一個大約 9 赫茲左右的共振頻率，叫舒曼波，它所造成磁場變化會影響人體，這是由一位名叫舒曼的人發現的。

人的腦波 α 波頻率為 8～13Hz（參閱表 4）強度很弱，難以輻射到體外，唯有利用人體磁場（意念場的 α 波）與地球磁場及電離層有一個大約 9 赫茲左右的共振頻率，達到共振而增強產生氣感。要如何達到共振，這是我們要追求的目標，本文就是說明「宇宙共振波」也就是所謂「炁」。

先天炁（宇宙共振波）能轉化為後天氣（人體脈動能量），祇是能量源不同，修習者認識氣及炁的能量流，可從動作與意識的相互作用下，對人體達到療癒而保持健康。

共振波可由對稱菱形的多邊形產生，其初始能量為持續單一角度時，經菱形不斷的反射，到達一定時間再射出，其能量成倍數增加。兩人對峙交手時，雙手、雙臂、背、胯、膝、腳，成為對稱菱形的多邊形，故到達一定時間（微短約 0.1 秒）再發勁，其能量成若干倍數增加。

炁為無形無相的意念場（腦波 α 波所產生的意念），經共振而到達，也就是前面所說的虛物理量（量子態傳輸或混沌現象的初始內動所造成的遠端影響）。

陸、節節貫串運作法

一、導言

學太極拳的人都知道「節節貫串」的名詞，以為虛領頂勁、含胸拔背等就是節節貫串，其實少有人瞭解、做對。在大家看完由物理學立場解說「陰陽相濟的太極勁法」之內涵說明後，再以其立場解釋「節節貫串」之作為及其功能盡在其中，奧妙無窮。

二、說明

節節貫串包括腳、踝、小腿、膝窩、大腿、胯、臀、腰、背、夾脊、肩、上臂、肘、前臂、手腕等 15 節。其中腳、踝、膝窩、胯、背、夾脊、肩、肘、腕等 9 節關節，做為氣場或發勁的波動能量口（量子力學雙縫現象開口）。

三、主要氣場引發位置

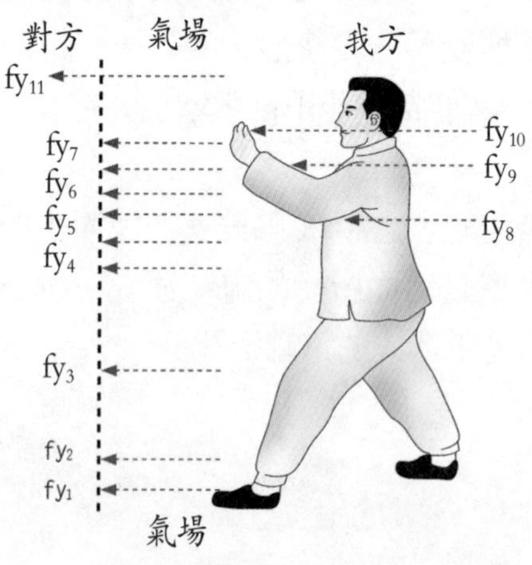

（圖 94）氣場引發位置示意圖

節節貫串需以垂直軸貫穿接地，方能承接對方的壓力能量，節節均需下沉（每一節下沉均有特定功能能量釋出），隨對方的力道引勁沉化，需以意念導引旋轉下沉，下沉愈多愈能承接對方的力量，下沉反彈的力道也愈大，下沉為陰沉的作為，反彈升起為陽出的作為，陽出之勁可以九方控制對方（如 Σfy），迫對方祇有退開，所以陰沉陽升聯成一氣，就可迫退對方。

接觸前完成節節貫串所有基本動作，包括節節貫串、神意氣先行、意念發於虛擬點。同時意念要有路徑、要有目標及持續性等內涵在其中。

2-3　勁的運作

壹、勁的概念

一般人僅能感覺生物場的存在，而無法有效運用，其實生物場的能量可以藉全身的筋膜及骨膜調整、平衡，在遭受外力時可以藉筋膜網能迅速調整平衡，以恢復身體系統原有的功能。

陰陽相濟太極勁法的引勁，就是藉筋膜網將接觸點感受的外力引入大地之下，使對方無所作為。一般人運用外形操作僅能運作肌腱（如引進落空），若受過特殊訓練可以「內動」方式運作肌外膜、肌內膜及肌束膜，作非常細微的動作（如引勁落空）。

血管、神經、經絡等均透過筋膜到達肌肉，所以力是由肌肉統一協調作用而產生的力量定向作用，如果從細胞的角度來理解，這些力就是肌細胞電荷有序排列的結果，使神經細胞能夠控制定向的肌肉收縮。

勁是神、意、氣、力，導引的綜合結果，缺一不可，所以在對方接觸前，神、意、氣，已先發動，練習密度愈高，其籠罩範圍愈大，接觸前已可遙控對方。接觸對方時，引勁落空與自已的氣力合勁，就可抽動對方筋膜，對方腳跟被抽動無形托起（筋膜網已被箝制），發勁時對方已無法接勁，祇有後退。

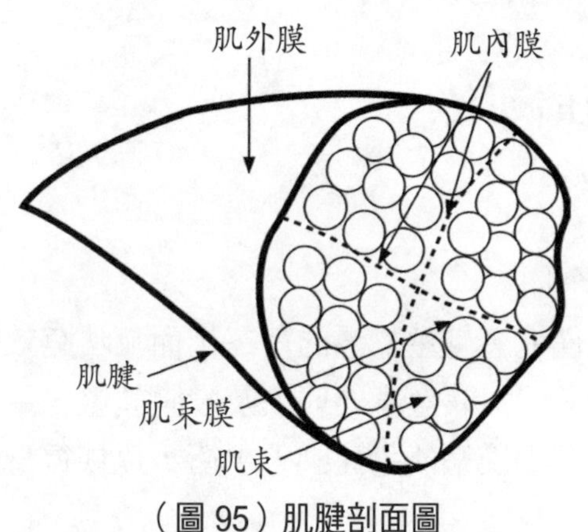

（圖 95）肌腱剖面圖

人體約有 700 條肌腱，每條肌腱約有數條小肌腱，每條小肌腱約有數十條肌束，肌束內為數百條縱向肌纖維，產生張力與收縮。

「筋膜」為肌腱及骨骼外層包覆的薄膜，肌腱的收縮與伸展是個別的運動，不必然連動其他肌腱，但可以傳導筋膜，而全身的筋膜均連在一起，故筋膜可以傳導到全身。

貳、能量時序

一、力是有方向的，是有限的，範圍外就消失。

二、氣是無方向無限的，範圍外仍然能伸展。

三、任何動作均有「氣」與「力」的作用。

四、要習慣以神領意、以意引氣，氣就會有方向也能伸展。

五、一般人的動作多是力領先氣，是有限的，力無法伸展，氣隨後到達也無法伸展.。

六、氣領先力，氣伸展力也隨行，就成為勁，所以能量就可以伸展。

七、眼要向前看，神意虛擬投射對方身後。

八、何處接觸何處發，接觸點不頂不讓，受力點陰沉陽升發勁，但身體形態不可改變。

九、腳帶手、腳接手、腳發手，手虛接實點意念發虛擬點。瞬間完成炁已湧出。

十、何處接勁何處發，接勁與發勁要陰陽相濟瞬間完成。

十一、接觸前須完成所有基本動作，因對方不會等你完成動作後才動手。

十二、接觸前完成所有基本動作，包括節節貫串、神意氣先行、意念發於虛擬點。意念要有路徑、目標及持續性。

參、能量運作

一、軸向運動：接觸點順逆轉。

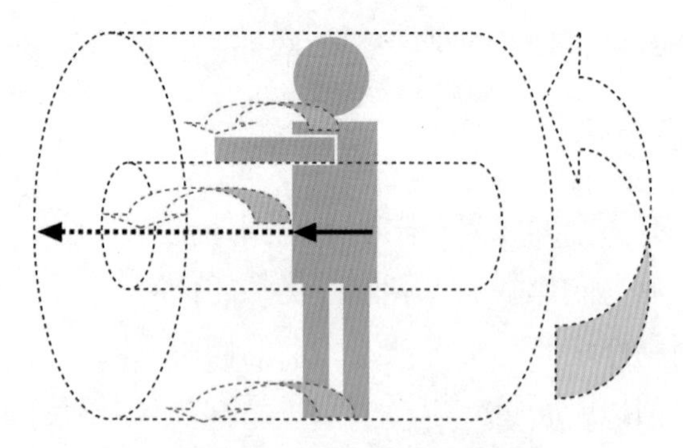
（圖 96）前向旋勁示意圖

運作方式：

（一）接觸點旋轉勁

（二）下中上三盤氣場拒對方於三尺之外。

（三）順轉或逆轉，以對方之形變化，或誘對方隨已動。

（四）三盤需同時動作，有上必有下。

（五）下盤為腳腿，中盤為命門與神闕，上盤為夾脊。

二、橫向運動：縱軸轉動整體左右轉。

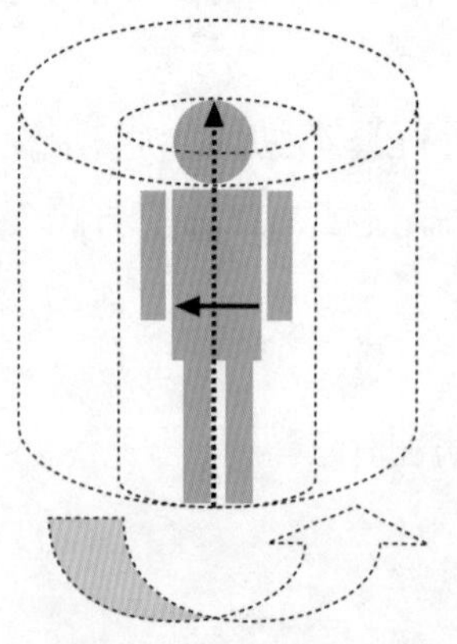
（圖 97）橫向旋勁示意圖

運作方式：

（一）身體垂直左右轉向。

（二）接觸點微引隨同轉向。

（三）下中上三盤氣場引動對方於三尺之外。

（四）左轉或右轉，以對方之形變化，或誘對方隨已動。

（五）三盤需同時動作，有左必有右，有右必有左。

三、縱向運動：整體前後轉。

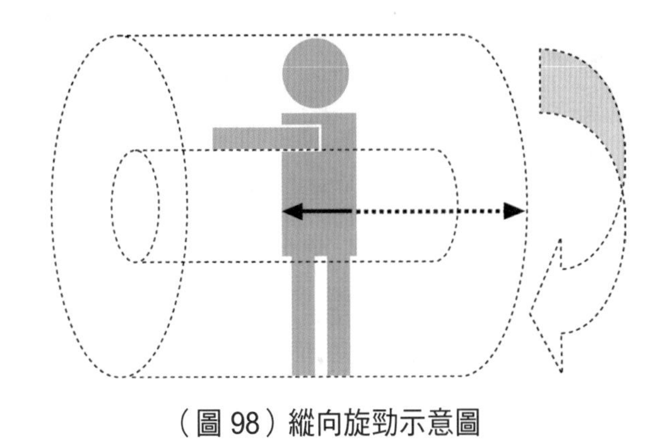

（圖 98）縱向旋勁示意圖

運作功能：

（一）接觸點引進落空。

（二）負陰抱陽，使對方下盤有落空的感覺。

（三）下中上三盤氣場引動對方於三尺之外。

（四）負陽抱陰，可將對方引動再後退。

（五）內外相合最通達的途徑就是三道氣圈。三道氣圈由腳下旋發出，瀰漫在腳、腰胯、肩與手的週邊，由此形成一個內氣與外氣和合充盈的整體，從而形成「其大無外，其小無內」的天人合一境界。

四、能量產生：

雙腳下旋產生角動量，角動量在二維空間產生扭力，在同軸上轉動。在三維空間再轉換產生力距，作用於接觸點，可將物體推動。生物場在四維空間產生推力及引力，經接觸點作用於受力點。

機械動力所產生角動量需同向動作，其動能產生的扭力配合角動量同步運作，否則其轉軸會卡住。生物場雙腳下旋產生雙螺旋體能量場的角動量，可同向亦可反向，其動能不必配合角動量轉動，可將其動能在四維空間轉換為虛物理量，產生推力及引力，也就是所謂的勁。（雙螺旋體由身體的 206 塊骨骼及 700 餘條肌腱，在鬆沉下展開。）

引用俄羅斯量子物理學家，弗拉迪米爾・琶普寧（Dr. 力 Vladimir Poponin）研究報告：生物場雙螺旋體產生可以使光線彎曲的「雙螺旋能量場」，也可以稱為「雙螺旋意識場」或「雙螺旋意識波」，也即是「暗質量」。

http://www.wyzxsx.com/Article/Class22/200906/89169.html

由此可知，生物場雙螺旋體本身具有「虛物理能量」的「雙螺旋能量場」，即是「暗質量」。陰陽相濟太極能量有效運作「雙螺旋能量場」將其能量放大再集中，得以展現能量場的力量。

肆、陰沉陽升周身氣場運作示意

一、推力

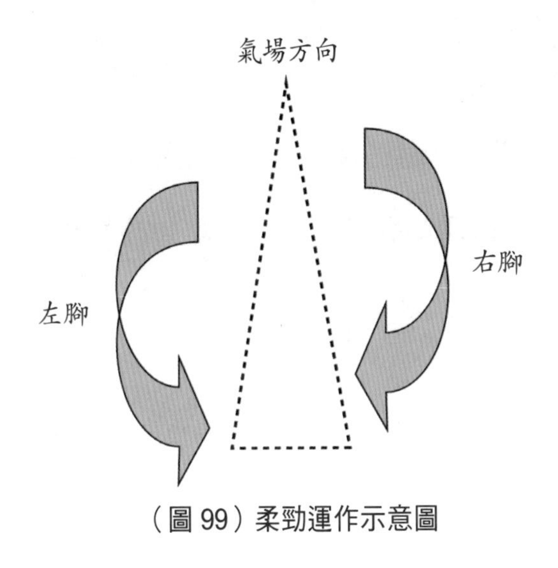

（圖 99）柔勁運作示意圖

二、引力

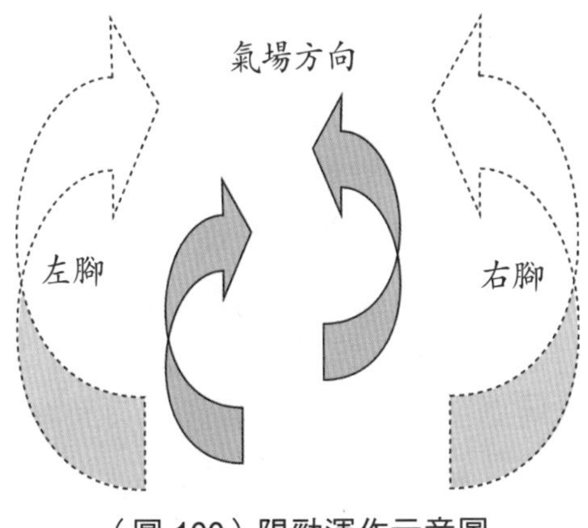

（圖 100）陽勁運作示意圖

三、陰沉陽升運作示意

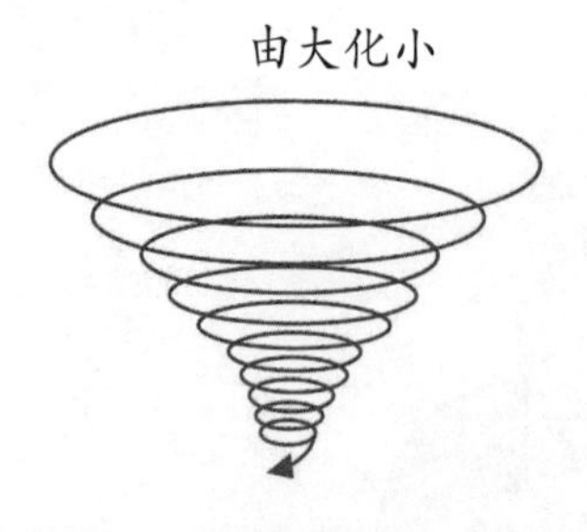

（圖 101）陰沉氣旋示意圖

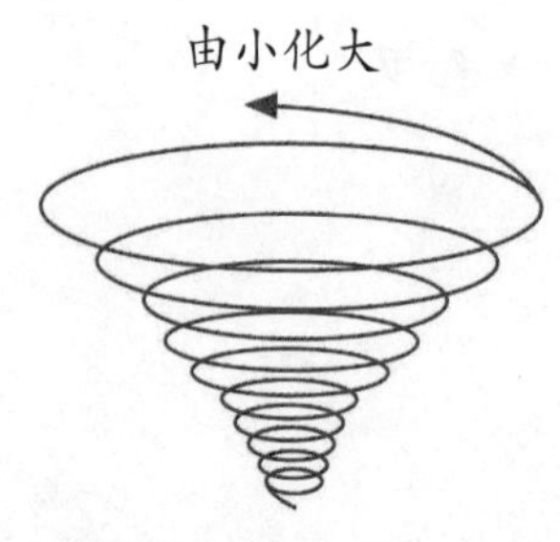

（圖 102）陽升氣旋示意圖

以上三圖的整理說明：

（一）柔勁由雙腳外旋產生中央前進氣場，壓迫對方退後。同時可接勁、化勁與發勁。

（二）陽勁由雙腳內旋，產生左右氣場，將對方往後拉離。可接勁，主要為發勁。

（三）接觸點須配合腳的內動而產生外動。

（四）陰沉陽升，是由上沉到下，由下升到上，貫通全身。

（五）需節節貫串，才能陰沉陽升。

（六）不頂不讓：對方用力會破壞自己的平衡，所以反射動作用力以維持平衡就會頂，或者退讓以求平衡就是讓，頂讓會使對方藉勢藉機攻擊。關節陰沉（或後退）陽出，就是說明後端關節陰沉，前端關節陽出（以意念帶出），也就是關節對開（關節鬆開），能量得以通過肌腱及肌膜到腳底。關節陰沉就是引勁落空，前出就是鎖勁及發勁，使接發一氣呵成，就是所謂的化打合一。

伍、炁與勁的運用

一、節節貫串已完成。

二、頭、胸、腹，完成第一共振腔及第二共振腔的脈動。第一共振腔脈動提供肢體的動能，第二共振腔脈動提供腦神經加強意念場（腦波 α 波所產生的意念）。如圖111。（後天氣為垂直脈動共振腔）。

三、負陰抱陽，以意念及意志用頭、胸、腹、腿、腳的對稱多邊形菱形完成意念場第一共振腔。第一共振腔炁場可以將對方實根拔起，使對方處於虛根的暫態。（先天炁為垂直振盪共振腔）。

四、再以背、胸、肩、後臂、肘、前手臂、腕、手、指的對稱多邊形菱形完成意念場第二共振腔。第二共振腔炁場可以將對方各關節鎖住，使之力不從心。（先天炁為水平振盪共振腔）。

五、負陰抱陽：來勁力道由接觸點引往背後，如瀑布般由上而下宣洩入大地。腳底如無底洞裝得下所有對方來勁。

六、意念力透過對方打擊點到達虛擬點。（茫點）

七、節節貫串的九個能量口打開。可以將對方節節以虛物理量鎖住（鎖勁）。

八、雙腳陰沉陽出，手用意（意力不分）透過打點到達虛擬點，炁已隨「意」伸展到虛擬點，對方受到炁的牽引作用，隨炁引動到虛擬點。

九、引進落空不是祇有接觸點引進落空，而是由接觸點至腳底之間要形成一個整體，全身同步、等量、等速的引進落空。

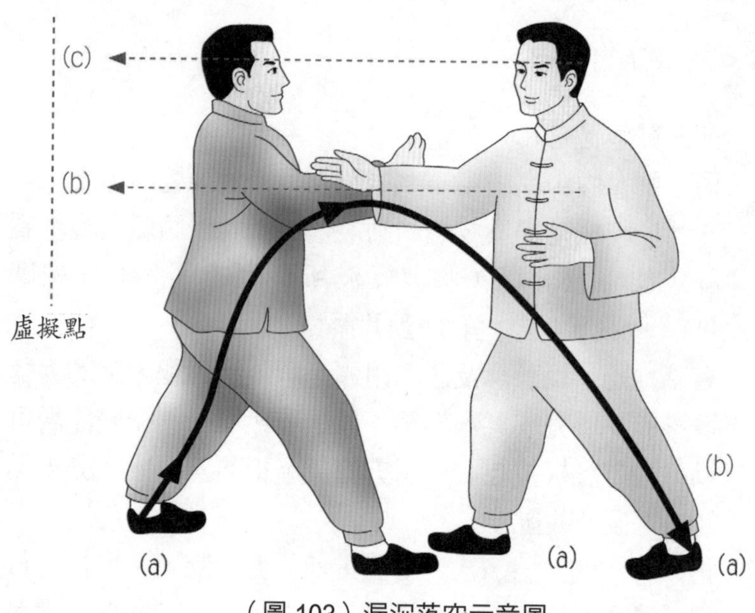

（圖 103）漏沉落空示意圖

陸、神意穿鎖及漏沉

一、意動如（a），由接觸點將對方的意如流水般的引到腳底，如漏沉落空。

二、意到如（b），要由腳經接觸點如水流般的到達對方身後打點。

三、神意到虛擬點（茫點或神點）如（c）。

四、雙腳漏沉下旋（產生虛物理量），以意內動，以虛物理量引動對方實物理量，以洩漏對方身體的勁力，使其無法有所作為。

第三章　「引進落空」有效距離為 1 公分之說明

拳經拳論中雖然有提到「引進落空」的說法，然而引進之限度多少為合宜？在拳經拳論中卻未被提到，幾乎還沒有人對此問題投入研究，並將研究數據提供參考。在我的太極拳學習中，我的老師已提到：「經實務驗證『引進落空』的有效距離為『1 公分』的說法……」，這是一個頗有新意的說法，引起了我的興趣，於是就我所知，以學說與理論試行分析，與大家分享此奇妙而真實的道理。

3-1　神經生理學（Neurophysiology）

神經的訊息傳導是一種電流脈動的傳導，當有刺激訊息傳到細胞膜上，會產生一個動作電位，產生去極化現象，使電流脈動傳導至肌肉細胞以產生反應動作，神經細胞膜內外電位差變化導致傳導神經衝動，如下圖：

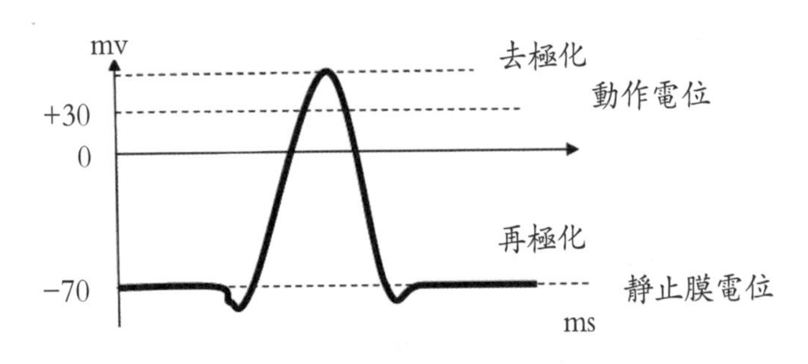

（圖 104）神經衝動脈動圖

壹、去極化作用（Depolarization）：

當神經細胞受刺激時，膜外之鈉離子擴散到膜內，使膜內電位由 -70mv 轉變成 0v，然後再變為 +30mv。

貳、再極化作用（Repolarization）：

膜內的鉀離子擴散到膜外，使膜內電位由 +30mv 再回到 -70mv。這種電位變化稱為動作電位（Action potential），這種動作電位會沿著神經纖維傳遞而形成神經衝動，使肌腱產生動作反應。

3-2　神經元的傳導

表 4

神經種類		傳導方式	直徑 μm	傳導速度 m/ 秒	機能
A	α	跳躍傳導	12～120	70～120	軀體運動
	β		5～12	30～70	觸覺
	γ		3～6	15～30	肌梭運動
	δ		2～5	12～30	痛覺（快）
B		跳躍傳導	<3	3～15	自主神經、脊神經
C		連續傳導	0.4～1.2	0.5～2	觸覺（慢）自主神經、梢神經

舉例說明：

一、肌腱運動為 C 類神經傳導，如舉手抬腳局部動作，傳導速度 0.5～2m/ 秒（如引進落空之作用）

二、肌腱與骨骼同時運動為 B 類神經傳導，傳導速度 3～15 m/ 秒（如跑步、拳擊等激烈運動）

三、肌網膜為 A 類神經傳導，傳導速度 12～120 m/ 秒（如引勁落空之作用）

※神經元：是神經系統構造上與功能上的單位，包括神經細胞體與樹突（接受神經衝動）。

3－3　神經系統的組成

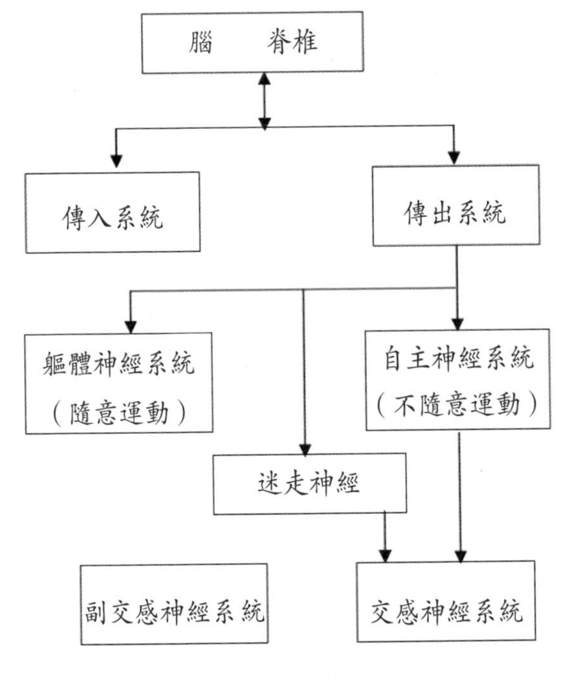

（圖 105）神經系統概念圖

神經系統共有 12 對，頭部有 10 對，身體有迷走神經及自主神經系統。
（資料來源：國立陽明大學及美國賓州大學之解剖學——許世昌博士編著）

3-4　神經功能的提高

經各研究機構實驗證明，有氧運動能增加約 25%的血液氧容量，太極運動能使大腦皮質中樞處於興奮集中狀態，而使其他部分處於抑制狀態，改善高級神經中樞功能，可減輕或消除其他病理的精神狀態。
（資料來源：台灣大學附屬醫院復健科實驗報告）

3-5　神經系統運動

由圖 105 可知，由神經末梢手、腳、皮膚等因運動或感覺，傳輸感覺神經到腦神經，再由腦神經傳遞運動神經、自主神經到交感神經及副交感神經。因此我們運動時，要有手、腳、皮膚等接觸的動作以及意念配合，以造成傳輸速度維持活化功能，例如太極拳，麻將及其他接觸性耐久性運動。激烈運動導致肌肉張力過度時，會刺激高爾基體，抑制神經元的活性。

3-6　神經系統反應

手、腳、皮膚等接觸的動作訊息，傳到腦部經腦神經處理後，將反應訊息傳遞到其他組織作反應動作，再反應腦神經完成修正動作，其路徑長度超過 2 公尺，而 **C 類神經屬於梢神經**（神經末梢）反應時間，由上表可知約為 0.5m/ 秒至 2m/ 秒（即 5cm/0.1 秒～20cm/0.1 秒），以致對於 0.1 秒時間內 1cm 的感應無法處理。

一般人用力時，其骨骼肌肉的運動速度約為 5cm/0.1 秒～1m/0.1 秒，其作用力為物理量的極限（所以短跑 100 公尺之極限時間約為 10 秒），產生的反作用力為他人由墮性轉為動性的反抗力，若其速度為 1cm/0.1 秒（小於神經反應時間 5cm/0.1 秒），其作用力導引他人由墮性轉為慣性，而無法轉換為反作用力，即難以處理 0.1 秒內 1cm 的感應。

B 類神經屬於脊神經（中樞神經）反應時間，由上表可知約為 3m/ 秒至 15m/ 秒（30cm/0.1 秒～150cm/0.1 秒）。腦→胸椎→腦的往返距離，其長度約為 90cm，超過 0.3～0.06 秒時中樞神經能有效反應。所以在 0.3 秒內需開始動作，將他人由墮性轉為慣性而移動重心，重心偏移再持續加速用力時，因慣性移動而無法產生反作用力，祇有繼續被移動（被發出去）。若運作距離大於 5cm/0.1 秒（變成拉力）或停頓 1 秒以上，對方神經系統即能有效反應而無法再有效施力。

3-7　重心移動（感覺系統）

生理平衡（Physiology of Equilibrium）可分為靜態平衡（Static Equilibrium）負責一維平衡（對重力之方向定位）。以及動態平衡（Dynamic Equilibrium）負責三維平衡（維持身體位置的反應）。經實務驗證，移動小於 1.5°（2.61cm）腦平衡細胞有知覺，但在重心自然平衡控制範圍內，神經系統不及於需要反應，如下圖，其本能會自然平衡恢復重心位置。如果移動超過 1.5° 腦神經系統立刻平衡反應。

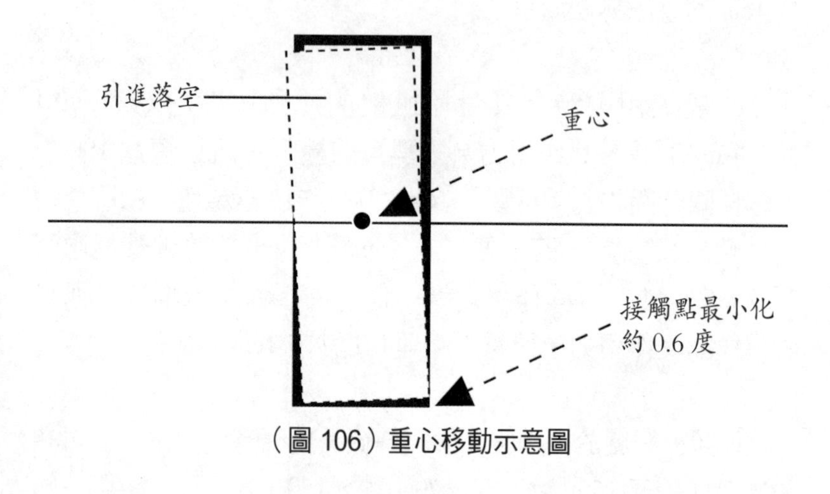

（圖 106）重心移動示意圖

某物體高 2m，底座厚度 20cm（ab 間之厚度）其重心約 1 公尺高，引進落空時重心移動如下:

$2\pi R\times0.6^\circ/360^\circ$

$=2\times(3.14)\times0.6^\circ/360^\circ$

$=1.04cm$

我們運用此種身體本能反應，引進落空時，於 0.1 秒引進 0.6°，相當於 1.04cm，相對重心移動 0.3°（0.6° / 2），相當於 0.52cm（均小於 2.61cm），此時該物體底座與地面接觸點最小化（僅有 a 點接地），另端 b 點離地約 0.1cm（1.04× 20 / 200）。對人體而言，腳跟已離地，身體與重心有前傾（1.04cm 與 0.52cm），雙腳有空虛感覺，其重心重量的作用力要往後動（萬有引力）以恢復原有重心位置，此時我們順勢往前推，配合作用力的移動，對方祇有繼續後退移動。

3-8　以人體動力學說明引進落空之運作

壹、運動生理慣性反應

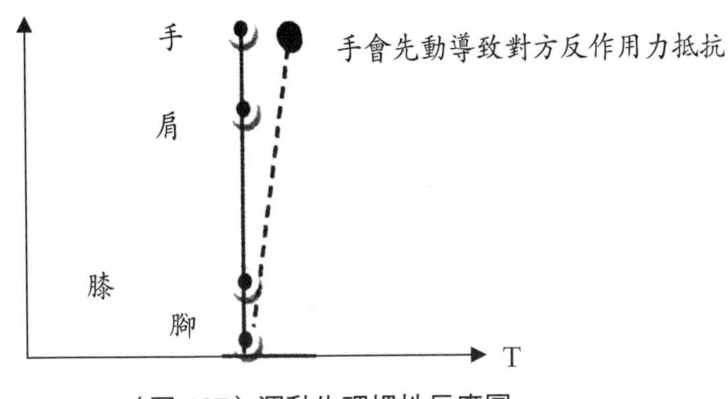

（圖 107）運動生理慣性反應圖

貳、人體動力槓桿原理

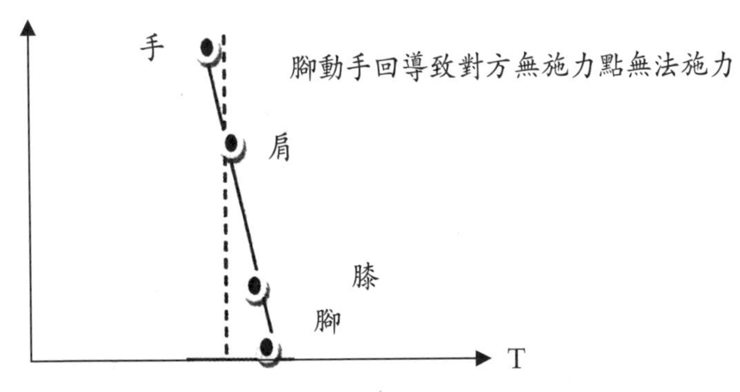

（圖 108）人體動力學槓桿原理反慣性運作圖

參、引進落空時序

依「人體動力槓桿原理」的道理，腳先動（腳進），再帶動手動（手出）的些微時間差下，會導致對方找不到施力點，以致無法施力的現象，其圖示如下：

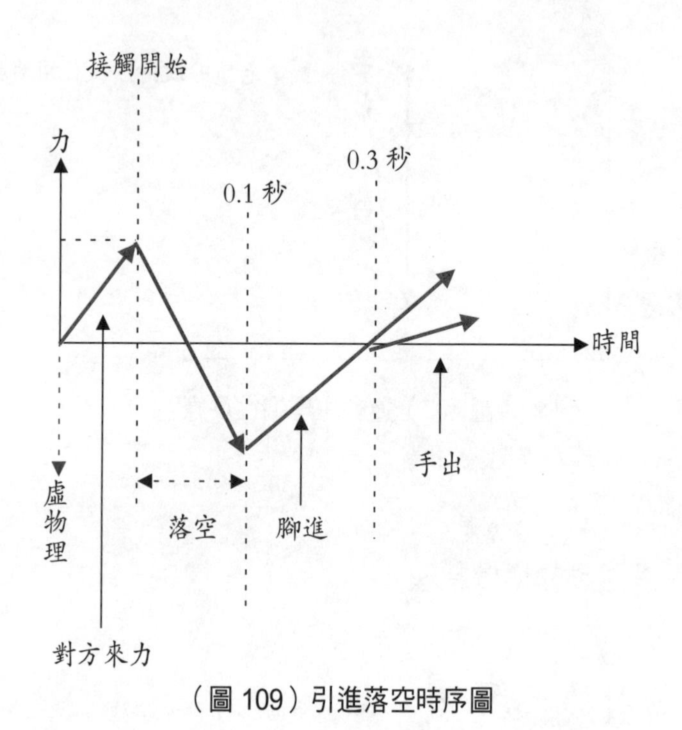

（圖 109）引進落空時序圖

說明： 1. 當對手之來勁力道（左上方之紅線）與我人開始接觸。

2. 我人即以陰沉（向下之藍色線）使對手落空。

3. 先由腳向前出擊，繼而帶動手部向前出擊，則可生破敵效果（參見 3–13 戰車履帶理論），若為手先出，易導致對方抵制。

二、三章　符號及名詞說明

（1）節節貫串：需以垂直軸為主軸，始可在體內承接力道並傳輸發勁之勁力。

（2）陰沉陽升：陰沉足弓（虛物理量），陽升夾脊（雙縫現象）。

（3）「+」波動性能量為推力。「−」波動性能量為引力。

（4）and：必須全要； or：可選擇需要；

（5）fy1～fy3：封住下盤。Fy4 與 fy6 封住中盤。fy7 與 fy9 封住上盤。

（6）「Σ」稱為 sigma 為力量的總和。

（7）「ε」稱為 epsilon 為能量的總合。

（8）∫ 稱為 integrate 積分:數學函數（計算）的總合。

（9）peta＝1015

（10）fy1～fy10：能量口。

（11）軸向、橫向、縱向，為 X、Y、Z 三維空間的運動方向。

（12）高爾基體：靠近細胞核，負責處理細胞釋放的能量。

（13）勢能：因壓力差產生的能量

（14）位能：由位差產生的能量

（15）動能：運動的基本能量，包括勢能或位能與其他化學能量等

（16）跳躍傳導：由神經結經細胞外液，從一個神經結傳導至另一個神經結。

（17）連續傳導：連續在膜內產生去極化的方式。

（18）軀體神經系統：由中樞神經傳導視覺、聽覺、觸覺、嗅覺、味覺、骨骼肌等。

（19）自主神經：負責平滑肌、心肌及腺體活動。

（20）迷走神經：負責所有器官肌肉的運動纖維傳遞。

（21）交感神經：負責胸椎及腰椎的器官及肢體。主要負責能量消耗有關的過程。

（22）副交感神經：負責頸椎及尾椎的器官肢體。主要負責身體能量之儲存及保留的活動。

表5　交感神經與副交感神經之作用

身體部位	交感神經之作用	副交感神經之作用
眼	鬆弛而看遠物	收縮而看近物
胃及消化系統	收縮而抑制分泌	刺激分泌
肺及支氣管	擴張加速呼吸	收縮
心臟	增加心臟的活動	降低心臟的活動
皮膚血管	收縮	無
內臟	收縮	無
腎上腺	增加分泌	無
肝臟	減少膽汁分泌	增加膽汁分泌
輸尿管	增加運動性	降低運動性
胰臟	抑制胰島素分泌	促進胰島素分泌
膀胱	膀胱壁肌肉鬆弛	膀胱壁肌肉收縮
脂肪組織	促進脂肪分解	無
毛囊	收縮使毛髮豎立	無

第四章　健身與養生

運動可以健身是眾所周知的事，但是，並非所有的運動都可以養生，世界有名的運動員通常都難以益壽，那就是他（她）原本的運動超過了人體應有的負荷或運動範圍，導致部份生理組織提前達到生長頂端，反而開始走向下坡。本文係由醫理角度探討「陰陽相濟的太極勁法」所涉及健身與養生的種種問題，對照有關的研究報告或實驗數據，提供大家參考、認識與肯定。

4-1　呼吸系統

依據行政院國家科學委員會，科學發展 401 期報導：老化與疾病都會導致副交感神經活性下降，交感神經活性上升。研究發現長期打太極拳的人，副交感神經活性增加。副交感神經活性上升，使血管擴張，腸胃道蠕動。

研究發現長期打太極拳的人，副交感神經活性增加，以及藉由調整交感神經與副交感神經的平衡能力，使之趨向降低交感神經活性。

交感神經的神經衝動加速新陳代謝，或脈動加快，或內分泌增加，若過於衝動會促進其他不良細胞增生（如癌細胞增生），過少或副交感神經抑制性不足會使人老化，恰到好處則有助青春永駐。

副交感神經更能興奮，副交感神經控制的一些不隨意肌隨之興奮，使心跳減緩，血管壁鬆弛，血壓下降，肌肉不再緊張，減少能量的消耗，血糖下降，腸子蠕動增加使食慾正常化，腦內腦啡（β endophine）分泌增加產生欣慰感等等現象，這是精神內斂的好處。

呼吸系統與循環系統佔健康因素50%，故先談呼吸系統與循環系統。一般胸式呼吸法是依賴肋膜腔與內肋肌的胸腔擴張方式，雖增加肺活量，卻造成低壓時間過長，腹式呼吸法同樣呼吸量，但是將橫隔肌上下移動，不擴胸卻能增加肺部內壓，以增加氧氣滲透肺泡，使肺泡中血液的氧容量增加。

吐氣可以提高迷走神經的興奮性及副交感神經活性，故可以延長吐氣時間，以增加肺部內壓，更增加氧氣滲透肺泡血液中。陰陽相濟的太極勁法動作時，意念在足弓，以腹式呼吸法自然呼吸，無論吸氣、呼氣均可發勁，呼吸間的壓力差無間斷，滿足身體組織所需氧氣，可參考下圖演繹說明。

壹、有氧運動呼吸法

溫和耐力型的有氧運動，如陰陽相濟的太極勁法，使用腹式呼吸法，吸氣時負壓（730mmHg）排出二氧化碳，吐氣時用 2～3 倍吸氣時間，其正壓（790mmHg）時間，幫助氧氣經肺泡逆滲透壓溶於肺泡的血液中，可增加血液的攝氧量。（因大氣壓力為 760mmHg＝1013hpa，肺泡逆滲透壓為 710mmHg，故吸氣時為 730mmHg，祇有 20mmHg 壓力差，吐氣時為 790mmHg，壓力差為 80mmHg，故吐氣為吸氣 4 倍溶氧率）。

貳、由台大醫院復健科使用動態心肺功能測定系統所測定之結果：

性別	平均年齡	攝氧量
男性	46	由 31.2±7.3 增至 38±6ml/Kg/min
女性	46	由 22.7±4.7 增至 30.4±6ml/Kg/min

結論：

一、血壓下降：男、女性之學習太極拳前平均血壓 139～102、心跳為 75；學習二年後平均血壓 112～82、心跳為 55。

二、攝氧量增加：由學習前 2170ml/min（平均體重 70 公斤×約 31.2ml）學習後增加為 2660ml/min（±25%）

參考資料：

http://tw.myblog.yahoo.com/jw!.ja1ouCaBRZW5M1nBE1kyB0–/article?mid＝539

內容為「太極拳對中老年人心肺功能的維持和促進效果」

參、有氧呼吸法

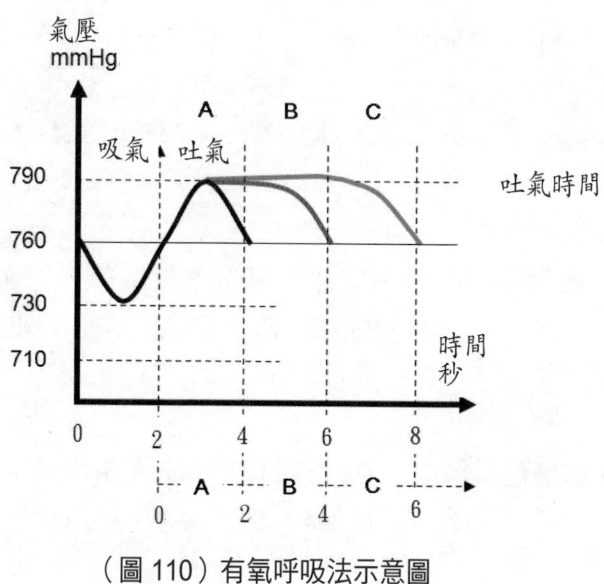

（圖 110）有氧呼吸法示意圖

A：常態呼吸法（1 比 1 呼吸）

B：2 比 1 呼吸

C：3 比 1 呼吸

4-2　循環系統

人體的循環系統、淋巴系統、排泄系統是世界上最大的代泄工程，總長度超過 10 萬公里，將身體的廢氣、廢棄物、有毒物質排出體外（有少數無法處理代泄而留在體內），其能量超過任何一家化學工廠。以物理學解釋，實物理均能代泄。我們知道有實物理必有虛物理，廢棄虛物理（不好的能量如自由基等正離子）無法正常代泄，導致人體毛病叢生。

骨骼內有哈佛氏系統，內含有血管以供給骨小板營養，平時血液流入哈佛氏系統的量，相較下不是很多，這就是為甚麼骨骼生長不是很快，中研院院士王唯工博士研究發現心臟將血液壓入動脈，循環全身器官進入微血管，再進入組織內，經靜脈再循環至心臟，血液的稠黏度很大，且心臟輸出功率只有 1.7 瓦，如何能將血液循環全身器官及組織內？心臟的跳動若與血液及器官一起博動，就會造成共振，血管就會脹開與收縮，血液就會如同有壓縮與吸引般的流動，這就是所謂的共振腔。所有的臟腑與血管都是不同諧波頻率的共振腔，因此心臟輸出的共振頻率諧波，會依序送入各器官產生循環作用。

壹、循環系統的結構與功能

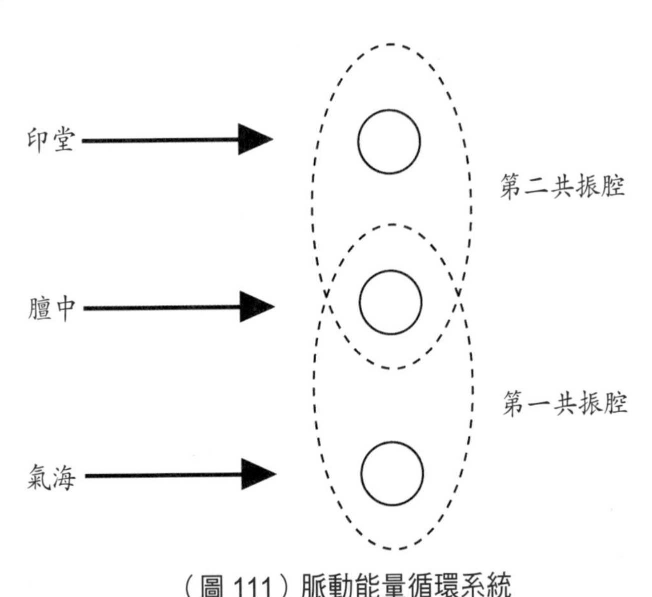

（圖 111）脈動能量循環系統

一、膻中與氣海是心臟輸出的第一共振腔的焦點。
二、膻中與印堂是心臟輸出的第二共振腔的焦點。
三、膻中、氣海、印堂是能量的共振點。
四、湧泉、勞宮、人中是動脈與靜脈間的壓力循環作用。
五、所以膻中、命門、印堂這三個共振點都要正常，精氣神就充足了。由此可知穴道及器官像是共振的加壓站，使得血液在血管內因共振而能順利的流動。
六、動脈中血液流經組織內微血管回流靜脈，亦可經過迴流圈直接到靜脈，以疏導因運動增加的動脈血壓。

參考資料：
http://www.books.com.tw/exep/prod/booksfile.php?item＝0010203692
氣的樂章：氣與經絡的科學解釋，中醫與人體的和諧之舞

貳、微循環系統

微循環系統就是微血管（capillary 約有 10 萬公里長，其面積約為 6000㎡），其數量約有數百萬條，然而因肌肉成長造成壓縮，僅有數十萬條正常工作，我們用鬆沉動作就是利用運動將肌肉成長造成的壓縮放開，讓更多的微血管恢復正常工作，我們就更健康了。

參、微微循環系統

循環系統由 100～40mmhg，微循環系統由 40～10mmhg 均是屬於正壓循環系統，供應養份與氧氣，又稱為營氣。我們身體內還有供應能量與防衛的微微循環系統，以相對負壓循環又稱為衛氣，也就是經脈，經脈是一條組織間隙和組織液相對豐富的低流組通道，是物質、能量、訊息輸送的管

道。其與血管不同的是，血管為封閉式回路，解剖易於發現其存在，經絡為開放式通路，解剖難以發現其存在。

一般正壓循環系統其內電阻為約 600K 歐姆，相對負壓循環系統其內電阻為低電阻約 60 K 歐姆～100K 歐姆，易於區別。

復旦大學的費倫教授經實體測試，所有穴位的地層均位於骨間膜及肌膜上，為膠原纖維構成纖維條，成為一種生物液晶態的物質（Bio-LiquidCrystal）。膠原纖維具有光纖維的物理特性。在 2000 年應邀在世界衛生組織的「傳統醫學研討會」中發表。

肆、陰陽相濟太極勁法的能量

研究發現陰陽相濟太極勁法的能量，因鬆沉使虛物理重心下降，產生虛物理量使副交感神經活性上升，使血管擴張、腸胃道蠕動，垂直軸鬆沉，意念也貫入骨裡，在鬆弛狀態下，血管擴張血流較為充足，使神經電流貫入骨細胞中，造骨細胞獲得足夠養分與氧氣，加快增生，使骨密度增加。同時在肌肉鬆弛狀態下，身體的重量靠骨骼支撐，使骨骼內骨小樑更緊密集中以支撐身體重量。同時更能將微微循環系統的供應能量更迅速傳導身體所需之處。

先天太極負陰抱陽，其產生上升的脈動能量，經身體的肌肉、骨骼、經脈至中樞神經，可以提高迷走神經的興奮性，以及提高副交感神經活性。交感神經的神經衝動調控所有組織細胞興奮性，及經副交感神經以神經衝動調控所有組織細胞抑制性。

4－3　端粒酶（telomere）的認識

壹、名詞意義

端粒酶是參與真核生物染色體末端的端粒 DNA 複製的一種核糖核蛋白酶。由 RNA 和蛋白質組成，其本質是一種逆轉錄酶。它以自身的 RNA 作為端粒 DNA 複製的模版，合成出富含脫氧單磷酸鳥甘 Deoxyguanosine Monophosphate（DGMP）的 DNA 序列後添加到染色體的末端並與端粒蛋白質結合，從而穩定了染色體的結構。

維持端粒酶恰到好處，可促進細胞生生不息，就像幹細胞一樣，讓細胞青春化。人體細胞壽命，決定於染色體的「端粒」（telomere），端粒酶是參與真核生物染色體末端的端粒 DNA 複製的一種核糖核蛋白酶。由 RNA 和蛋白質組成，其本質是一種逆轉錄酶。
（中研院院士沈哲鯤與陽明大學研究報告）

中研院院士沈哲鯤說，人體細胞壽命，決定於染色體的「端粒」（telomere），人老化是因細胞不斷分裂，每次細胞分裂，端粒就會變短，短到一定程度，細胞就會死亡；端粒酶可促進染色體尾端變長，延緩變短，保護染色體不受破壞。端粒酶過於活躍，會促進癌細胞增生，過少會使人老化，恰到好處則有助青春永駐。沈哲鯤說，端粒酶如果恰到好處，可促進細胞生生不息，就像幹細胞一樣，讓細胞青春化，不會因為細胞不斷分裂、老化而變老。

陽明大學也曾發表長壽基因，證實可減緩端粒變短的速度。台大醫學院內科教授張天鈞說，日常生活吃綜合維他命的人，體內端粒較長，肥胖、吸菸女性端粒較短，由此可知，營養均衡，少吸菸，或少吃導致肥胖的食物，都有助保持青春。細胞中端粒的長度主宰著細胞是否進入老化，老的細胞端粒長度較短，細胞不會進行分裂，如果在老細胞中提高端粒酶的活性，細胞就會繼續進行分裂。一般認為，端粒酶活性的再活化，可以維持端粒的長度，而延緩細胞進入老化，是細胞朝向不老的關鍵步驟。因此，端粒酶會表現於不會老化的細胞株。

在醫療方面的適用，以血管的內細胞為例，血管的內細胞在血流不斷沖刷流動下，損傷很快，細胞年輕時周圍組織可以不斷提供新的細胞，來修補血管管壁的的損傷，一旦細胞年老以後，損傷周圍無法提供新的細胞來修補，動脈也就逐漸走向硬化的病症。若是周圍組織中細胞的端粒酶被活化，端粒因此而延長，細胞分裂次數的增加，使得周圍組織不斷提供新的細胞來填補血管的損傷，因而能夠延緩因血管硬化所造成的衰老表徵。就如同尋找端粒酶抑制劑的基本理論，科學家也正積極地利用相同的策略，同時找尋端粒酶的活化劑。

這項研究採取了皮表微循環血流量、末梢循環血流量、微血管管徑、紅血球流速、微血管自律運動頻率、振幅與密度等多項指標。實驗證實，以人體外表皮膚微血管循環血流量為指標，可以顯示發功時血流量曲線會迅速提高，並在發功停止時滑落。

參考資料：

http://web1.nsc.gov.tw/ctpda.aspx?xItem=11783&ctNode=7 6&mp=8 2009 年諾貝爾生理醫學獎—端粒酶的發現

貳、與陰陽相濟太極勁法的關係

陰陽相濟的太極勁法的漏沉，其陰沉陽升約可到 120cm 高度（若人體身高 170cm，其動能在足弓，由腳底至夾脊約 120cm），可維持端粒酶恰到好處。若用丹田，其陽升上達黃庭、印堂、百會，使心脈、腦壓過大，讓端粒酶成長過速（其動能在丹田，離地約 90cm，其陽升超過 180cm）。

4-4 陰陽相濟太極勁法的養生內涵

壹、陰陽相濟太極勁法的鬆沉

一、造成肌肉因鬆緩運動將葡萄糖轉化為乳酸、二氧化碳、水等可加速分解代謝。水由皮膚、血管、淋巴線與腎臟代泄。二氧化碳由血紅素吸附經肺臟代謝。若無法代謝將導致水腫及氣腫。

二、骨骼負擔全身重量，太極拳的鬆沉造成骨骼內微血管擴張，造骨細胞獲得足夠養分與氧氣，使骨密度增加。垂直軸步行發勁，增加穩定度及平衡感。

（國科會研究報告）

三、據美國亞特蘭大愛茉莉（Emory）大學，對二十八位、七十至九十七歲老人進行的研究也發現，從事太極拳、氣功及柔軟操等運動的老人，跌倒次數較少，同時，對於姿勢的控制也有所幫助。

貳、陰陽相濟太極勁法的漏沉

一、在鬆沉狀態下，動脈擴張血壓下降（降為 110）、靜脈血壓上升（靜脈微血管端 10mmHg，心臟端靜脈血壓為 0～-2mmHg 變為 +2mmHg），使心臟脈動趨緩。血液在血管內的流動，不是靠血壓的強度，而是以脈動的方式流動，如同小腸內的食物靠小腸蠕動前進。（脈動能量過小易使微血管阻塞。靜脈血壓為負，易導致心臟的右心房收縮壓上升，或靜脈曲張）。

（陽明醫學院）

二、讓靜脈易於流動，會使眼壓降低（眼壓範圍 6mmHg～20mmHg，眼壓太高對眼球造成的傷害主要是對視神經的壓迫，導致視神 經的萎縮、視野的缺損及視力的喪失，導致容易發生青光眼，眼壓太低會導致眼球萎縮及脈絡膜剝離而失明。）

參、陰陽相濟太極勁法的內動

一、造成腸胃道蠕動增加，代泄較快（腸道廢棄物堆積過久會產生有毒物質）。

二、造成淋巴腺活動力增加，可活化免疫細胞。

（一）彰化基督教醫院免疫科主任表示：自體免疫力失調容易引起類風濕性關節炎。

（二）馬偕醫院研究發現：長期打太極拳的人增加+50%免疫系統樹突細胞有助提升免疫力。
（請參考 health@udngroup.com）。

馬偕醫院研究發現耐力型的有氧運動，可活化免疫細胞，劇烈型運動會讓體內產生過多自由基，影響免疫系統活性，太極拳是一種溫和動作持久性高的運動，讓人充分伸展骨骼，鍛鍊身體的肌肉，增加平衡感，加強大腿骨肌耐力和腰力，減緩關節退化和防止骨髓流失。

三、陰陽相濟太極勁法的內動，誘導血管內膜細胞的一氧化氮合酶，產生一氧化氮以擴張血管提供大量血液到需要的組織，而不需要增加心跳，又能提高血壓達到供血的目的。

（一）1998 諾貝爾醫學獎得主伊格納羅博士及其兩位藥理家發現，血管內膜細胞的一氧化氮合酶（Nitric Oxide Sythase 簡稱 NOS）產生一氧化氮以擴張血管提供大量血液到需要的組織，NOS 是一種半衰期僅有約 1 秒鐘的小分子活性介質，容易被血紅蛋白作用經肝臟代謝，所以要提供體維生素 C 與維生素 E，可維持較長時間有效保護一氧化氮作用時間。

（二）高動力脈動循環運動，會誘導血管內膜細胞的一氧化氮合酶產生一氧化氮，以擴張血管提供大量血液到需要的組織，而不需要增加心跳，提高血壓達到供血的目的。經常運動尤其是耐久性運動或高動力脈動循環運動，是身體產生一氧化氮的最有效辦法。陽光下運動可增加一氧化氮的產量。

肆、三直發勁法、腹式呼吸法及共振腔動作

造成副交感神經活性能增加膽汁、胰島素分泌。同時增加呼吸時的正負壓變化，以利氧氣溶入肺泡與二氧化碳釋出。（解剖學）

伍、陰陽相濟太極勁法的節節貫串

造成共振腔運動，可改善膀胱無力、攝護腺肥大、避免腰酸腳麻、腰椎痛、痔疾、月經不調等毛病，並使頸椎、胸椎、腰椎的椎間盤處於正確的位置，避免骨刺的發生。

陸、陰陽相濟的太極勁法的引進落空

一、太極運動增加副交感神經活性，能使大腦皮質中樞處於興奮集中狀態，而使其他部分處於抑制狀態，改善高級神經中樞功能，可減輕或消除其他病理的精神狀態。（激烈運動導致肌肉張力過度時，會刺激高爾基體，抑制神經元的活性。）
（國科會研究報告）

二、增強副交感神經系統活性反應，副交感神經增加腦內腦啡（β endophine）分泌增加產生欣慰感等現象，提高腦神經活躍性，激發旺盛精力。

柒、陰陽相濟的太極勁法的立體三環轉

可使腳的三陰三陽經脈，與手臂的大 S 形延展手的三陰三陽經脈有效活動。腳帶手、腳發手與引意落空，可使六陰六陽經脈有周天循環運作。

捌、陰陽相濟太極勁法的陰沉與發勁

需要各關節鬆開，使各關節間隙平均發展，消除長短腳、髖關節突出移位、旋轉肌沾粘與病變。

玖、陰陽相濟，陰陽同在，陰陽同出

處處有陰陽，以內動求整勁，以筋網膜連動全身，造成脈動傳導，有益循環系統。

拾、減緩新陳代謝速度

一、若加速新陳代謝、脈動加大或內分泌增加，過於衝動，會促進其他不良細胞增生（如癌細胞）。

二、在鬆弛狀態下，血管擴張血流較為充足，使神經電流貫入消化系統細胞中，細胞獲得氣血的刺激與興奮，加速消化系統作用，使消化系統更有彈性。且耐久運動造成腹部蠕動，使更多的微血管運作，排除異物，身心舒暢。

三、在鬆弛狀態下，血管擴張血流較為充足，其脈動能量傳導使靜脈壓升高為正值，避免靜脈曲張，且使右心房舒張壓降低，左心室收縮壓也降低。

拾壹、含氧量的增加

一、由第二篇 4–1 內容可知，呼吸系統獲得正壓時間增長 2 倍，增加血液中的氧含量。台大醫院研究發現攝氧量由 2170ml/min 增加為 2660ml/min（+25%）。（大腦約需 500 ml/min，其他器官約需 2000ml/min 氧含量；因此 2660ml/min 含氧量更能滿足各器官之所需。）

二、諾貝爾醫學獎得主：溫伯格醫師，曾經提出一個癌細胞和正常細胞的最大差異：正常細胞需要充足的氧氣，才能生存，而癌細胞正好相反，癌細胞是厭氧細胞，只有在氧氣不足，血中氧氣濃度太低或自由基濃度太高時，才會分裂與蔓延，所以心臟血流充足，極罕見心臟罹癌。

參考資料：
http://www.search-miracle.net/post/1/233
中國時報 1999.11.23　氧氣不足 癌細胞容易蔓延

http://www.mobile01.com/topicdetail.php?f=330&t=1875385&p=3
現代人罹癌的機率真的有這麼高嗎?

拾貳、膽固醇及尿酸的降低

仁愛醫院追蹤 70 名太極拳學員，發現短短 3 個月，學員的總膽固醇平均下降 8%，其中高密度膽固醇（好的膽固醇）上升 4.1%，壞的膽固醇降低 12.2%，尿酸也下降 6.1%，學員的收縮壓和舒張壓都有明顯改善，就連血管的彈性也變得更好，阻力下降。

（仁愛醫院研究報告）

拾參、改善自主神經功能，提昇副交感神經功能

嘉義基督教醫院心臟內科主治醫師張瑞月，研究發現經常進行太極拳運動會有改善自主神經功能、降低膽固醇、降低運動中心率與收縮壓乘積、提升脂肪細胞分泌之賀爾蒙（adiponectin），進而降低冠狀心臟病的風險，可以提昇副交感神經功能，促使心情放鬆，有益於冠狀動脈心臟病患的預防，發現運動中心率與收縮壓乘積（代表心肌耗氧量）有明顯的下降，對降低心臟病的死亡率有相當大的幫助，對身心放鬆、精神專注、提升心肺適能、老人平衡、免疫功能等裨益甚深，對心臟病患者有許多幫助。

參考資料：

http://www.search-miracle.net/post/1/233

氧氣不足，癌細胞容易蔓延

http://www.libertytimes.com.tw/2010/new/jul/30/today-center5.htm

嘉基醫師張瑞月研究打太極拳可降低心臟病發生

拾肆、太極拳雖然可以健身與養生，但是一般祇打拳架難以獲得（無內動無法增加神經活性的關係），唯有以神意氣勁帶動的內動動作，方能獲得前述的健身與養生。

4-5 保　健

壹、復健法

一、復健口訣第一句：「腰背委中求」

膝窩正中（足太陽膀胱經）膝窩下沉前出，造成膝窩內壓（如同按揉），可調理腰背，委中為膀胱經之樞紐，膀胱經各有二條分佈在脊椎兩側，為陽升之氣脈，為陽勁奪魂魄之處。

二、復健口訣第二句：「肚腹三里留」

外膝眼下三吋處（足陽明胃經）。三環轉其實轉動內外膝眼及腳前外側，可調理肚腹。增進腸胃消化吸收能力，保固腎臟，增強抵抗力，促進血液循環。

三、復健口訣第三句：「面口合谷收」

拇指與食指交叉處（手陽明大腸經）。回陰（引進落空或引意落空）由食指尖的商陽及拇指與食指交叉處的合谷，再經頭部落入腳底。使氣血循環順暢。

四、復健口訣第四句：「頭頸列缺尋」

（手太陰肺經）雙手虎口相握，食指尖端處。引進落空勁走列缺與拇指尖的少商處。

五、復健口訣第五句：「胸脇內關謀」

手腕內側橫紋中間往上三吋處（手厥陰心包經）發

勁時勁走內關及中指尖的中衝。勁走內關可調理胸脇，有寧心安神、理氣止痛的功效。

貳、運動養生法

一、足弓下旋、三環轉，活化我們的肝、腎、脾胃之三陰脈，促進膀胱、膽、胃之三陽脈運動，三陰脈三陽脈生生不息，循環系統就正常。（白天沒精神，晚上睡不著，血壓高，靜脈曲張，這都是典型的三陰脈三陽脈失調的緣故）古人說過，人要老，腿先老就是這個道理。

二、雙手配合足弓下旋動作，活化我們的肺、心包、心之三陰脈，促進大腸、三焦、小腸之三陽脈運動，三陰脈三陽脈生生不息，循環系統也就正常。（五十肩、旋轉肌病變、蝴蝶袖等不會發生）

三、鬆沉以後會有內氣的凝聚，隨著勁和內氣的運行全身，內氣外放會有去故納新的作用。（一般人生活作息正常，卻精神不振，這是典型的中氣不足之現象）

四、節節貫穿，全身鬆透，達到整勁，可活血增強免疫力，又可增強神經系統活性。

五、漏沉可以將身體因運動所產生的負能量，透入大地，排除體外，以維護身體的健康。

佳文共賞

陰陽相濟太極拳及太極勁法——學習感言

陳皇福（2011/03/22）

自 2009/10/11 從林師冠澄〈以下簡稱「老師」〉指導【陰陽相濟的太極拳及太極勁法】以來，老師系統性因材施教，與階段性按部就班的科研教學模式，逐日釐正學生對太極拳的體悟。

壹、師生互動的觀察：學生【因材施教】，老師【按部就班】

按，老師教學的範圍及順序，正如所著第三本書《詳解陰陽相濟的太極勁法》，前言所列【陰陽相濟的太極勁法所涵蓋的範圍】，及目錄中所提【初級、中級、高級訓練階段】，按各階段教學主軸中，理論與實作體系的交互作用，老師有條不紊，深入淺出地，設計足以針對每一位個別學生特性，體現其科學化與個性化教學的獨有反應。

一、學生：因材施教

以太極【力、勁、炁】的感悟為例，說明不同特性的人之不同的傳承效果。

首先，透過大量視聽資訊閱覽流程的引導，訓練學生透過日常生活事物的觀察，掌握陰陽相濟太極之理的能力，以有為法入門，訓練學生因個性使然產生的太極拳心知與身知，從而構築屬於學生自體的太極拳象限，進而通悟太極拳普遍存在的原理原則，產生無為法應物自然的連動，從身知回饋心知，尋出一條學生個人獨有的切入角度與脈絡，無形中形塑一套真正屬於學生自己的太極拳。

《例》太極【力、勁、炁】

學習太極拳之初，【炁】曾對我造成困擾，因對其身心物理狀態之具體干擾之急迫性，冀望在太極拳海中覓得一線解脫曙光，而與老師結緣；孰料，老師在教學系統中，對於【太極〈炁〉】並未多所著墨，而是以【太極〈勁〉法】的指導為主體，事實上，當時學生對於【勁】的經驗，猶處於霧裡看花，既未一窺堂奧，卻也可有可無的狀態。此鬼使神差的因緣，卻同時開啟了學生太極秘境的兩扇窗：

（一）太極勁

因著渾沌無名的勁，經老師解析，篤定確認人體依物理規範的運作，確實可以產生除【力】為主的打擊系統外的另一套神妙系統【勁】。並在揭開此一系統神秘面紗後，可完全合乎科學、理性的加以理解與運用。從而逐一消融多年前，因觀察武術大家，產生似有若無關於 --- 技擊【勁、力】辨等謎團；這一時期，將學生從【勁力不明】的門外漢，引領入門，是學生在太極勁海的探索中，起了點燈與領航的重要里程碑。

（二）太極炁

在陰錯陽差的衝撞時期中，老師對於【炁】一項，雖在教學過程中並未多加著墨；惟學生同期有幸緣受他師啟蒙，開啟太極【炁】的體驗之旅。雲夢中，摸索著將老師【陰陽相濟的太極拳】，與他師【太極拳內功】之【炁、勁】作一對照組，按其架構，依其進程，從學理上、操作上，展開兩者同質與異質性之比較探討，實驗著雙方相生相剋的衝突與協調。

至此，始走出視太極拳為單純運動、氣功鍛鍊之誤區，將【運動】傷害化解於無形，讓【炁】對身心干擾，在生滅循環中，次第萎縮；對太極拳【炁、勁】沾粘連隨的特性，兼容並蓄的要求；衍生之相生……【空中生妙有】之同理、【陰陽同出、陰陽同在】的共同現象；相剋……【柔中寓剛、剛柔並濟】之操作通道、【合者寧靜無痕、分者波濤洶湧】之能量特性，步步產生些許感覺。有了這兩盞明燈的前導，得領上了我，兢兢業業，航行在同修炁勁的奇妙世界。

二、老師：按部就班

以太極拳【體用合一】之破論與立論為例，說明點、線、面的縱橫佈局。

（一）從理論點縱深撒網

依初、中、高級的教學系統，從【林氏結構太極拳與其他門派太極拳之比較、林氏結構太極拳及太極勁法之理論架構、心法】等面向，重建學員對太極拳的正確認知；到對每一操作步驟皆依實證演繹，進而除舊佈新，養成核心理念在實體物理操作系統的慣性。

（二）於實體線提綱挈領

於實作中，隨時補充教學與參考資料，提示內容重點，使學員於學習及複習的過程中，有效掌握理論與實務驗證的依據，形成以【陰陽】核心，落實於身體慣性的操作，達成心知身知、綱舉目張的效果。

（三）按階層面擴大範疇

面對面教學外，博採各家之說，從文化、理論到技術各類問題，無所不包，督促學生詳加瞭解，務求學生掌握各家之言，並於本學苑深入磋研，要求學生走出門內象牙塔，迎向窗外有藍天。

此種點線面的充分掌握，學生學習狀態無時無刻均在老師五指山，除教學生瞭解自己，更能掌握整體太極文化的深度內涵，使物理性的資訊與技術，產生化學性的質變與量變。讓每一位學生，均能在多元選擇中，發展出屬於自己，與眾不同的太極拳〈勁〉。

《例》太極拳【體用合一】

尚未與老師認識的太極拳歲月內，由於學生讀書嗜好與學習慣性之故，所涉獵【太極拳學理】，其中不乏出偏與誤差之處，使操作結果不如人意，甚或造成身體傷害。之後，經老師從【破論】下手，糾正學生對於學理上認知的誤偏，以【立論】盤整，重建學生的正確理解，假實體操作，深化學生太極拳的功體記憶，使學生終於開始有了「體用合一」之認識。

舉例來說，學習的入門，多數教學的體系均以拳架〈或稱【套路】〉著手，稱必【招熟後而漸悟懂勁】，促使學生初在【專心一致將拳架練習至不著半點力，苦工做足便能出功夫】的理解上戮力而行。及至老師說文解字，提示學生：

（一）招熟

1. 破論

所謂【招熟】，著意不在努力以身體記憶多少式的套路，而在，檢驗身體是否能在【掌握招式運行無斷續，拆解招式應變無障礙】之同時，逐步放下有形的招式在實戰應用上之束縛，使【拆拳】技法的體勢鍛鍊，自然反餽於無招無式、無形無象的功體運作。

2. 立論：舉其犖者如下。

〈1〉單勢拆拳：太極體勢卅七，無論套路編排順序何先何後，各單式的實戰運用應通體貫串。【練拳無敵似有敵、作戰有敵似無敵】，擬真法的訓練初期，雖有養成身體記憶攻防架勢的對招效果……有為法，其終極目的，則是使經過鍛鍊的身形放下記憶中的體勢規矩，而能在作戰中，順勢而動，循機而應，產生【尋機得勢】的作戰效果……無為法。如此，卅七〈太極〉體勢方可在算術式單勢拆解後，幾何式運作，幻化成千勢萬勢，而終歸〈無極〉無勢的道法自然之運用。

〈2〉勢勢相連：太極拳體勢的運行，要求【勢勢相連無斷續、招招相應無凹凸】。無論何門何派之套路，拳架運行中應始終貫徹自起勢至收勢，分分秒秒意識無不處於作戰狀態，運行過程中，時時刻刻體勢均可接戰應敵。如此訓練，一勢化成無數勢、勢勢相連，一招扣住無數招、招招相銜。如此，太極拆手對勢積習陋規從武者身上卸甲歸田後，實戰時自能體現萬法非法、無法大法的靜境。

〈3〉環環相扣：拳架運行中，老師對學生的具體要求為……招招相應、勢勢相連、環環相扣……務令由【專心一意】練至【無心無意】。詳言之：勢與勢相連乃為【逢轉必沉】的過程……單勢運行中每一個角度的變化，時刻均須遵守著【S 形拳架】的動線潛行。招與招相續乃為【折疊返復】的軌跡……從定勢到另勢每一啣口處的銜接，永遠均以【折疊鬆緊】的軌跡沉旋。務令身心永遠處在漏沈的狀態；此要訣火車頭……勢的連動與招的轉變在專心一意〈以練意領戰形〉，勢的行功與招的應敵在無心無意〈以戰形領戰意〉。

〈4〉無形無象：鑒於前述太極拳【招與式】的連動效果，老師要求學生在習拳之初，應將舊有拳架的操作慣性先行放下，而以林氏結構的各項基本功法訓練為主，逐步將功體的修煉貫串全程，以訓練學生功體操作的自然慣性，待學生能以順暢的體內勁路，自然操作體內勁源與勁路後，再施以中、高級訓練課程中，拳架的教學；其拆拳在講勁的同時並行不悖，招熟在懂勁的基礎上環環相扣。

如此，使拳架成為檢驗功體勁量是否符合太極拳【體用合一】原則的實用工具，並以【科學而理解】地實踐太極拳【無招無式、無形無象】的核心操作模式為依歸。

（二）懂勁

1. 破論

所謂【懂勁】，著意不僅在理解武術中……何謂【勁】？……之根本問題；而在檢驗透過理論與實踐的學習，是否能充分掌握太極勁【物理性與化學性】的區別與應用。

2. 立論：舉其犖者如下。

〈1〉練拳〈架〉不練功〈勁〉，到頭一場空：以廣播操或套路體操的方式習練太極拳，其美觀優雅、賞心悅目的體育推廣效果顯著，其柔筋健骨、舒心活血的醫學效果明顯；惟在【內勁】的體會上難以入門，可能終其一生也難以一窺太極【拳】的武學堂奧。因此，入門第一堂課，老師首重學生體會【勁】物理性具體存在之普遍現象，從而確信【勁】的性能與功效。並透過勁的基本內功模式之傳授、實際接發勁的演練，使學生在有限的學習時間內，強化實現勁力效果的能力，透過心知、身知的程式，瞭解勁的種類與質量，以心知掌握勁的內功模式，以身知實踐勁的功夫效果。

〈2〉練功〈知勁→上勁〉的模式：【勁】的養成訓練，須在……拳架、推手、散手、懂勁……的【階梯】上循序用功，不可冒進，成就了社會運動上為數可觀的推手菁英……【行架鬆散、推手鬥牛、散手套招、力勁不分】……有力則傷身、無力則傷心，成了武英心中，無法言諭的擔心。這幾個大問題，老師用了一個小秘訣處理……那就是：充分發揮【勁】的物理特性之【匀勁、整勁】，貫穿於拳架、推〈搭〉手、散〈試〉手、知勁的所有過程，將經過化學作用，轉性後的【勁】……戰敵機先的極鬆柔而後極堅剛……具體掛上身。要求：

A. 行架模式：鬆緊合度、開合有節；
B. 推手模式：虛實瞬變、化發回春；
C. 散手模式：進退由中、演打由心；
D. 知勁模式：柔力韌勁、力勁合體。

〈3〉用功〈上勁→用勁〉的體會：【十年太極不出門】是傳統習拳的【共識】，對百煉成鋼道理的誤解，綁住了多數太極武者的手腳。下列〈誤區→藥石〉的釐正，例下：

A. 行拳百遍、功力自現→整勁貫穿、匀勁行拳的拳架，既不須特定的角度與軌跡的突變，始終功力無不自在。

B. 推手鬆化、沾粘連隨→整勁貫穿、勻勁收透的推手，鬆轉瞬間〈接點不進不退〉，決戰千里〈神意穿鎖勁先行〉，化即是打，試手時實戰工夫即時上身，百推不厭水磨功……精益求精。

C. 散手套路、鬆套換發→整勁貫穿、勻勁接發的散手，套路與單勢的運行應用，勁意心領、勁力身行、意勁直指，不受原規範套路與架勢的拘束，得心應手。

D. 摸聽控發、知己知彼→整勁摸聽、勻勁控發的用勁，其陰陽相濟的核心，林氏結構的走勁，以最小的空間，最短的時間，摸聽控發一氣呵成，與坊間鬆洩以聽、轉換以控、蓄發以打的程序，截然不同。

從武術的表現型態來分，【練、演、打】是武術學習與應用的三大主軸，而以打為核心。

練與演是【知勁→上勁→用勁】的過程，從瞭解勁的物理質量開始，到身與勁的合體操作，逐漸能以勁展現太極拳的演練成果。

打是【用勁→煉勁→化勁】的核心，從以符合人體功學的方式展現勁的物理效能……咀嚼【內勁】的生成、培養到演化，將內勁煉化至確實與神意結合；到產生化學變化，蛻變成專屬於個體，獨一無貳的【內化之勁】，而能自由導引，內動外動，一動無有不動。

此時，神意勁力難捨難分，方是武術上之【懂勁】……真實體會太極拳道上，內斂的養生效果與外放的實戰作用，其生滅循環現象〈無極←→太極〉，是科學作用與醫學作用在武學核心的指導下，同時綻放時的不同面相，缺一不可。

貳、關於老師的觀察：【資料與教學活動】脈絡核實，【教、研、創、新】落實與提昇

一、【資料與教學活動】的脈絡核實：【系統性】【階段性】兩大教學特性。

經老師搭配教學進度所提供之【講義、書本】與其【教學脈絡】核實，突顯老師透過【系統性】理論架構、【階段性】實證演繹之科學化教學方式的價值。簡例如下：

（一）系統性：從【思想理念系統】到【操作實證系統】

所稱「打」，傳統上可分遠發、近打、貼身摔〈拿〉。太極拳關於「打」之訓練，異於其他拳種之處，通說認為以【捨己從人、隨屈就伸】之思想核心，而有下列外形與內在同時操作具體表現：

◆、貼身摔〈拿〉：

從反關節技，到筋絡、勁路控制權爭奪戰，以太極推〈揉〉手、擒拿為代表，表現於【敗中求勝〈敗部復活〉】、【引進落空】、【四兩撥千斤】等。

◆、近打：

從爆發力的調動，到骨肉分離、筋骨貫串效能整勁之體現，以太極散手、散打為代表，表現於【整體力】、【借力打力】等。

◆、遠發：

從外形象操作之發力，到內通路體現之神意勁〈炁〉合一，以太極勁〈炁〉等內功操作之外顯能力為代表，其中包括推手〈或稱「揉手」〉、擒拿、散手、散打之接發勁，乃至無任何外在形象操作的接發勁〉，表現於【引勁落空】、【如球撞壁】、【不打自打】等。

反覆斟酌太極拳異於其他拳種之表現，本學苑與其他宗派太極拳於接戰思維上之特性差異；老師所授太極勁法以接、發勁之操作為主要定位，輔以面對摔〈拿〉、打之時應有的作為，探討如何從形象猛烈之操作模式中尋回太極拳【無形、無象】從容不迫、中正安舒之無極根。其教學系統上的設計，簡述之：

1. 思想理念體系

〈1〉【體用合一】的教學特色，開宗明義闡明學習時應有態度。從最有效率的生理結構之調整，使學生體會低架與高架姿態之差異，進而調整身態，並建立尋找隨時隨地最穩定重心之身體架構，方能在制敵接戰時隨時立於不敗之地的認知。例如，低架對敵時，勁力傳輸效力較高架不理想的現象。

〈2〉太極【陰陽相濟】的核心內涵，建立太極拳理論基礎內化為深層潛意識，創新成為正確價值觀的思考邏輯。透過【太極陰陽給予我人的啟示】，逐一操作包括下列各項物理現象之妙用：

A. 陰陽權利地位相等。例如，透過【4動法與8動法之研究】實現在均等質量運作下，捽〈拿〉、打、發之身法運行之對等互補、能量運送之持續增強、應敵移位之變化靈活，是不倒翁現象的基礎。

B. 上下、前後、左右的同步運行。例如，透過【六向發射法】搭配【公轉、自轉】的概念，於制敵之化鎖進打能力或受制於敵之反敗為勝能力，使敵難以尋找我方弱點，是陷敵進退不得的根本。

C. S形曲線的特質。例如，透過【S形基本功法的訓練】成就能量貫串的速度，虛實陰陽變換的能力，應用於作戰，有人不知我，我獨知人的功效。

D.【矛盾對立而統一】或【陰陽比值相等卻又同時反向運作的結構】。例如，從操作點乃至全身關節之對拔拉長，到包含敵我同時同空的太極圈，之縱橫開合，及作戰瞬間之反向同時運作，遵循矛盾對立而統一的原則，可確保發人者與被發者之間，敵受制於我，我不受制於人的效果。

E. 太極陰陽的形式，可為圓形，亦可為其他形式。例如，關於太極陰陽的形式之描述，太極拳的運作除圓形外，亦可以是其他無數〈直線、曲線、螺旋、纏絲、抽絲、漩渦等〉的形狀。其運作，端視時機，可養生、可技擊，而以效率為依歸。其形態從敵我雙方動態形成的空間看，可能是球體〈太極球包住敵我雙方〉，同時 --- 從操作的打擊面看可能是立面、平面或斜面、從?勁的行進路線看可能是直線、曲線或螺旋線、從接觸點看又可能是實點、虛點、虛擬點；依個人理解與認知決定。

F.【陰生陽】或【空中生妙有】。例如，關於老子道德經【反者道之動】的啟示，從向自己找空間出發，到負陰抱陽，從傳統的【鬆沈】到老師獨創的【漏沈】，方能深刻領略【陰陽同出、陰陽同在、引進〈勁〉落空、通體透空】等現象。以訓練出太極武藝上【捨己從人】的大無畏精神。

G.【陰將盡陽已出，陽將盡陰已出】。例如，透過太極圖雙魚尾與魚頭的互動，陰將盡須出陽，陽將盡須出陰。除於應敵作戰第一道防線的守則，依其【應物自然】的特性，不致與敵相互衝撞，給對手連續聽勁的機會外，且有引進落空的效果，此時的瞬間增壓或爆發，破敵將易如反掌。

〈3〉太極【新思維】的灌溉，使學生在太極文化內涵上，具備正確理解舊文化，勇敢創造新思維，承擔繼往開來責任的認知。

A. 經論辨正。例如，透過對太極拳經、論的破論與立論。開展舊思維窠臼的可塑性，創立新思維成長的可行性。

B. 操作體系。例如，以足弓取代丹田的運作，為內在功法奠定更為迅速的基礎。以人體通道取代經絡系統，使一般人不須具備經絡學知識，亦可迅速體會人體潛能運行的路線。

C. 核心功法。例如，以陰陽相濟取代五行八卦，所有的功法均以此簡單的道理為基礎衍生，無須再行研究五行八卦等學說。以垂直軸訓練取代樁功，收效更為快速，且無心理情緒的困擾。

D. 現代教學。例如，初、中、高階各階段訓練項目明確，說明講解清楚，收效迅速，不受【太極十年不出門】之束縛。依人體動作慣性為操作基礎，符合人體工學，於醫療、養生與技擊均有顯著效果。

E. 成果檢驗。例如，依心知身知的實作教學過程，接發勁能力，個人可隨時掌握自如，不必臆測。中高級教學階段傳授之拳架，即可驗收功體隨接隨發的作戰能力，不必幻想現代人生活中極少的競技擂台或街頭巷戰之成效。發勁表演的機會則可測試身心穩定的程度。

F. 繼往開來。例如，鼓勵學員發揮個人專長，應用於太極拳領域之教學或研究發展。提供成果發表或表演的平台，接受各界的指教與督促。廣結善緣，受邀表演，為太極拳的推廣，貢獻一份心力。

4. 操作實證體系

借用徐紀老師，為老師第三本書作序一文關於武術書之分類。老師於教學中所提供支字片語多以【勤學苦練、身通武藝、心得述作、技理分享】為宗旨，無論是本學苑老師親著，或其他宗室武術著作，皆以達成下列三階段體系的訓練為本。

〈1〉初級體系：基本功法、下盤、中盤、上盤的訓練。從足弓至手，按手、眼、身、法、步，築基於垂直軸訓練，成就於動步中戰敵機先。

〈2〉中級體系：拳架運行、接發勁、綜合練習。從陰陽相濟太極拳架至接發勁的思維、速度與實作訓練，築基於有為法，成就於無為法。

〈3〉高級體系：渾身無處不太極，無招、無式、無形、無相的實現。築基於力、氣、勁導引調度的隨心所欲接發，成就於神意的化鎖進打。

（二）階段性：從【建立正確觀念】到【訓練正確反應】

以下就老師詢詢善誘，說明關於【太極拳實戰】問題的邏輯為例，來見老師從事於太極拳教學，階段性的教學方式。

拳有兩大問題，一是實戰效果如何？一是如何訓練於實戰？前者是所有武者，從事於武術運動所共通的問題，惟太極拳在長期推廣於養生、健體的太極【操】練後，有獨立於一般武術以外的普遍質問！後者在太極拳的【捨己從人、隨屈就伸】主體架構、【四兩撥千斤】獨特概念下，產生創新於其他拳術以外的特殊訓練方法。

1. 建立【太極拳實戰】的正確觀念……如何看【實戰】

何謂【實戰】？按李小龍的說法：「實戰中，對方是活生生的人，不會固定在某一個位置上不動，不會讓你先對峙觀察，再策動攻防；不會如對拆演練或打沙包一樣，給你蓄勢運勁、蹲身起步的時間；更不會在電光火石的對搏中打打停停，以便你慢慢思考對策」，由此看來，前述幾種【打】的型態，若要應用於實戰，都必須具備一個條件，那就是要求所有摔、拿、打、發的操作均在【電光火石】的接觸瞬間完成，如此一來，欲回答【太極拳是否可以用於實戰】等問題，其關鍵其實在於【操作效率】四個字。

以太極拳實戰〈技擊〉效果而論，從敵我雙方身體接觸的瞬間這第一道防線開始，到近身拳打腳踢的第二道防線，貼身摔拿等第三道防線的戰鬥，其勝敗決定：

〈1〉以貼身摔〈拿〉為例：在敵我雙方貼身肉搏，互爭關節、筋絡、勁路控制權的作戰中，太極推〈揉〉手、太極擒拿要求鬆盡全身，使拿與反拿、拿與摔在同一瞬間完成，以達成【敗中求勝〈敗部復活〉】、【引進落空】、【四兩撥千斤】的操作效率。

〈2〉以近打為例：在敵我雙方互爭戰鬥有利位置的接觸拆手過程中，太極散手、太極散打要求在最短的時間內調動最多身體的筋骨肉群參與戰鬥，同時堅守【開合有致、虛實變換莫測】的作戰原則；為此必須要做到，使人體筋骨肉分離運作、勁力節節貫串之整勁，以達成【整體力】、【借力打力】效能之體現。

〈3〉以遠發為例：所謂不戰而屈人之兵，是兵法上最高的戰略；表現於技擊上，必須能在敵我雙方接觸的瞬間，即完成敗敵的操作，不使敵進入我第二、三道防線，方是最高的戰鬥技巧。此種太極〈接〉發勁的要求，從顯現外在形象操作之發力〈勁〉，到內在通路體現之神意勁〈炁〉合一、無形無象之操作形式的發勁，近可傷敵於無形無象、全身震盪而不知其然，遠可發〈送〉人出戰鬥圈外、全身無恙而不知其所以然，以表現【引勁落空】、【暗勁傷人】、【如球撞壁】、【不打自打】的操作成效。

綜上所論：本學苑以追求在以太極拳戰鬥的操作時，第一道防線的攻守效率為主軸，兼及第二、三道防線攻防的操作模式。故教學上，不以傳統拳架入門、進階拆拳講勁的方式進行，而採打通勁路建立通道為基礎、進階訓練全身為武器作戰……隨處挨發的操作效率方式進行。

2. 訓練【太極拳實戰】的正確反應……應物自然

太極拳有兩大系統的作戰方式，俗稱【頂著玩】與【順著玩】。前者顧名思義是接觸點不退，而以滲透力於原地變化、引進〈勁〉落空的同時，即刻向對手身體侵滲進逼拿穿，以求控制對方的身體及勁源。後者採運動遊擊戰之方式，強調機動、講究智取、順勢借力。

有人認為前者適合於以強欺弱時操作，後者適合於以小搏大時進行；也因此前者只適合於身材壯碩魁武者習練〈如楊澄甫、汪永泉〉，而身材瘦小清弱者只好習練後者〈如楊少侯、鄭曼青〉，各歸其位，難以逾矩。其實此言與太極陰陽變化萬端之理不符，要知陰中有陽、陽中有陰，陰陽既是同時同在，何來絕對之說？一切只在操作者累積的功力、運用的時機與效率或個人的偏好罷了！而事實上，前述四大太極大家在這兩者也都多有涉獵，無一偏廢，只是喜好不同而已。

以前述三類實戰而言：從第一道防線退到第三道防線的過程中，頂著玩，可使對方難越雷池一步，順著玩可使對方入我陷阱、中我埋伏，兩者虛實變化，可相輔相成。舉例來說：

（1）【捨己從人】：是太極拳操作的核心價值，其義不僅在將身體空間讓與對手，進一步作用於【引進〈勁〉落空的佈局目的，以體現太極拳【四兩撥千斤、隨屈就伸】的終局效應。惟【捨】字一義，正是推敲引進〈勁〉落空之法門；【捨己】太過者陷自身於危機當中，不足時無法達成使對手落空的目的，其分寸的拿捏與時機的掌握，方是決勝的要素。前者須有【頂著玩】的意識以防弊，後者須有【順著玩】的意念以興利，正是缺一不可，而使兩者意念同時掛在身上的訓練方式，要點在於【以武入道】無爭、無不爭的宗旨：

A. 無爭：從【聽、引、化】功夫的訓練下手，順勢導引對手發出的能量，至我身外以保全，或入我身內為己用，追求與對手間互動時輾轉泄蓄【花落不沾、燕飛不起】的瀟灑。

B. 無不爭：從【納、蓄、發】功夫的訓練下手，變換導引敵我雙方在自身體內積蓄的能量，追求神意炁勁發擊對手時【收發自如、應物自然】的能力。

（2）【知己知彼】：是太極拳操作的核心基礎，其義不僅在聽〈摸〉勁中順勢而為，操作……敵不動、我不動，敵一動、我先動之【制敵機先】，亦或在順勁中不丟不頂，操作……彼有力，我亦有力，我力在先；彼無力，我亦無力，我意仍在先之【隨屈就伸】。而應進一步體現於以精神專注、開合有致、陰陽協調為前提下所造勢的【擎、引、鬆、放】之精妙，至其操作成熟，則可追求【神意穿鎖、不打自打】應【境】自然、控制對手的能力。

二、【教、研、創、新】的落實與提昇

老師關於【教、研、創、新】的落實與提昇，對傳統武

者修行、現代武藝教育、未來太極文化提昇之貢獻，均值肯定。

（一）教：教育家之情

1.【儒將】文化尊師重道：突破傳統三跪九叩拜師大典，老師以現代化的學苑教學方式投入太極拳的推廣行列之中。除因應現代人忙碌的生活方式，賦予師生雙方於行動上、心理上更大的自由外，因無絲毫勉強之情，教與學雙方均能誠心投入、相互尊重，從而更加知緣惜緣，此從眾師兄投入各項學苑活動的熱誠，可反映出來，亦即老師異於傳統武師而獨有之情感魅力……【儒門大將】君子之交淡如水、濃於血。

2.【門戶之見】的破除：時至今日，中國武術出現傳承與適應現代社會的重大危機，其中舊思維之【門戶之見】是主要因素之一。老師的雙魚太極拳學苑則跨出傳統太極拳門戶之外，另闢蹊徑〈對於另闢蹊徑的教育宗旨與方法，老師自己確有堅強的信念〉，獨創一套全新的傳承方式，內容上博採各家之長，而無特定門戶之見；操作上遵循科學精神，在真理的基礎上檢驗、統合、革新、發揚各門各派已開發之技術與見解，融入多年實務操作經驗與智慧的累積，進而提出【陰陽相濟的太極拳】（即【林氏結構的太極拳】）之概念；此如李小龍從太極拳、詠春拳起步，吸收各家技擊術的精華，歸納創見最直接最有效率的作戰方式，以實戰為宗、以武道為旨，創立截拳道時的心路歷程，個中滋味，真是寒天飲冰泉，冷暖自知。

（二）研：研究員之心

1. 老師：活到老，學到老。

武術史有所謂【不傳之秘】之說，影響至鉅，許多前人終其一生費盡心思所創見之高明技術，就如此涓滴失傳。究其所以，除武道【善】擇人以傳外，亦不乏守舊者，雖有繼往能力卻缺乏開來宏觀，壓箱寶〈或曰「鎮山〈門〉之寶」〉一旦傾巢盡出，即囊篋蕭澀之事實。

本學苑由於老師長期以精益求精自勵，無論於理論學說的歸納演繹，或實證武技的開發革新，不曾稍歇，永遠【以今日之我，戰昨日之我；以明日之我，戰今日之我】。故而在教學模式上，毋須以【秘技】自珍，乃廣開大門，盡掏宿昔哲人秘，知無不言，詳解中外名家技，言無不盡。

2. 學生：繼往開來。

詢詢善誘繼先賢，領受融解創自新 ---- 老師對本學苑各師兄的期許。

學習過程中，持續鼓勵學生關注本苑教學內容之長【已開拓之專長及優點】、短【尚待開發之空間及缺點】檢討與改進，引領學生投入太極拳乃至太極文化的創新與研發。深入瞭解各學生的特質，剖析各種不同特質得投入於太極拳〈文化〉的各種領域，從不同角度切入，使學生於潛移默化中掌握個人如何得在不同太極象限中發展的專有擅長〈場〉。

（三）創：創新與貢獻

科學與技術的研究開發，價值的高低取決於兩大方向，基礎在創新，成就在貢獻。

1. 有創新才有存在價值……自我存在價值。

所謂【哲人日已遠、典型在夙昔】，舊智慧的價值在建立可供後人信仰的典範。時代推移，默守成規的後遺症在漸進的物競天擇中進行。惟創新，因應時空變遷、發現新原則、新技術方可參與時代巨輪永續脈動，確立自我存在價值的根本。前述【破論】、【立論】等在此議題的體現，不再贅述。

2. 有貢獻才有社會價值……太極拳與太極文化價值。

【夙昔青雲志，蹉跎白髮年】是許多武術家的遺憾。武道相較於其他文化，有其更封閉的環境。困住智者的雄心壯志更勝於其他科學與技術的革新。生命光芒的體現不僅於自我存在價值的肯定，一身所學不能發揚光大，僅能閉門造車，即是遺憾。老師的深刻體悟與反動，促成了大量【秘技】的公開，有著敦促現代武道家日新又新的情操與效果，有著打開太極拳門戶，推廣太極拳養生與技擊功能互動的理念與實證。在師生共同努力下，最大貢獻，是關乎未來太極文化的整體走向，雖無開天闢地豐功偉業，卻有奠基不可逆文化洪流的社會價值。

（四）新：明新、革新、更新

1. 情<感>理<性>

【師者，所以傳道、授業、解惑也。】這句古話對多數現代從事教育的人來說，都是一種心痛。理性上，傳承要求硬管教。感性上，師生的互動卻必須建立在相互尊重的軟實力上。從【讀書人】的習慣出發，學生【草莓族】的特性，在老師【儒者仁愛】的情感與理智兼容並蓄下，體驗到【尊師重道】……理舊明新 VS 惜舊迎新……的真義。

2. 科 < 學 > 技 < 術 >

【內家拳】成形於內，體現於外的特色，對現代科技與學術的實證功能形成了一大考驗，諸多針對太極拳科學化論證的實驗，至今仍難突破外家拳樣式的設計。此對於太極拳核心問題……太極【力、勁、炁】辯……的解析，猶無法提供質化與量化並存的科學研究成果。因此：

（1）傳承上：要以科學化、實證化、明朗化的【白話藝術】加以推廣也就不易。有鑑於此，老師透過多年教學經驗的揣摩，形成一套清晰、明朗，甚至透過閱讀即可吸收的【白話語言】，突破【口授心傳】傳統武技的限制，並持續加以改良。使學生明白，所謂【破論】、【立論】之目的並非標新立異，而是……舊瓶新釀 VS 舊詞新解……的真義。

（2）科研上：太極拳的科研之路，除經許多醫學研究已證明，對人體有疾病治療與保健養生功效外；關於其技術與原理的研究，除過去典籍的發現整理外，仍停留在外家拳樣式的科學實驗與研究上，此對於【力】的質量與運動路線之剖析，雖提供了一定程度的成果，但對於太極拳家所追求……內家拳高層次【勁、炁】的本質定性與定量、人體物理操作原理與化學能量生成程式……的內涵，仍無法提供實質上之幫助。本門有緣，在老師實證操作的歲月中，催化學苑有關專業人才，適才適所投入內家拳高層次的研究，幸得張師兄厚忠此類科研人才，透過對物理、醫學與武學之綜合研究，提出諸如針對太極拳內家拳特性中「引進〈勁〉落空」程式之質化與量化之研究成果……「引進落空」的有效距離為「1公分」等之研究……其成效如太極【勁】定性科研基礎之一，成為擴大太極拳科研範疇的引子。

（3）在連繫今日與明日的太極道上，欣知老師與張師兄合作之巨著《陰陽相濟太極勁法的科學與應用》火熱出爐，對未來能有更多科研人才投入太極拳科學化研究，將太極拳最奧秘的面紗揭起，進一步推動太極拳……舊內涵新視野 VS 舊武技新科技……的領域，不啻一劑強心針。

參、感恩與期待

感謝老師年來的教導，人言「老師比學生認真」這句話在老師身上真正體現不怠，阿彌陀佛！

以下是幾點學生的期許：

一、理念上

（一）何謂【太極拳】？……【階層與內涵】

傳統上，太極拳友們對太極拳體系階層的認識一直停留在拳架、推手、散手的認知中，有關太極拳學術〈如：太極拳與醫學、科學、武學等之連動〉、太極拳應用〈如：太極拳之形、法、功等之縱橫〉，整合性的深度的內涵視野尚稱不足，若能全面整理出如立體金字塔體系的說明〈從基石到塔頂每一階層體系有甚麼元素？各體系內元素間的水平溝通如何進行？各階層間體系的縱向聯繫如何操作？〉，或如太極球體的說明〈從最內核心部分至外層表象部分之分化，乃至，擴張至無限可能的無極象限時空範疇之整理，其點、線、面乃至立體網狀結構程序與應用之發散與收斂〉等圖說，廣開視野，對提昇太極拳水準與普級太極拳文化應有一定助益。

（二）養生與技擊……陰陽相濟的太極拳的【定位】

從【陰陽相濟的太極拳】到【陰陽相濟的太極勁法】二字之差，似乎對老師的教學內容有了一個非常明確的定位。惟接觸太極拳的拳友多數源於對【養生】之渴求，其對於太極【勁】於養生的作用，卻混沌不知，此一事實不容否認，為推廣太極拳事業，如何能將陰陽相濟的太極拳及太極勁之【拳與勁互動的養生內涵】明確定位，並進一步通俗地闡明於世人，應是一項值得運動的投資。

二、操作上

（一）扭轉乾坤……拆拳講勁入門

所謂【江山易改、本性難移】，操作上希望學生在接觸學苑的教學後，即放下一切過往所學，直接以勁法慣性的養成切入，且不可今昔混為一談，拿過去所學與今日內容交互驗證融合，確是一件困難的功課。

拳架入門幾乎已成武術學習的定律，姑且不論其正確與否，為降低【放下拿起】的困難與排斥性，設法以拆拳講勁等方式入手，將銜接今昔不同操作系統的通道建立，輔以完整太極體系觀念的擴展，提高學習者的興趣與信心，對部分執著於舊思維、老經驗的學生而言，或許比較容易上手。

（二）因勢利導……實戰操作驗證

關乎太極【拳】生存價值的實戰功能，在傳承與推廣太極拳的過程中，不可一再被忽略……此已在憂心太極拳路徑走偏，欲救亡圖存的志士仁人中逐漸形成共識，則技擊功能如何能妥適呈現於教學體系中，是一無法逃避的重要課題。

在戰略上，實戰的操作，應虛實變換、因勢利導，從順著玩時「以子之矛、攻子之盾」的思維，到頂著玩時「以己之長，攻敵之短」的理念，方式之選擇端乎分寸的拿捏，可以力擊人、以勁打〈發〉人、甚或以聽〈勁〉服人，務求開合之際合乎太極陰陽相濟之理即可。

以【文試武比】為例：

1. 技擊實戰的時代意義

（1）女媧開天，傳說年代，人為萬物，發展出各種防身與戰鬥技能〈如畋獵、鬥獸、爭食，並無所謂「比試」〉，初為求生而存，其傳承流通限於口耳相傳。

（2）三皇五帝，文明初始，符號〈含文字〉的發明，使各種戰技〈如廝殺、戰鬥等定位在「戰」，無所謂「比或試」〉，得以記載、流通、檢討、發揚，轉為服伺人的【互動】。

（3）春秋以降，國家、團體的大量出現，冷兵器與個人戰鬥技巧的合流，純粹的肢體接觸，進一步由外而內，發展成完整的武技、兵法乃至於戰略體系；成為以力服人之基、以德服人之礎。其保存、傳承，以文字、書籍的型態，得以流通、發揚。此其時，比試……是成為【士人】文武合一的基礎，而武【師】，更以戰鬥〈如科舉、打擂〉為生存發展的要件。

（4）民國肇造，西風東漸，熱兵器的反噬，武術不再是戰鬥成敗主要的決定因素，傳統武技與兵法、戰略分流，趨於壓抑、沒落，而兵法、戰略次第成為中外行家鑽研至寶。影響所及，武技只能地下求生，暗地相傳；臺面上，技擊轉為運動，武術成為體操，一切只為健康養生。

（5）中國崛起，媒體時代，隨著東風大熾，國家領導對傳統武技【時代宣傳價值】的新發現、有志之士【經濟發展、救亡圖存】的推波助瀾，武技與運動融合，重現戰鬥本色，在消失的技擊功能中，試圖重新【戰】出一片天。此時，技擊呈現出來的時代意義，較昔日型態更多元、功能更複雜、傳播更迅速：包括紙上談兵〈發表、出版、筆戰、網遊等〉、嘴上練兵〈研討、觀摩、交流、表演等〉、手上操兵〈試手、打手、競賽、擂臺等〉，各種型態均有其供需市場、有其社會價值。

2. 太極拳的【戰鬥】時代

【文武相輕】向來是人類社會，妨礙和諧與進步的重要因素，究其所以，武夫不文、門閥世族、文士清談等背景現象均是原因，惟今，教育普及、思想解放，自由平等、協商溝通等主流價值觀體現的結果，文武的界線正在與日消融。因此，欲重振太極拳的【戰鬥】時代風潮，文士武夫在身份與功能上各適其所、各取其長的互補合一，才應是正道。於此，太極拳技擊功能適當的呈現於現代社會，不妨採用以下幾種態度與方式：

（1）文人論拳，可以捉筆代刀，盡掏所學，在真理愈辨愈明的前提下，紙〈網〉上攻防；有能有為者，更可進一步設計各種科學實驗，透過理論與實證合一，針對太極拳技擊程式的定性與定量，扮演畫龍點睛、活絡血脈的角色；或開發新的模式，創造新的成果，為提昇太極拳「武技」的理論與科學層次，飾演登高望遠、再見高峰的領頭羊。

（2）武人試手，好友和氣的交流，以體會內勁或內?的走向為主，可以聽勁、可以拔根、可以推手、可以接發，點到即止。初識者意圖不明的作戰，不可揣測敵意，務求第一道防線不可被攻破，應隨接隨打〈發〉，於最短時間完成作戰，使敵不明所以而知所進退。在發現真理的前提下，亦可參與科學化研究的進行，以自身的實戰技擊能力，為提昇武術的技術與實證效能，提供最堅實不可或缺的基礎。

（3）競技場上，成敗論英雄，拳架套路、推手揉手、散打散手等各種擂臺，規則不一，有技術、有資源、有戰略，代表的小自個人、宗派，大至國家、民族，在規範內，各出奇招、各展奇謀，爭的是運動員榮譽、運動家精神、國家社會榮耀，而與個人好惡關係最低。此外，透過競技場的試驗與宣傳功能，更為武技創新與科學發明，提供最佳演繹的舞臺，而對太極拳的推廣與境界的提昇，均起到推波助瀾的功效。

此其間的分寸；個人間不必拘泥於「文無第一、武無第二」的武鬥觀念，而應以提昇武技之理論與實證水平，兼及防身與作戰能力，追求【文武雙全】的個人特質為前提。團體間應跨越「黨同伐異、唯我獨尊」的門戶之見，而以百家爭鳴、實事求是的態度分享掏寶。以證明太極拳不祇是一門古典的文化藝術，或祇是一種有益身心健康的體育活動，還是一門富有學術研究價值的學問、更是一種技擊與養生兼容並蓄的科學功夫。

跋

百年難遇，今年適逢中華民國100年，我人正巧恭逢其盛，年初偶然有了在100年的雙十國慶日，再推出一本書，與國同慶，共襄盛舉的念頭。

於是忙碌的步調又開始了，然而要怎麼寫？尤其是以各科學說論述各項問題時，一時之間真不知怎麼拿捏。基本上力求以最簡潔的文字或圖示，讓讀者儘量看得懂，想的明白，因此如何下筆，在在是一項挑戰。然而在師生通力合作，不計其數的研討與修正下，終於漂亮出場。

透過複數力學說明能量來源、量子力學說明能量變化、電子繞射說明動作原理、信息波說明超能量產生、分子動力學說明能量運作、量子態傳輸說明傳輸原理等物理學說，由四維空間、虛物理、信息波、蟲洞理論等解說「陰陽相濟太極勁法」的運作內涵。與運動生理學、運動生物力學等以三維空間詮釋肢體運作的內涵，有著相當大的差異。這樣的呈現方式，既為「陰陽相濟太極勁法」的運作內涵作了剖析，也為人類以科學方法進行武學研究的論述範圍，跨出了一大步。

同時藉此機會，將我已研發有成的理論架構、學習內容、學習流程、內功路線、手腳運作方式等，具有「為滿足整體運作效能而開展，由下而上、由內而外、雙腳並用、雙軸柱貫通，環環相扣的無數結構」的布局。能以一看就懂、一聽就懂的簡潔辭句概括，俾便與其他體系太極拳有所區別，而鄭重推出「林氏結構」一辭。今後凡要研究、探討、學習我所研發的太極拳，皆可依循「林氏結構」的內涵進行便是。

本書的完成，承蒙內人的關鍵建言；張厚忠同學深厚的科學訓練及專業修為，完成第二篇的珍貴內容；前中正理工學院院長—楊明放先生、文武兼修的武術家—徐紀老師的賜「序」；泰北高中的協助；鄒貴鑑先生的攝影；王統世先生的封面設計及圖檔製作；學生的發勁示範及陳皇福同學的佳文等，在此一併致上深深的謝意！

隨書附有多項精彩內容的光碟片，願各位同好能從中得益，同時歡迎各位同好給予指教。

彩色圖解太極武術

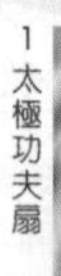

1 太極功夫扇

定價220元

2 武當太極劍

定價220元

3 楊式太極劍

定價220元

4 楊式太極刀

定價220元

5 二十四式太極拳+VCD

定價350元

6 三十二式太極劍+VCD

定價350元

7 四十二式太極劍+VCD

定價350元

8 四十二式太極拳+VCD

定價350元

9 楊式十八式太極 劍 拳 (十六)

定價350元

10 楊氏二十八式太極拳+VCD

定價350元

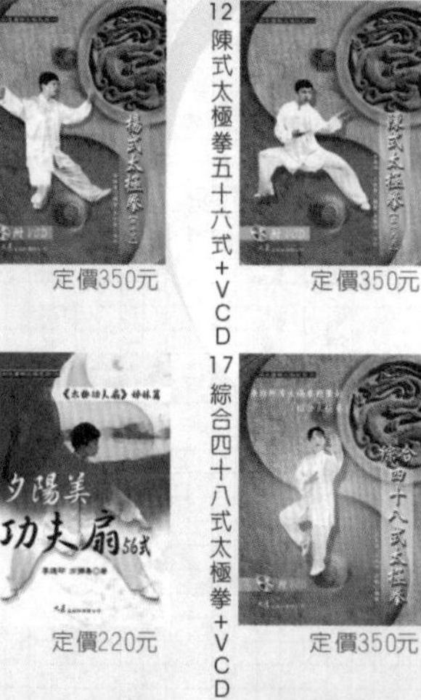

11 楊式太極拳四十式+VCD

定價350元

12 陳式太極拳五十六式+VCD

定價350元

13 吳式太極拳五十六式+VCD

定價350元

14 精簡陳式太極拳八式十六式

定價220元

15 精簡吳式太極拳三十六式 拳架・推手

定價220元

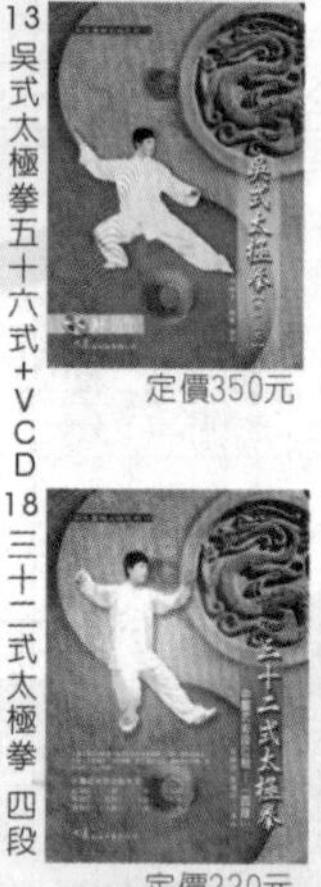

16 夕陽美功夫扇

定價220元

17 綜合四十八式太極拳+VCD

定價350元

18 三十二式太極拳 四段

定價220元

19 楊式三十七式太極拳+VCD

定價350元

20 楊氏五十一式太極劍+VCD

定價350元

21 嫡傳楊家太極拳精練二十八式

定價220元

22 嫡傳楊家太極劍五十一式

定價220元

23 嫡傳楊家太極刀十三式

定價220元

運動精進叢書

1 怎樣跑得快

定價200元

2 怎樣投得遠

定價180元

3 怎樣跳得遠

定價180元

4 怎樣跳的高

定價180元

5 高爾夫揮桿原理

定價220元

6 網球技巧圖解

定價220元

7 排球技巧圖解

定價230元

8 沙灘排球技巧圖解

定價230元

9 撞球技巧圖解

定價230元

10 籃球技巧圖解

定價220元

11 足球技巧圖解

定價230元

12 羽毛球技巧圖解

定價220元

13 乒乓球技巧圖解

定價220元

14 曲線球與飛碟球

定價300元

15 街頭花式籃球

定價280元

16 精彩高爾夫

定價330元

17 巴西青少年足球訓練方法

定價230元

18 籃球個人技術全圖解+VCD

定價300元

19 門球（槌球）入門與提升180問

定價230元

20 美國青少年籃球訓練方式250例

定價280元

21 單板滑雪技巧圖解+VCD

定價350元

22 籃球教學訓練遊戲

定價280元

23 羽毛球技・戰術訓練與運用

定價280元

24 網球入門

定價250元

25 網球技戰術教程

定價220元

快樂健美站

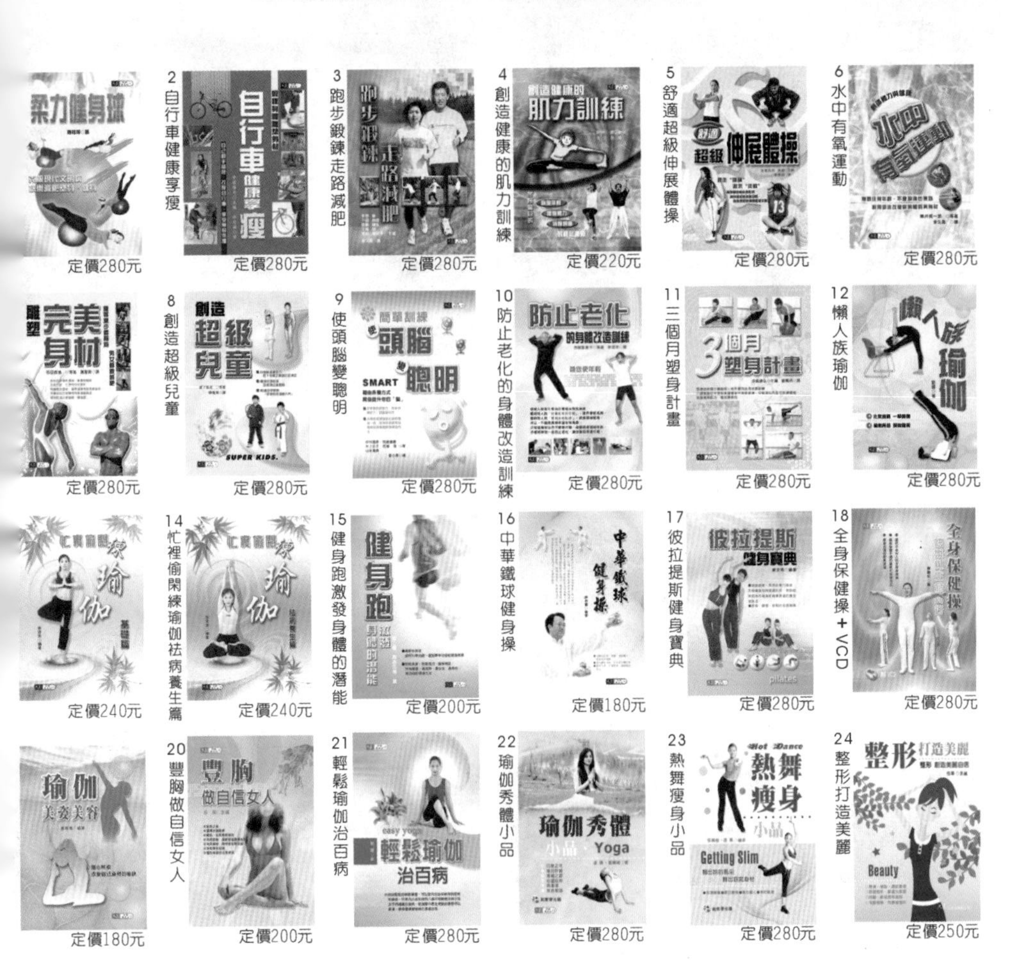

定價280元

2 自行車健康享瘦 定價280元

3 跑步鍛鍊走路減肥 定價280元

4 創造健康的肌力訓練 定價220元

5 舒適超級伸展體操 定價280元

6 水中有氧運動 定價280元

定價280元

8 創造超級兒童 定價280元

9 使頭腦變聰明 定價280元

10 防止老化的身體改造訓練 定價280元

11 三個月塑身計畫 定價280元

12 懶人族瑜伽 定價280元

定價240元

14 忙裡偷閑練瑜伽祛病養生篇 定價240元

15 健身跑激發身體的潛能 定價200元

16 中華鐵球健身操 定價180元

17 彼拉提斯健身寶典 定價280元

18 全身保健操＋VCD 定價280元

定價180元

20 豐胸做自信女人 定價200元

21 輕鬆瑜伽治百病 定價280元

22 瑜伽秀體小品 定價280元

23 熱舞瘦身小品 定價280元

24 整形打造美麗 定價250元

定價350元

26 太極操＋DVD

定價350元

休閒保健叢書

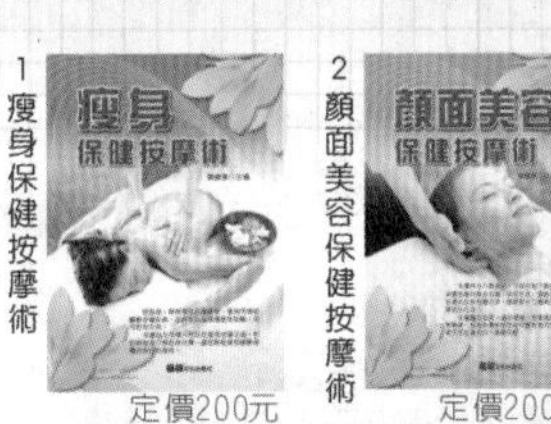
1 瘦身保健按摩術 定價200元

2 顏面美容保健按摩術 定價200元

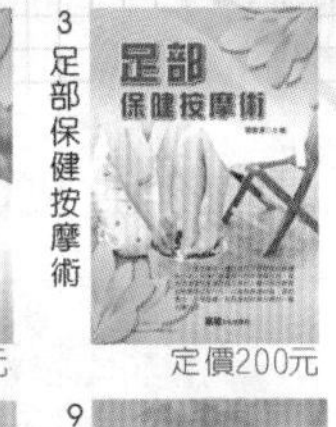
3 足部保健按摩術 定價200元

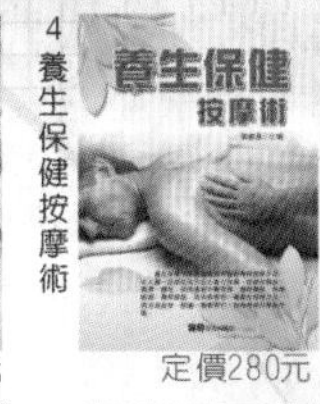
4 養生保健按摩術 定價280元

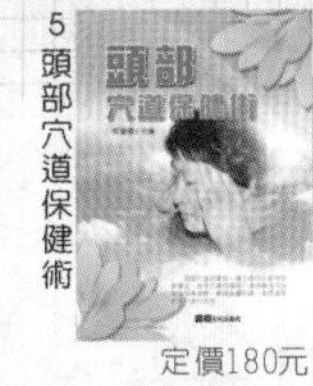
5 頭部穴道保健術 定價180元

6 健身醫療運動處方 定價230元

7 實用美容美體點穴術 定價350元

8 中外保健按摩技法全集+VCD 定價550元

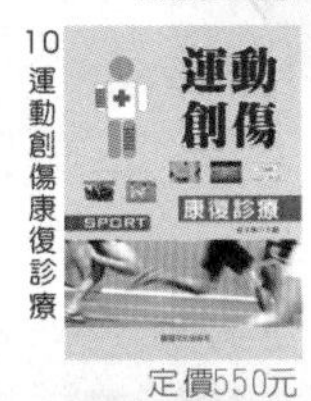
9 中醫三補養生 神補食補藥補 定價300元

10 運動創傷康復診療 定價550元

11 養生抗衰老指南 定價350元

12 創傷骨折救護與康復 定價220元

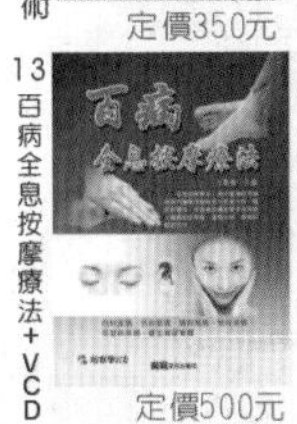
13 百病全息按摩療法+VCD 定價500元

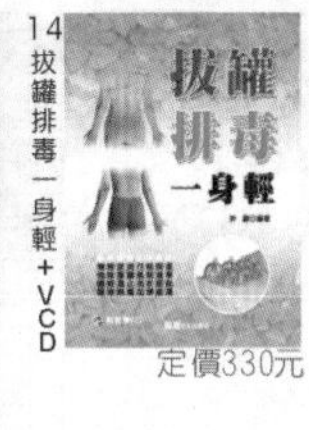
14 拔罐排毒一身輕+VCD 定價330元

15 圖解針灸美容+VCD 定價350元

16 圖解針灸減肥 定價350元

17 圖解推拿防治百病+VCD 定價350元

18 辨舌診病速成+VCD 定價330元

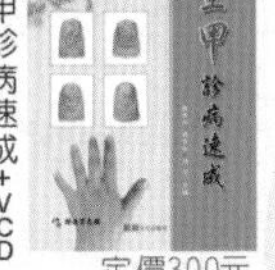
19 望甲診病速成+VCD 定價300元

圍棋輕鬆學

1 圍棋六日通 定價160元

7 中國名手名局賞析 定價300元

8 日韓名手名局賞析 定價330元

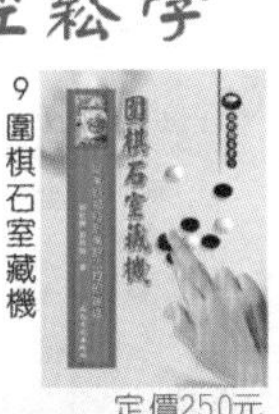
9 圍棋石室藏機 定價250元

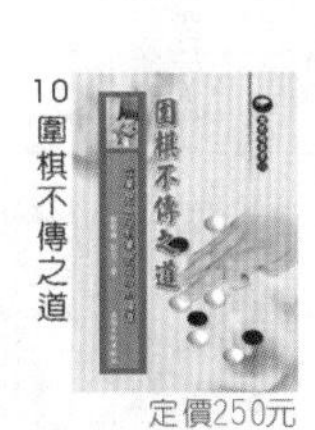
10 圍棋不傳之道 定價250元

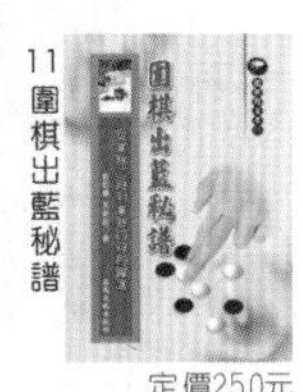
11 圍棋出藍秘譜 定價250元

12 圍棋敲山震虎 定價280元

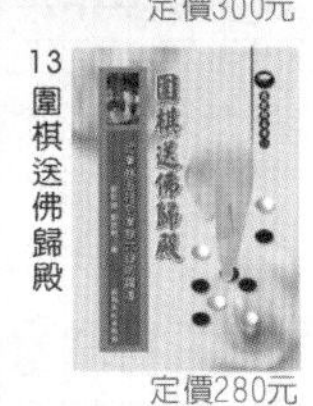
13 圍棋送佛歸殿 定價280元

14 無師自通學圍棋 定價280元

15 圍棋手筋入門 必做題 定價250元

象棋輕鬆學

1 象棋開局精要 定價280元

2 象棋中局薈萃 定價280元

3 象棋殘局精粹 定價280元

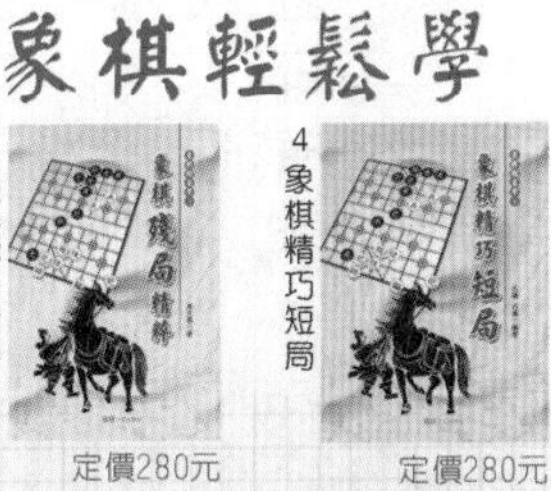
4 象棋精巧短局 定價280元

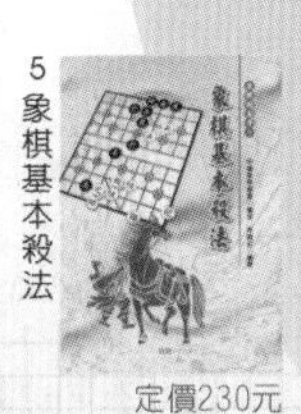
5 象棋基本殺法 定價230元

6 象棋實戰短局制勝殺勢 定價450元

歡迎至本公司購買書籍

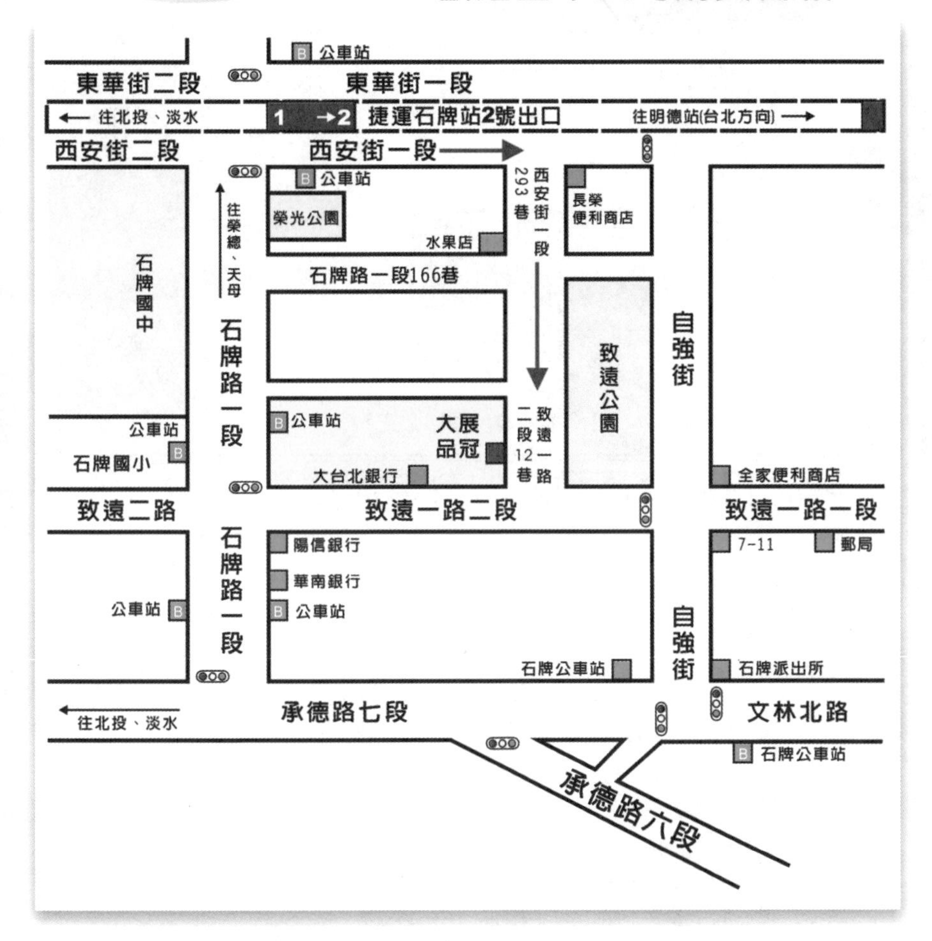

建議路線

1.搭乘捷運・公車

淡水線石牌站下車，由石牌捷運站２號出口出站(出站後靠右邊)，沿著捷運高架往台北方向走(往明德站方向)，其街名為西安街，約走100公尺(勿超過紅綠燈)，由西安街一段293巷進來(巷口有一公車站牌，站名為自強街口)，本公司位於致遠公園對面。搭公車者請於石牌站(石牌派出所)下車，走進自強街，遇致遠路口左轉，右手邊第一條巷子即為本社位置。

2.自行開車或騎車

由承德路接石牌路，看到陽信銀行右轉，此條即為致遠一路二段，在遇到自強街(紅綠燈)前的巷子(致遠公園)左轉，即可看到本公司招牌。

國家圖書館出版品預行編目資料

陰陽相濟太極勁法的科學應與用／林冠澄　張厚忠　編著
——初版，——臺北市，大展，2011〔民 100 . 10〕
面；21 公分，——（武術特輯；129）
ISBN　978－957－468－838－8（平裝）

1. 太極拳

528 . 972　　100016616

陰陽相濟太極勁法的科學與應用 附 DVD

主　　編／林 冠 澄
編　　著／林 冠 澄　　張 厚 忠
責任編輯／孟　　甫
發 行 人／蔡 森 明
出 版 者／大展出版社有限公司
社　　址／台北市北投區（石牌）致遠一路 2 段 12 巷 1 號
電　　話／（02）28236031・28236033・28233123
傳　　眞／（02）28272069
郵政劃撥／01669551
網　　址／www.dah-jaan.com.tw
E－mail／serviec@dah-jaan.com.tw
登 記 證／局版臺業字第 2171 號
承 印 者／弼聖彩色印刷有限公司
裝　　訂／建鑫印刷裝訂有限公司
排 版 者／弘益電腦排版有限公司
初版 1 刷／中華民國 100 年 10 月 10 日（2011 年）

定　價／600 元

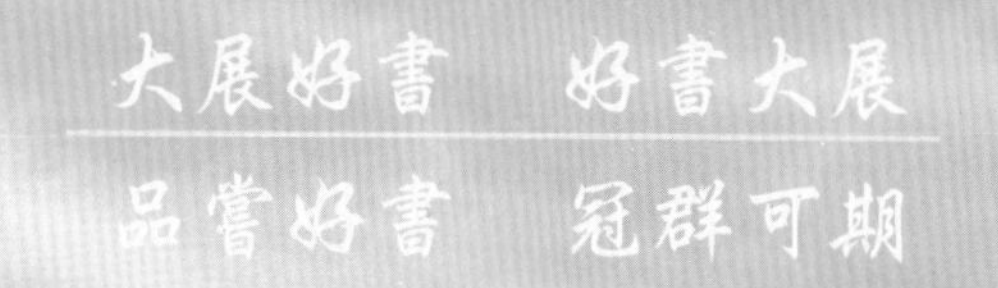
大展好書　好書大展
品嘗好書　冠群可期